—— 白金纪念版 ——

彭大将军

关河五十州 ★ 作品

中国出版集团　现代出版社

图书在版编目（CIP）数据

彭大将军 / 关河五十州著 . -- 修订本 . -- 北京：现代出版社，2023.6
ISBN 978-7-5231-0204-6

Ⅰ . ①彭… Ⅱ . ①关… Ⅲ . ①彭德怀（1898 ～ 1974）－传记
Ⅳ . ① K825.2

中国国家版本馆 CIP 数据核字 (2023) 第 073581 号

彭大将军

作　　者：关河五十州
责任编辑：孔晓华　邓　翀
策划编辑：张　霆
出版发行：现代出版社
通信地址：北京市安定门外安华里 504 号
邮政编码：100011
电　　话：010-64267325　64245264（兼传真）
网　　址：www.1980xd.com
印　　刷：三河市宏盛印务有限公司

开　　本：710mm×1000mm　1/16
印　　张：21.75　　　　　　　　字　　数：303 千
版　　次：2023 年 6 月第 1 版　　印　　次：2024 年 12 月第 3 次印刷
书　　号：ISBN 978-7-5231-0204-6
定　　价：58.00 元

目 录

彭德怀第一次见到毛泽东,是在宁冈县(现为井冈山市)一个农户家里。……毛泽东不但具有彭德怀所不具备的理论水平,而且无论是井冈山时期,还是反"围剿",都显现出了一定的雄才大略。彭德怀颇为敬服。

彭德怀顿时警惕起来,他在湘军里面一直做到团长,送光洋意味着什么,至此便完全明白了。他对黄超说,我和你们张主席没见过面,"我的困难是部队的困难,你这两百块光洋我不要"。后来彭德怀多次对杨尚昆说:"我是行伍出身,对旧军阀的那一套我还不清楚吗?张国焘算什么东西,把我看成军阀了!"

作战计划跟彭德怀的"均劣变优势"法则完全相符,其中的"灭敌一百"就是指等日军被消耗至一定程度，感到疲乏不堪时，再集中主力破其一路，并视情况继续扩大战果。部署就绪，彭德怀说："我们先到鬼子眼皮底下游一圈，游到有一两股敌人胆大妄为了，再一锤子收拾它。"

照片中的彭德怀身穿黑色皮夹克，打着整齐的绑腿。他背靠壕沟，一条腿蹬在工事前面的土壁上，大半个身子都暴露在工事的外面，但神情专注，对周围可能发生的危险更是不屑一顾——临时指挥所距关家垴山顶仅五百米，而日军三八大盖的最远射程可达一千米！

通过观察，冈村发现八路军对军纪的要求极为严格。有一次在行军中，日军从路旁树上摘了一个梨子，扔给在押的八路军俘虏，结果俘虏拒绝接受，说农民的东西不能随便吃。这不是偶然现象，表明八路军官兵已经对此形成了习惯，即便在没有长官约束的情况下，也不肯破例。

在解放战争初期，近迫式对壕作业的战法颇具首创精神，直到一年多后，它才在淮海战役中得到大规模运用。毛泽东对彭德怀以军事民主来寻找对策的做法给予了充分肯定，他后来曾对华东野战军司令员陈毅说："你们要好好学习西北部队的民主作风，特别是战斗指挥上的民主。"

正在气头上的彭德怀犹如被火上浇油，只见他将右手重重地往桌案上一拍："不要骂？你梁兴初没有打好，就是要骂你！你延误战机，按律当斩，骂你算客气的！我彭德怀别的本事没有，斩马谡的本事还是有的！"此话一出，整个会场顿时鸦雀无声，众人噤若寒蝉。

在世界范围内，任何大的战争都不可避免地包含着深刻的历史和文化背景。"联合国军"实际上是以西方国家为主组建的联合武装力量，而自近代以来，在东西方军事冲突中，西方始终占据着压倒性的优势。这次吃了这么大的亏，还是吃在以往军事力量被认为不值一提的中国人手上，让西方社会深感震惊。有人预言："中国军队马上就会席卷整个朝鲜半岛。"

第一章

红色旋风

红五军和红四军会师井冈山，开庆祝大会的当天，讲台忽然坍掉了！

台下议论纷纷，有人说不吉利呀，怎么正好就这个时候坍呢？朱德颇能镇得住场，他微笑着站到台架上，大声说："不要紧，坍了搭起来再干嘛！"

这个偶然事故和朱德的讲话，给彭德怀留下了深刻印象。在以后的军事生涯中，每逢遇到最危急的时候，他经常会用"搭起来再干"这句话来鼓舞部下和自己。

庆祝大会开过之后没多久，井冈山就真的遭遇了一次"台坍"。1928年12月上旬，蒋介石调动湘赣两省6个旅约3万兵力，分五路向井冈山根据地发动大规模"会剿"，井冈山区被严密封锁。

井冈山有五大哨口，哨口之内，人口不满2000人，产谷不到万担，要长年供应部队的粮食非常困难。红军的生活也因此极为艰苦，官兵平时只能吃红糙米以及缺盐少油的南瓜、野菜，部队提出口号要"天天吃南瓜，打倒资本家"，有的战士便在下面说怪话，将口号换了个顺序："打倒资本家，天天吃南瓜。"晚上睡觉，连被子都没有，大家盖的全是"金丝被"和"黄丝绢"，其实就是稻草。

总之一句话，吃饭穿衣是大事，但井冈山不能解决这个问题。遭到封锁后，物资供应更加捉襟见肘，时近隆冬，山上又冷又没有吃的，此时唯一的办法就是到井冈山外围去打仗，以获得必要的补给。

为此，毛泽东主持召开联席会议，决定由红四军出击赣南，一方面解决部队给养；另一方面通过"围魏救赵"的办法来解井冈山之围。

留守井冈山的任务交给了初来乍到的红五军，但当彭德怀向红五军军委传达这一决定时，却立即遭到了大部分人的反对。

空城计

红五军是彭德怀从平江拉出来的起义部队，其主体属于湘军一部，彭德怀任团长的那个团更被称为湘军的模范团，但是起义之后，红五军被不断围追堵截，部队损失很大。

在这种情况下，彭德怀将余部与游击队合编，组建成三个纵队。他将一个纵队留在湘东，自率两个纵队前来井冈山，以便与红四军取得联络。

可以说，红五军最初上井冈山只是为了联络友军，而不是待着不走。军委委员们提出，既然联络的任务已经完成，部队就应当返回湘东，要不然留在湘东的纵队很可能独木难支。再者，山上的红五军一共才800多人，要抗击超过自己许多倍的敌军，实在是没有多少胜算。

彭德怀则认为，既然会议已决定让红五军留守，大敌当前，还是应以全局为重，哪怕红五军为此做出牺牲也是值得的。

彭德怀出身极苦，小时候做过乞丐。据说他有一次带着弟弟出去讨米，正碰上一户人家盖房子，主人家要讨个吉利，就问他们："你们是不是招财童子呀？"

彭德怀摇摇头："不是，我是叫花子。"他弟弟反应很快，马上便接着说："我是招财童子。"主人听了很高兴，立即让弟弟吃了一顿米饭和肉，而彭德怀既没讨着也没吃着，最后饿昏了过去。

俗话说得好，三岁看大，七岁看老，彭德怀的这种性格并没有因为时光的流逝而得到根本改变。他深知留守井冈山的任务有多么艰巨和危险，同时也知道红四军的难处——红四军全部人马也不过五六千人，到外围作战，集中兵力很重要，如果再分散留守井冈山，力量会更加单薄。

在彭德怀和军党代表滕代远的极力说服下，原先持有异议的人终于放弃了返回湘东的想法，同意承担守山重任。

红四军离开井冈山的第三天，湘赣"会剿军"代总指挥何键便发觉了红军的分兵动向，他急忙调整部署，除派两路兵马对红四军展开"追剿"外，其余三路全都用于对井冈山实施"进剿"。

在此之前，红军已取得过一次保卫井冈山的胜利，这就是黄洋界保卫战。毛泽东还据此写出了著名的《西江月·井冈山》："黄洋界上炮声隆，报道敌军宵遁。"

黄洋界保卫战时，红四军用于留守井冈山的仅为一个营和特务连，作战时因兵力太少，连轻伤员和拿着梭镖的老百姓都上去了。有人认为，既然留那么少的人都能守住井冈山，彭德怀和红五军也应该有把握。

问题是，局势在不断变化。近代以来，特别是自清政府被推翻之后，全国各地都处于武装割据状态。随着国民党实施"二次北伐"，虽然南京政府名义上统一了全国，但蒋介石能够完全控制的地域，实际只有江浙闽淮四省，对湘鄂赣豫四省是半控制，其他如两广、西南、西北、东北，都跟他老蒋没有多大关系。

黄洋界保卫战之前，"二次北伐"刚刚结束，蒋介石尚未能集中精力对付红军。参与"会剿"井冈山的湘赣两省之间也向来是你防我我防你，湘军到江西，赣军到湖南，都属于受限制的越省行动，而井冈山正好处于湘赣边界，很容易就让两边变得束手束脚。"会剿"时，湘军和赣军事先既没有商量好，临阵也不互相配合，作战时只有湘军从湖南一个方向发动进攻，江西的赣军根本就没有露面。

这次不一样，蒋介石亲自协调，湘赣两军都出动了，据初步估计，仅直接进攻井冈山的部队就至少是留守部队的 20 倍。另外，黄洋界保卫战的胜利本身也有其特殊性，或者说偶然性。很多人都以为黄洋界保卫战打得如何如何，起码场面很激烈，但实际上并没有怎么打，红军连伤兵都没有。湘军倒不是没有大打的本钱，事实上，他们有两个团用于进攻黄洋界，而红四军扼守黄洋界的连一个营都不到，真要大打的话，黄洋界当时就守不住了。

红军最后之所以能够取胜，主要还是唱了一出"空城计"——湘军的通信联络技术较差，无法掌握红四军主力的准确动向，红军只是在黄洋界用一门刚修复好的迫击炮轰了一下，他们就误以为红四军主力回到了井冈山，由于害怕吃亏，连夜就班师撤走了。毛泽东讲"宵遁"，即是指黄洋界一战是敌人自己撤的兵，而不是被红军给直接打跑的。

到彭德怀留守，何键已经清楚地知道红四军并不在井冈山，这时候即便你想唱"空城计"都难了。

打推磨仗

何键三路"进剿"的哨口分别是黄洋界、八面山和白泥湖。因为山上兵力太少，彭德怀没法配置预备队，只好在一开始就把所有部队都拉上去，一个萝卜一个坑地安置在防守阵地。

井冈山防线真正被击破，不是在黄洋界，而是在八面山。这一路敌军是硬冲上来的，在他们发起冲锋之前，守军的阵地工事就都被山炮给轰垮了。

黄洋界是红五军扼守的重点哨口，此处地形险要，进可攻退可守。见硬冲比较困难，敌军便让一个药农带路，沿着山门小路从黄洋界背后实施了包抄。

山头上的红军正在煮饭，就听到下面有好多脚步声，像是踩在冰上咔嚓咔嚓直响，后来才发现是敌人爬上来了。爬上来的敌人实在太多，根本就打不退，哨口很快就失陷了。

继八面山、黄洋界之后，白泥湖也被突破。为了避免全军覆灭，彭德怀只得下令突围。为了尽可能避开敌人的正面阻击，部队必须在悬崖峭壁，或者只有猎人和野兽出没的小道上攀行。

时值严寒，天下大雪，山上积雪尺许，加上又要作战，行军之艰难不言而喻。其间，彭德怀的战马在过独木桥时掉下了深沟，因为情况紧急，也没来得及将马牵上来。

失了马倒也罢了，主要是马背上还有干粮袋。所有突围官兵，谁身上带的干粮都不多，彭德怀便没有将这件事告诉别人，因此接连饿了两天，一粒米都没有下肚。

很多年后，彭德怀遭到批判，失守井冈山的这段往事又被重新翻了出来，说他是故意不要根据地。彭德怀的火药桶脾气顿时就被招惹了出来："让他（指批判者）去胡说八道吧，谨慎点吧，防止某天一跤跌倒，跌落自己的牙齿呀！"

在井冈山，彭德怀忍饥挨饿，率部击破了敌人的三重包围圈，成功突围之后与红四军再次会合于瑞金。听他讲述完失守经过，毛泽东沉默良久，说这次很危险，不应该让你们留守井冈山。

朱德说，台坍了不要紧，要紧的是搭起来再干。就在井冈山失守后不久，外部局势就发生了新的变化，蒋介石与广西新桂系的矛盾不断激化，并最终爆发了蒋桂战争，而新任湖南省政府主席何键采取拥蒋反桂的策略，又使得蒋桂矛盾迅速扩大为湘桂矛盾。

一群人你拉我扯，都不再关心井冈山和红军，"会剿"于是匆匆结束，进攻井冈山的湘赣军也撤走了。眼看新的发展机遇已经到来，彭德怀决定东山再起，他不仅回师井冈山，而且还与湘东留守纵队会合，把湘赣、湘鄂赣、鄂东南等几块根据地连成了一片。

与一些毕业于知名军校的军人不同，彭德怀是行伍出身，文化水平较低，只相当于民国时的小学水准，后来入湖南讲武堂就读前，因为怕听不懂军事课程，还专门恶补了一下初中程度的自然科学知识。可以说，彭德怀最初的军事素养并不是很高，指挥打仗主要还是靠个人悟性以及经验的不断积累。

彭德怀本身具备很好的战场感觉。在从井冈山突围途中，部队找到了一座大村庄休息。吃过晚饭之后，彭德怀提议立即出发，哪怕走出五里地再宿营也好。因为他觉得这个村庄离公路太近，附近渡口又有电话，敌人如果得知红军行踪，半夜就可以扑过来。

众人饥疲交困已达极点，哪里肯动身，都说第二天拂晓出发也没有什么问题。就连一向和彭德怀关系融洽，也基本不干预军事指挥的党代表滕代远都持反对意见，把彭德怀给气了个半死。

晚上彭德怀辗转反侧，怎么都睡不着，于是干脆到各连察看，发现所有人都睡得很死，甚至哨兵都睡着了。

也幸亏他没睡。大概在深夜一点的时候，传来了子弹飞啸的声音，敌人果然来袭。正在外面溜达的彭德怀赶紧让号兵吹响紧急集合号，部队迅速在村外集合。虽然因仓促应战，部队受到不小损失，但终究还是没有被人家给连锅端掉。

战场感觉这东西可以说是天生的，也可以说是打仗打多了，积累出来的，因为打仗跟世间的其他技艺都有一个相似之处，那就是可以熟能生巧。仗打多了，彭德怀不仅在指挥上越来越纯熟，而且还深入掌握了游击战的理念。

游击战的首个实践者，当属"红军之父"朱德。朱德出自滇军，他打游击最早是从云南土匪那里学来的。云南的土匪经常这里一伙，那里一伙，他们的队伍不能集中打，只能分散打，由此便产生了游击战。当时还没有游击战这个词，朱德根据军事术语，将之称为"分散动作"，也就是分散开来打的意思。

其实井冈山也有这样的例子。过去山上出过一个土匪，叫朱聋子，后来被北洋政府招安了。朱聋子有一句名言："只要会打圈，不会打仗不要紧。"毛泽东说，朱聋子仅仅会打圈就能活下来，我们既会打圈，又会打仗，还怕什么？

游击战既可以具体化为简单的"打圈"，也可以抽象为一种高超的战略战术原则。后来毛泽东正式命名游击战时，就总结出"十六字诀"。按照游击战的基本原则，彭德怀在与敌军作战时，经常指挥大部队跟敌人兜圈子，趁对方一不留神就跳到其侧后，既使敌人摸不着头脑，又让他们疲惫不堪，这时候部队再在运动中歼敌。国民党军称之为盘旋战术，红军则叫"打推磨仗"，实际上已将游击战进化为带有游击智慧的运动战。

在短短三四个月时间内，彭德怀靠"打推磨仗"，迅速将红五军扩展到5个纵队3000人的规模，然而也就在这个时候，他突然被卷入了一场扑朔迷离的"王袁事件"。

山大王

"王袁事件"的主角王佐原先当过裁缝，后来上井冈山做了土匪。袁文才是他的结拜兄弟，大革命时期的党员，同时也是王佐的灵魂式智囊。

王佐深谙兔子不吃窝边草的道理，平时号称"打富济贫"，不仅从不侵扰井冈山的老百姓，高兴了还真的会"济贫"。比如，他通过"打富"捞了许多光洋，这些光洋他根本花不完，有时下雪的时候就拿着光洋往雪地里抛。老百姓看见了便上来哄抢，王佐在一旁哈哈大笑。

时间一长，王佐在当地拥有了深厚的群众基础。红军刚上井冈山时，连向老百姓买个鸡蛋，人家都要问这事王佐知不知道、王佐同不同意。后来毛泽东对王佐说："你们的工作做得好哇，我们战士买个鸡蛋都要通过你呀！"王佐面红耳赤，支支吾吾地回答说："没……没有这个事……"

毛泽东是个非常聪明的人。未上井冈山之前，就有人提出要用武力解决王佐，毛泽东说绝对不能这么干。他向大家解释，王佐是旧式的山大王，这种旧式的山大王多得很，中国历史上没有哪一个朝代能将他们完全消灭。红军要做的，不是消灭山大王，而是应该把他们争取到自己的队伍中来。

除了"旧式山大王"的说法外，王佐也可以被视为群众领袖。中国当时许多地方都有群众领袖，例如陕西有刘志丹、赣东北有方志敏，在成为红军领导人之前，他们在当地民间都有一呼百应的影响力。在毛泽东看来，群众领袖不管有多少缺点，只要群众听他的话，就要予以承认。后来到陕北，毛泽东二话不说，就把还关在牢里的刘志丹放了出来，这一举措对团结陕北的地方力量起到了立竿见影的效果。

在井冈山，毛泽东采取的是同一策略。他一上井冈山，就主动送枪给王佐和袁文才作为见面礼，并且声明："我们来，不缴你们的枪，也不编你们的部队。以后你们放心守山，我们出去打仗。"

王、袁投桃报李，对毛泽东十分服膺。有一次，毛泽东的脚走烂了，住在袁文才家。袁文才招待得十分周到，他还对自己的部下说："毛委员（毛泽东当时是中央政治局候补委员）就像皇帝左右的大臣一样，招待好他，我的赣西总指挥还能当（袁在大革命时期当过赣西总指挥）。"

事实上，如果毛泽东不竭力争取王、袁，红军在井冈山是站不住脚的。从失守井冈山这件事也能看出来，这两人在当地具有多大的能量——王佐仅有 1 个营 3 个连，但在红五军被迫突围后，他们仍在井冈山坚持了下来，国民党军愣是伤不得他们分毫。

这时王、袁的部队已经编入了红军，但他们不属彭德怀直接指挥，其上级机关是湘赣特委，而事情也就出在王、袁与特委的关系上。

湘赣边界和两广地区类似，自古以来就有土客矛盾，也就是土籍人和客家人的矛盾。土籍人是土生土长的当地人，客家人则是战乱年代为躲避战乱，背井离乡逃到南方的北方人。土籍人占据着适合农耕的平地良田，而客家人却只能居住在对方不愿意居住的山区，两大族群互相之间的那种敌视和仇恨，早已是冰冻三尺，非一日之寒。

王、袁是客家人，湘赣特委的负责人大部分都是土籍人，一个有枪，一个有权，根深蒂固的土客矛盾让他们谁看了谁都不爽。另外，王、袁又只服毛泽东，毛泽东讲的话，他们愿意听，对于其他人包括湘赣特委的话，就不太愿意听。

王佐没文化，大的主意都听命于袁文才。袁文才稳定，王佐就稳定，袁文才若是有所波动，王佐也一定会波动。毛泽东曾经亲口告诉彭德怀，袁文才这个人很狡猾，名堂很多。于是在离开井冈山时，毛泽东就任命袁文才为红四军参谋长，带其一道行军打仗，以便减少井冈山以后工作的难度。

未料当时中央有个很"左"的文件，说对土匪首领应"当作反革命的首领看待"，而文件又正好被随军的袁文才看到了，后者连忙逃回了井冈山。王佐不识字，袁文才就将那段原文念给王佐听，并且对王佐说："我们怎样忠心，他们也是不会信任的。"

湘赣特委早就想除掉王、袁，有了中央的尚方宝剑和袁文才"脱逃"这条罪状，便更觉得有此必要了。1929 年秋，中央派员到湘赣边界巡视，湘赣特委添油加醋地对此进行了汇报，中央代表于是要求不折不扣地按照文件精神处理王、袁。

湘赣特委有权，但无枪，靠自己的力量动不了王、袁。于是特委负责人便深夜赶到红五军军部，请求彭德怀调动兵力。彭德怀从他们那里得到的情况是：王佐、袁文才要勾结地方民团叛变，两人还强迫特委把边区武装交出来，说这话时，王佐甚至把驳壳枪往桌上一摆，近乎就是在威胁特委！

王、袁居然要叛变，彭德怀在大感意外之余，却也觉得不无可能。

死对头

对王、袁，彭德怀内心里并不是没有看法。他向上级报告说，（王佐部）"现在各人经常有四五个老婆，生活非常舒服"，而且"守山成性，守不过劳苦，打不破恶习"。

彭德怀十岁讨饭，十一二岁做放牛娃，十三四岁到煤窑做童工，十五岁当堤工。因为常常需要弯着腰做苦力，他的背一直都有些驼。悲惨辛酸的个人经历，很自然地使他看不惯一切土豪以及"土豪生活"，尤其王佐部已经编成了红军，还来这一套，更使他觉得不能接受。

当然看法归看法，彭德怀也知道要团结这些原来的"山大王"，而且有一段时间，他和王佐之间相处得还算融洽。特别是在两军协同作战期间，有了枪弹物资等战利品，第五军都是与王佐部平分，王佐对此很是满意。

转折点是在袁文才逃回井冈山后，王佐变得有些难以捉摸了。有一天黄昏，彭德怀一个人去找王佐，本来是想解除王佐的疑虑，但王佐总是顾左右而言他，导致两人话不投机。黄昏后，滕代远派传令兵接彭德怀回去，王佐的哨兵喊了一声口令："站住！"

王佐在屋里听到后非常紧张，立即把手枪掏了出来。彭德怀坐着没动，说："这里没有敌人嘛！"接着又向屋外喊道，"传令兵同志，你来干吗？"

传令兵回答说："党代表要我来接你，怕路上有狼。"

通过这件事，彭德怀就知道王、袁猜忌心很重。听特委一诉说，他也觉得有出兵干预的必要。

在与湘赣特委召开临时联席会议时，彭德怀的意见是，先趁夜包围王、袁，等天明弄清情况后再做决定。

可是特委哪里肯就此放过自己的死对头，在第五军冲进王、袁所在驻地后，特委的一个负责人当即掏枪将袁文才打死在床上。王佐听见枪声，赶忙跳墙逃跑，结果在逃跑过程中掉到河里淹死了。他们带出来的部队随即也被特委予以解体和收编。

"王袁事件"在湘赣边界引起巨大震动，客家群众对此极为愤怒，认为这是湘赣特委在公报私仇，打击客家人。王佐、袁文才原先虽然防范红军，但实无叛变之心，事件发生后，他们留在井冈山的余部便真的"通电反共"，编入了民团。

红军几次派主力攻打井冈山，都再也没有能够夺取这一天造地设的游击基地。听到王、袁被杀的消息，毛泽东禁不住跌足长叹："这两个人杀错了。"彭德怀事后也对此做了反思，认为王、袁不该杀，杀掉他们，让红军吃了苦头。所得出的教训是，不该偏信偏听湘赣特委的话，没有做什么研究就仓促行动。

老彭在处理"王袁事件"中固然有错，但除了应特委要求调兵外，他本人并未在这件事情上存有私心。后来有人指责彭德怀是想借机吞并王、袁部，贪的是人家的武器弹药，他立即予以否认，并且声明："我要是从袁、王所部拿回一杆枪，甘愿偿命赔罪！"

虽然再未能控制井冈山，不过红军的发展仍相当顺畅，其外部的直接原因就是中原大战的爆发。当时，北方的阎锡山、冯玉祥，南方的李宗仁、张发奎，所有反蒋派别皆联成一气，挽起袖子跟蒋介石干上了，没人再管得了红军的那一摊事。

彭德怀抓住这一有利时机，频频向敌军发动进攻。在连续不断的作战中，他逐渐形成了自己的打仗风格，那就是一个字：猛！

彭德怀打仗猛，是大家公认的。过去在遭到敌人包围时，四面都被围得紧紧的，没地方跑，他就带着队伍往山下滚，路上碰到茶杯粗的树，一咬牙就给扳倒了。进攻起来同样是一往无前，最多时，他一天打过八仗，照样生龙活虎，冲锋陷阵。

这种作战风格与个人的性格特点之间颇有关联。平江起义前，在彭德怀经常看的几本书中，有一本是《水浒传》。有人就问他："你像《水浒传》里的谁？"他很直截了当地回答："有些类似李逵。"

红军的内部机制给了这位李逵式战将最大的施展空间。在红军内部，早期决策大多采用民主方式，然而在军事领域，这种方式多有弊病。例如，一次攻打县城，军委展开讨论，大家都主张攻城，唯有彭德怀反对。最后依据少数服从多数的原则，依然还是攻了，结果攻城部队差点全军覆灭，红五军总共伤亡了300余人，11个大队长有9个负伤。

由于被证明行不通，这些不切实际的所谓军事民主不能不受到质疑，尽管在各连仍有士兵委员会，各级领导的作战意图须向士兵委员会公开，有时还要听取他们的意见，但到军部一级，大事已基本只由军长和党代表定夺了。

作为彭德怀的搭档，滕代远平日里对军事行动基本不干预，所以在红五军里，主要都是彭德怀一个人说了算。

战场上，彭德怀拥有足够的指挥权限。只要他认准了能砍，就可以抢着板斧毫不犹豫地砍过去，而且是排头儿地砍，一个也不让漏掉。转眼之间，目标中的几座县城都被他收入囊中，湘赣边根据地也由此进入了全盛期。

1930年夏，宣布成立红三军团，军团下辖红五军等三个军，彭德怀出任军团长，滕代远任政治委员。成立红三军团后，彭德怀挥师西进，以令人炫目的速度先后攻占7城，再次在湘鄂赣大地上刮起了一股强劲的红色旋风。

玩儿命

在井冈山时期，红军除了起义部队有汉阳造外，其他大多是土枪土炮，战士背的子弹袋虽然看上去都是鼓鼓囊囊，但其实里面全是竹竿子，真的分到每个人手上，不过三五发子弹而已。

那个时候，机枪都是稀罕物，以至于谁有机枪谁就能打赢。朱德有一个卫士排，配有四挺"花机关"，即早期的德造冲锋枪，湘军看到之后，还没怎么打就吓得跑掉了。

通过连续打胜仗，红三军团的武器弹药状况得到很大改善，重机枪缴了不少，与初期缺枪少弹的情况已不可同日而语。在最后一个攻陷的岳州（今岳阳）城内，他们还破天荒地缴获了几门山野炮。

红军守井冈山，因为缺乏山炮，曾把松树掏空，再在里面装上炸药、铁片，命名为"松树炮"。这种"松树炮"用来虚张声势可以，实战价值并不大，现在有了货真价实的山野炮，气势顿时就不一样了。

看到红军占领岳州，长江上的外国军舰开始对岸上实施炮击，红三军团刚刚有了炮，却没有士兵会放，整个军团里，只有曾毕业于湖南讲武堂炮科的军团长彭德怀以及一名朝鲜族干部会用炮。彭德怀于是不顾众人阻拦，和那名朝鲜族干部一起调整炮位。当军舰靠近时，他们连发几十炮，据彭德怀估计，当时大概有十发以上的炮弹落到了军舰上。见红军如此凶猛，几艘军舰赶紧驶开，再不敢抵岸射击了，彭德怀也因此成为红军中第一个会打大炮的炮手。

连战连捷下，红三军团兵强马壮，士气高涨。早在挥师西进之前，中共中央就曾指示让他们进攻武昌，支队政委黄克诚在会上表示反对，他指出武昌城有敌军重兵把守，江面上又遍布各国军舰，红军要渡过长江天堑非常困难。

黄克诚当即被认为在思想上有"严重的右倾机会主义倾向"，本来要提拔为纵队政委的任命也免了。彭德怀内心里是支持黄克诚的，但面对上级命令和会上的众口一词，他也不便直接唱反调，只好提出一个折中方案：先打长沙。

比之于攻武昌，打长沙更有把握。由于何键继续把赌注下在蒋介石这一边，桂军已杀入湖南境内，并一度占领长沙。经湘军及蒋系军队合力反攻，才迫使桂军从长沙退走。接着，何键又指挥湘军主力追击桂军至湘桂边界，当时留守长沙的仅有一个旅，兵力较为薄弱，正是红军出其不意，乘虚而入的好时机。

1930 年 7 月，红三军团从岳州开赴平江，威胁长沙。长沙守军急电何键回省城坐镇。何键赶回长沙后，采取先发制人的办法，派两个旅分两路向平江进攻。

彭德怀先利用地形布置了一个袋形阵地，等着对方来钻，但设伏一天，敌军并未前进。

不上套，便只有直接抡着板斧上了。在平江城南的晋坑，混战的双方胶着在一处。时值盛夏，烈日当空，人人汗流浃背。在前沿指挥的黄克诚是个高度近视眼，打着打着，他的眼镜片上全是汗水，眼前一片模糊，以至于当他发现身后有一支部队冲过来时，都分辨不清对方是敌是友了。

再往四周一看，所有人都在厮杀，自然也无人顾及身后的情况。黄克诚只好硬着头皮朝身后的队伍走过去，想弄清情况再便宜行事。等靠近了，猛一打量，才意识到是敌军。他赶紧一个急转身，顺着山坡滚了下去，耳旁子弹嗖嗖作响。

等黄克诚一口气滚到山脚时，睁眼一看，眼镜、帽子还有身上的挎包全丢了，但奇迹般地居然没有中弹。

在红三军团打仗，就是这么玩儿命。和彭德怀一样，黄克诚也曾在湘军里服过役，一名有着相同经历的军官在初次参战后就对黄克诚说："看来我们来到这里就别想活着回去啦。"黄克诚问为什么，对方回答得很坦诚："红军打仗那么勇敢，选干部又要带头冲锋，我们准得把命丢在这里。"

尽管黄克诚对他进行了安慰和鼓励，但这名军官后来还是在战斗中阵亡了。黄克诚的命算比较大，好几支枪一齐朝他开火，都没把他给打死。

眼镜对黄克诚来说是不可或缺的，没了眼镜，周围一片模糊，什么也看不清，他只好慢慢地摸索着前进。天黑后，他爬到了公路边的树林中，看到许多人在公路上奔跑呼喊。仔细辨认，恍惚看见这些人都戴着袖标，才断定是自己人。

原来红三军团猛打猛冲，已大败敌军，正在乘胜追击。

晋坑一战，彭德怀歼敌一个整团，之后进一步突破敌军防线，攻占了长沙附近的金井镇。

金井乃长沙门户。何键闻讯大为惊慌，他一面组织兵力沿浏阳河构筑工事分段阻止；一面从湘桂前线撤兵，以驰援长沙。

彭德怀指挥部队架设浮桥，强渡浏阳河，直扑长沙近郊。眼看红军像潮水一般向城墙涌来，城内守军急忙集中火力扫射。

红三军团伤亡很大，渐有不支乃至撤退之势，彭德怀见状，果断下令拆掉浮桥，同时传令各部队："有后退者，军法从事，格杀勿论！"

破釜沉舟

古来良将，大致可分两种类型，一为谋战派，一为勇战派。以楚汉之争为例，韩信属于谋战派，项羽属于勇战派。勇战派最突出的一个特点，就是敢于不顾一切地向敌方发起雷霆万钧般的攻击，即便不给自己留下后路，也务求给敌方造成极大震撼。

在钜鹿大战中，各诸侯军皆畏缩不进，正是项羽以这种大无畏的勇战精神，破釜沉舟，背水一战，把围困钜鹿的秦军打得大败，由此被尊为"西楚霸王"。

就个人性格和指挥风格而言，彭德怀可以划在勇战派之列。他下令拆掉浮桥的举动，也与当年楚霸王的破釜沉舟有异曲同工之处。原本已觉得有些撑不住的前线部队重新振作起来，继续组织攻击。

长沙守军以为红军受挫后会撤退，还冒冒失失地派一支部队出城追击。红军正好从侧翼包抄，并跟着逃路的敌人一同杀入城内。

得知城破，何键匆匆渡过湘江，逃往湘西。过去彭德怀在湘军当营长时，何键是军长，据说有一次湘军败退，何键坐着一乘四人抬的轿子，前呼后拥地飞奔逃命，看上去十分慌张。彭德怀立即上前制止，并大声喝道："你们何必这样惊慌，敌人还远得很哪！"

何键在轿子里面听到了，他知道彭德怀的部队英勇善战，于是赶紧随声向士兵们喊道："你们不要跑，不要慌，有彭营长的部队在后面，你们怕什么？跑什么？"

那个时候，"彭营长"要保"何军长"，如今可不一样了，"何军长"差一点就被"彭营长"生擒活拿。

何键是马日事变的策动者，他本人也以"曾左事业后继者"自命，在湖南实施过大规模清乡运动。彭德怀恨之入骨，对未能捉住何键，他一直感到遗憾，说："没有活捉这贼，此恨犹存！"

虽然逃得性命，但在不到两个月的时间里两失长沙（第一次被桂军攻占），对登台不久的何键来说，无疑是一个沉重打击。他致电南京："长沙被陷，本人暂退湘西待罪。"

还好，蒋介石很体谅，知道他一面要应付桂军，一面要抵抗红军，实在也很不容易，因此不仅没有怪罪，反而将所有责任一肩扛起，说："中正应负其咎。"何键这才如释重负。

长沙之战，红三军团参战部队仅五六千人，湘军前后投入兵力共达2万余，最后却被各个击破，仅被俘士兵即达四五千人之多。这是红军战史上以少胜多、以弱胜强的一个比较典型的战例，也是土地革命时期红军攻下省会的唯一战例。

在长沙城里，红军占领了湘军的军火库，仓库里储存着一箱箱崭新的枪支和子弹。这些军火被彭德怀装了16箱运往湘西根据地，以支援贺龙的部队。除此之外，还吸收了一批俘虏兵，使红三军团的总兵员扩充至1万余人。

红三军团刚刚攻入长沙时，城里的秩序非常混乱。当时进城的红军既少，也没有管理城市的经验，只能在一些关键场所，如发电厂、米厂、银行、当铺等地维持秩序。平江、浏阳的农民以及农民赤卫队大批涌入城里，见东西就抢。直到攻占长沙后的第三天，当后续部队进城时，还看到进城农民在抢商店，这些农民不懂什么纪律，上前劝说也没人听。

彭德怀闻讯立即从前线返回长沙，城内秩序这才趋于稳定。长沙战役的前敌总指挥、纵队司令员陈毅安曾就读于长沙，他的学生时代有一半是在这座城里度过的，因此对长沙的情况十分熟悉。彭德怀入城后，他对彭德怀说："军团长，打开长沙好几天了，我们还没有吃一餐好饭，到奇珍阁吃面去吧！"

奇珍阁是长沙一家有名的饭店，名为饭店，实际上既经营饭菜也经营面食，它的卤子面乃是一绝。彭德怀和陈毅安带着一个警卫排骑马前往奇珍阁，市民争先恐后围拢上来看热闹，但没人知道红军的军团长就在就餐者里面。因为那时候红军高级将领的装束和一般战士没有区别，都是腰间系一根皮带，脚上穿一双草鞋，不同的只是胳膊上戴着红布袖章。

彭德怀在长沙停留了8天，到第八天，湘军主力从湘桂边界赶回，使何键得以集中15个团的兵力，对长沙的红军进行南北夹击。当天晚上，湘江岸边突然响起激烈的枪炮声，屋子里的人能够感到玻璃窗都在颤抖。湘军分三路渡河，彭德怀起初和陈毅安在一起指挥作战，陈毅安见敌人攻势很猛，便对彭德怀说："子弹打得这么密，你快离开吧，让我在这里指挥！"

陈毅安毕业于黄埔第四期，既能打仗，又会做士兵包括俘虏兵的思想工作，连彭德怀都夸他"黄埔生多才多艺"，引为心腹爱将。就在掩护主力撤退的过程中，这位黄埔英才腰部连中四弹，因伤势严重和缺乏输血设备而不幸阵亡。

彭德怀审时度势，决定连夜将部队撤出城去。由于前沿红军一直控制着江岸防线，所以撤退过程基本上井井有条，但是城内不少赤卫队和民兵却还不知道湘军已经打了过来，仍然扛着梭镖，套着红袖章在城里转，湘军进城后，他们大部分被抓住枪杀了。

火牛阵

1930 年 8 月，红三军团与朱毛指挥的红一军团会师于浏阳。这时红三军团共有 17000 人，红一军团人数与之相等。按照中央原来的部署，拟将红三军团扩编为第三方面军，红一军团扩编为第一方面军。

在兵员实际不足的前提下，彭德怀一向不大赞成搞盲目的扩编。早在成立红三军团时，他就认为是虚张声势，搞空架子，不仅不能提高部队的战斗力，反而会因为增加了指挥层次而浪费干部，减弱战斗力。

眼前就是这种情况，两军团加起来也只有 3 万余人，若分开来成立两个方面军实无必要。彭德怀于是主动提议，撤销第三方面军，将红三军团编入红一方面军，以便于统一指挥。这时他考虑的主要还是实战需要，而不是个人的名位和权力。

红一方面军的成立，使湘赣地区的红军得以进一步集中兵力，其战略也从以游击战为主向运动战为主转变。同时也因为彭德怀的提议，红军历史上出现了有

一、二、四方面军，而独独没有三方面军的现象。

红一方面军一成立，即讨论了进攻长沙的问题。彭德怀知道红三军团久未休整，亟须来一次短期整训，但进攻长沙是中央的战略意图，只要一反对，马上就会有人给你扣上一顶"十足的右倾机会主义"帽子。

这顶帽子非常吓人，纵使彭德怀天生耿直，也不敢轻易触碰。先前黄克诚反对进攻武昌，若不是彭德怀极力保护，恐怕就不是撤销纵队政委这么简单，而是得掉脑袋了。事后，彭德怀把黄克诚叫过去，对他说："你好大的胆哟，硬是拿鸡蛋往石头上撞。"

黄克诚也不含糊："我这个人不拐弯，有意见就提。"彭德怀说："提了没用不如不提，你要不是攮死捶子（湖南话，做无用功的意思），当上纵队政委，也能多掌握些部队，我这个军团长胆子也大一点。下一次，你少放炮。"

黄克诚很执着："这做不到，明知不对，让我不说，杀了也不干！"彭德怀只好苦笑："行了，你比我还像彭德怀。等着瞧吧，有你难受的。"

"提了没用不如不提"，在讨论会上，彭德怀保持了沉默。会上相当一部分人都认为，上次一个军团就打开了长沙，这次两个军团一起打，尽管敌人兵力可能会有所变化，但还是可以打开的。

会议结束，作为第一方面军首脑，朱毛正式下达了向长沙进攻的命令。几天后，红军即攻至长沙外围，其中红一军团进至城南，红三军团进至城东。

这时黄克诚因屡次发表被认为右倾的主张，已由师级降为团级，在红三军团第四师任团政委。就在接近长沙时，第四师突然集合队伍，师政委在队前宣布上级命令，说师长卢匿才上次打长沙时按兵不动，作战不力，被判处死刑，立即执行。随后卢匿才就被拖到稻田里用刀砍了。

卢匿才的真正"罪行"实际是反对强攻长沙，主张在运动战中歼敌，所以上面给他的帽子是"托派嫌疑"。若不是黄克诚降为团干部，已无资格参加党内的一些重要会议，没准项上人头也会跟着落地。

临战之前，公开处死一名师长，又是以如此残忍的方式，大家都备感震惊，部队鸦雀无声。

3万多红军很快就包围了长沙。一攻长沙时，红军是跟在逃跑的湘军屁股后面才得以进了城，这次何键吸取教训，在出击一部被围歼后便死守不出。

防守长沙的湘军有四个旅，其兵力与攻城部队差不多，而且守军有五六天时间进行准备，抢筑的野战防御工事非常坚固。

要冲击这样的工事，非得用重火力不可。红三军团在岳州时曾缴获了几门野炮，但因为带不走，只好炸掉了，山炮的火力没有那么强，起不到摧枯拉朽的效果。

见战局相持不下，彭德怀忍不住急躁起来。他让人弄来许多水牛，在牛尾系上浇有煤油的布团，点上火，然后驱赶着水牛群去冲撞敌人工事。

彭德怀效仿的是战国田单的"火牛阵"。据说田单曾用这一战法大破燕军，挽救了齐国几乎亡国的命运。田单使用"火牛阵"时的情况可能比较复杂，他是自居城中，把"火牛"赶出城外，当时又是晚上，牛群没有退路，只能负痛前驱。

被红军"武装"的水牛群尽管一开始也往前狂奔，但在碰到电网后有的被电死了，剩下来的水牛受惊回窜，开始对红军阵地进行冲撞。

彭德怀的"火牛阵"不但没有发挥作用，反而引火烧身，乱了自己的阵脚，说明勇战和蛮干毕竟不是一回事。

二攻长沙期间，红一、三军团以猛打猛冲的战法，对长沙组织两次总攻，但均未能够奏效。红军伤亡惨重，尤以红三军团损失最大，两天后，毛泽东下令撤围，围攻长沙的行动遂告结束。

人众胜天

1930年10月，红军攻占吉安。毛泽东在吉安收集了大量的报刊资料，通过对这些资料的研究，他发现中原大战已进入尾声，阎、冯、李、张等反蒋派别陆续败北，蒋介石胜利在望。

根据这一形势，毛泽东判断，蒋介石一旦完全腾出手来，势必要转移兵力，对苏区实施大举进攻。若红军主力继续远离根据地，不但无法攻取武昌、长沙等大城市，而且还将陷入极其危险的境地。他主张"诱敌深入"，全军移师赣江东岸，向根据地中心退却，以粉碎国民党军即将采取的"围剿"。

当时毛泽东在红军还没有后来那么大的权威。他所统辖的红一军团当然没有问题，但红三军团中有许多人是平江、浏阳、阳新、大冶人，也就是说家乡都在赣江西岸，他们反对过江。这些人建议，第一、三军团干脆分家，一军团在赣江以东，三军团在赣江以西，这样既可以集中消灭敌军大部队，又可以团为单位分散打游击战。

两边发生了争执，身为红三军团长的彭德怀的态度就显得举足轻重，可以说他站在哪一边，哪一边就占优势。

对红军主力究竟应该集中还是分散，彭德怀从小就有切身体会。他小时候因为家贫，天刚蒙蒙亮就要上山砍柴。他家自己没有山，得在地主的山上砍，所以砍几下就要警觉地望望四周，发现有人便趴着或蹲着不动，等人走了再继续砍。

时间一长，他得出一条经验，那就是每次砍柴，最好和四五个年纪较大的穷孩子一道去，这样人多势大，地主也不免会害怕。有一回，他们被一个地主管家发现了，管家冲他们直嚷嚷，威胁要把他们一个个捆起来。这些孩子倚恃人多，根本就不予理睬。管家怕挨揍，只好听之任之，随便他们折腾了。

彭德怀后来每次回忆这段往事，都不胜唏嘘："人众胜天哪！"对两军团是分是合，他有一个简单分析：在战斗中，第一、三军团每打一次仗，要各消灭敌军一个师都很勉强，但如果合起来，即便消灭一个师也比较轻松。

由于彭德怀态度坚决，第三军团才放弃了夹江而阵，和第一军团一起东渡赣江。

随着中原大战的结束，蒋介石在力挫群雄、志得意满之余，果然决定对红军和苏区动手了。12月上旬，他在南昌召开"剿匪"会议，此后便开始接连不断地向中央苏区发动"围剿"。

第一次反"围剿"时，红一方面军正在搞肃反，打"AB团"。AB乃英文"反布尔什维克"的缩写，"AB团"系国民党江西省党部在北伐时期成立的一个秘密组织，成立后三个月就解散掉了，但红一方面军总前委，以"AB团"已潜入红军内部为由，组织了打"AB团"运动。

黄克诚因为对此持怀疑态度，对肃反委员会动不动就抓人的做法进行了抵制，所以也被怀疑是"AB团"。为了保护他，彭德怀不得不亲自出面力保，说黄克诚绝不会是"AB团"，这才使得他幸免于难，不过仍被以"领导不得力"为名，撤掉了团政委的职务。

彭德怀曾向肃反大员们保证，平江、阳新、大冶等地出来的干部战士绝对没有"AB团"，而后肃反对象就被集中到了江西籍的干部战士身上，特别是在长沙参军的江西籍解放战士（即改造后的俘虏兵）。

在红三军团的各师团，不长时间里就抓了很多人。某机关枪连有28名江西籍新兵被抓，审讯后杀了20多个。更有甚者，有的抓起来不经审问就被杀掉了。黄克诚所在团在他本人的抵制下，对肃反最为保守，但也打掉了百把人。一时之间，部队被弄得个个紧张、人人自危。

江西省苏维埃政府所在地富田也被运动波及。一些负责人铤而走险，鼓动部队西渡赣江，脱离方面军，沿途他们还打出了"打倒毛泽东，拥护朱、彭、黄（朱德、彭德怀、黄公略）"的口号。这一事件史称"富田事变"。

"富田事变"后的一天，突然有一个普通农民打扮的青年给彭德怀送来一封信。这封信并不是直接寄给彭德怀的，其署名是毛泽东，收信人是毛泽东的秘书，大意是只要在审讯AB团中，能逼供出彭德怀也是AB团，"我们的事情就好办了"。

毛泽东的书法自成一体，别人很难学，看样子倒有几分像真的。彭德怀让人把送信人叫进来，但是送信人一直没有露面。大约过了半个小时之后，他问送信人在哪里。回答说送信人早就走了，追也追不上。

彭德怀粗中有细，立即认定其中有诈。因为这样的重大事件，对方不可能不派重要人员来进行商谈。只派这样一个普通送信人员，同时既不要回信，又不要收条，这是非常奇怪的。

再看来信，终于露出了马脚：毛泽东写信，年、月、日都是用汉字，不用罗马数字和阿拉伯数字，这与信上所用格式明显不符！

带头打冲锋

事实上，信是"富田事变"的发动者之一丛永中所写，他平时学毛体字，学得还比较像。丛永中伪装信件的目的，不用说，自然是想挑拨彭德怀与毛泽东的关系，拉拢红三军团。

彭德怀很清楚，这封信不会只单单送给他一个人，很可能，朱德和黄公略也会收到信件。黄公略曾和彭德怀一起发动平江起义，但这时所部已归入红一军团，属朱毛直接指挥。他在红一方面军的地位举足轻重，毛泽东写过的两首词里都提到过他，称之为"飞将军"，红一方面军的领导人那时也习惯称为"朱毛彭黄"。

红三军团与方面军总前委所在地相距六七十里，请示已来不及了，为避免出现误会，彭德怀赶紧写了一封不到两百字的简单宣言，把自己的立场表明清楚。其间连滕代远叫他去吃饭，他都顾不上："还有几个字没完。"

写完宣言，彭德怀一边让人将宣言连同假信送呈毛泽东，一边开会讨论，说明自己已识破了这是反间计。开会的时候，黄公略忽然走了进来，不过听了十来分钟就又悄然离开了。

会后彭德怀忙问军团参谋长邓萍："公略来干吗？"邓萍说，黄公略没说别的，只说了一句："老彭还是站在毛这边的。"

朱、黄之中，朱德也收到了假信，他把假信拿了出来。"朱毛彭黄"，除了朱、黄，毛泽东大概最担心的就是彭德怀了，按照黄克诚后来的回忆，毛泽东在看过彭德怀送来的假信之后，就已经如释重负，并"增加了对彭德怀的信任"。

蒋介石第一次"围剿"中央苏区，动用的主要是湘军，湘军师长张辉瓒担任了前敌总指挥。他大概也听说了"富田事变"，以为红军内部已经完全分裂，因此率部直接向根据地中心进发，结果一头撞进了红军的包围圈。

湘军还是北洋时代的旧打法，作战队形为一字散兵形，士兵都聚在一起，一发炮弹落下来，伤亡很大。红军则采用了新的战略战术，后者系由朱德取法于德国和苏联。作战时，部队以连为单位，疏开队形，呈品字形和梯形，这叫梯次配备，也叫弧形散兵群。

与一字散兵形相比，弧形散兵群可以避免受到敌军集中火力的杀伤，在实战中更能起到以少胜多、一个连对抗敌方几个连的作用。

战斗中，红一、三军团从四面八方向敌猛扑。湘军被打得丢盔弃甲，张辉瓒的师部及两个旅近万人被全歼，他本人也被活捉。毛泽东在《渔家傲》中如此记述："齐声唤，前头捉了张辉瓒。"

春节刚过，蒋介石又发动了第二次"围剿"。这次"围剿"比第一次的规模更大，共调集 20 万兵力，不过这些兵力除了第十九路军外，主要是杂牌部队。他们西起赣江，东至闽西建宁，连营七百里，向中央苏区的中心区域逐步推进。

毛泽东则继续采取诱敌深入的战术，下令彭德怀率红三军团在龙冈集结待机，同时进行政治动员和临战前的技战术训练。

集结于龙冈的既有红三军团，也有红一军团，几万红军挤在龙冈的靠山地区，供给一下子就出现了困难，各连队没有菜吃，只能自行上山挖野菜。这样过了 20 多天后，有人开始沉不住气了，主张还是红一、三军团分开行动，以避开敌军。毛泽东否决了这一意见，坚持要抓住时机打一下。

讲到怎么打时，有人倾向于"擒贼先擒王"，先拣第十九路军等强敌打。毛泽东说要先拣弱的打，理由是，根据红军的力量，打强敌，至多只能将其击溃，不能将其歼灭。相反，对弱敌就可以实施歼灭，这叫伤其十指，不如断其一指，同时红军打弱敌的损失相对也较小，缴获却很多。

彭德怀第一次见到毛泽东，是在宁冈县（现为井冈山市）一个农户家里。当他走进屋内时，看到一个身材颀长的人向他伸出手，并用和他一模一样的湘潭口音（毛和彭同为湖南湘潭人）向他打招呼："你也走到我们这条路上来了，今后我们要在一起战斗了！"

毛泽东不但具有彭德怀所不具备的理论水平，而且无论是井冈山时期，还是反"围剿"，都显现出了一定的雄才大略。彭德怀颇为敬服，这次他也同样对毛泽东提出的打法投了赞成票。

1931 年 5 月中旬，国民党军深入中央苏区的中心地带，彭德怀率红三军团奉命出击，他不仅亲自指挥，而且带头打冲锋。三军团的官兵看到总指挥（红三军团总指挥）在冲锋，人人振奋："总指挥都不怕死，我们还怕什么？冲啊！"

红三军团只用一个昼夜，便将对方一个师包围并消灭于富田的一个山沟内。第二天凌晨，又与红一军团一部联合发起总攻，歼敌近一个旅。在追击溃逃敌军时，部队连建制都跑乱了。

5 月底，中央红军进至福建，攻打闽西建宁县城。红三军团担任主攻，打了半天，几乎全歼守敌一个整师。至此，红军取得了"七百里驱十五日，横扫千军如卷席"的战绩，将蒋介石的第二次"围剿"击到粉碎。

这就是彭老总

两次反"围剿"的胜利，在令毛泽东威望大增的同时，也使彭德怀骁勇善战的形象更为深入人心，没见过他的都好奇这究竟是怎样一个威风凛凛的大将。一名叫颜甫的红军战士被分配到第三军团总指挥部，他问彭德怀的警卫员毛正武："彭总指挥是个什么样子？"

毛正武笑着说："要只论穿戴，他跟我们这些大老粗一样，只有这里不同。"说着，他用左手摸了摸自己的嘴巴："满嘴络腮胡子。"

说话间，一个身材魁梧、满腮胡须的军人大踏步走了进来，随后又踏进了对面一间屋子。毛正武朝颜甫眨了眨眼睛，凑在他耳朵边小声说："这就是彭老总。"

尽管颜甫已有心理准备，但还是感到十分惊奇。因为这位红三军团的总指挥在穿着打扮上真的跟普通战士没有任何区别：头戴一顶旧红军帽，身穿一套灰布衣服，裤子上打了两个补丁，脚上则是一双麻草鞋。

硬要指出有什么不同之处，就是彭德怀的右肩还挎了一个说灰不灰、说黑不黑的旧皮包，里面装满了军用地图和重要文件。

这位"大老粗装束"的猛将此时正在为反第三次"围剿"而忙碌。

6月下旬，蒋介石调集30万兵力，并亲任总司令，坐镇南昌进行指挥。与前两次"围剿"的兵力基本为清一色的杂牌部队不同，此次使用的大部分为蒋介石嫡系的"中央军"。吸取以往教训，在朝苏区行进的过程中，这些部队均以每两师为一路，紧紧靠拢，相互策应，以避免被红军一口吃掉。

毛泽东万变不离其宗，仍决定用诱敌深入的办法来与之周旋，同时急调生力军回师中央苏区，做待机歼敌的准备。

红三军团奉命由闽西建宁出发，翻山越岭，涉河过涧，以急行军的方式向兴国集结。沿途彭德怀下令严密封锁消息，部队有时昼行夜宿，有时昼伏夜行，中间多次与国民党军交会，常常出现这种情况，即红军在山上宿营，山下就是国民党军，而后者全然不知道对手已与自己近在咫尺。

8月初，红三军团到达兴国高兴圩。国民党军得知消息后，急忙组织第十九路军等部向高兴圩实施包围。

北伐时期，广东的第四军战绩辉煌，为诸军之冠，其"铁军"名号也不胫而走。不过并非所有的第四军都能被称为"铁军"，当时实际参加北伐的一共是两师一团，即陈铭枢师、张发奎师和叶挺独立团。

以后三家分晋，叶挺参加了南昌起义，张发奎建立新的第四军，并联合桂军反蒋，号张桂军，而陈铭枢的部下蒋光鼐、蔡廷锴却率第十九路军投蒋，号蒋蔡军。

尽管张发奎对外宣称他的第四军才是"铁军"正统，但张桂军每次与蒋蔡军作战，都被蒋蔡军打得一败涂地，乃至于第四军上下到了闻之色变的程度。

第十九路军的战斗力确实相当强悍，到中原大战时，在国内战场上已近乎打遍天下无敌手，也被当时的蒋介石视为除黄埔系之外最为可靠的部队。在第二次"围剿"中，毛泽东一再强调要避开第十九路军，也正因为这个原因。

在向高兴圩接近的过程中，第十九路军与归红三军团指挥的红七军发生了激战。红七军的主体为原来广西的桂军，是通过百色起义拉出来的武装，听第十九路军讲的也是两广方言，一些人就带着枪跑了过去。双方苦战至午后两点，红七军终于不支撤退。

一战得胜后，第十九路军骄纵之气更盛。通过继续"搜剿"，他们又搜得步枪2000余支、机枪及无线电设备若干，还捣毁了几所红军的后方医院。

对缺医少药、枪弹皆乏的红军而言，这已经是一个不小的损失。更为严峻的情况是，此时红三军团西临赣江，东南北三面受敌，几万军队被包围在方圆仅几十里的狭小范围内，情势非常危险。

面如土色

国民党军虽在高兴圩围住了红军，但已相当疲惫，且因中央苏区实施了坚壁清野的政策，部队没有稳定的粮盐供给渠道。有的部队由于长时间吃不到盐，士兵脚底都变得酸软，慢慢地连道都走不动了。

毛泽东敏锐地发现了敌军这一弱点，决定"避敌主力，打其虚弱，胜后再追"，即首先在包围圈上打开一个突破口，然后调动敌人在运动中各个歼灭。

长期游击战和运动战的熏染，已经使红三军团形成了熟悉地形、行踪飘忽和善于出奇制胜的特点。根据集团军的部署，彭德怀率部乘夜出发，从蒋鼎文部及第十九路军之间的 40 里空隙带一钻而过。在跳出第一道包围圈之后，他们转至莲塘，捕捉住了上官云相的第四十七师。

第四十七师本身的战斗力并不算弱，但该师为北方部队，士卒不习惯爬山，对山地战很是发怵，根本就不是行踪飘忽的红军的对手，所以很快就被红军敲掉了一个旅。

取胜之后，红军向 30 里外的良村疾进，对驻守莲塘的郝梦龄第五十四师发起猛攻。第五十四师的情形与第四十七师相仿，也是北方部队，同样是爬山赶路的本领远不如红军，结果又是被杀得大败，郝梦龄的师部及两个旅的大部都被吃掉了。

彭德怀并未就此停步，随后又迅速包围了驻守黄陂的毛炳文师。红三军团冒着倾盆大雨发动攻击，仅激战半个小时，就夺取了守军阵地，消灭敌军四个团。

至此，国民党军已损失了三个师，坐镇南昌的蒋介石这才意识到红军主力已突出包围圈，急忙令各部掉过头来，重新以密集姿态对红军实施大包围。

因为多为"中央军"，蒋介石在指挥上比较自如，红军转眼之间又陷入重围之中，而这次被围，比高兴圩那次还要凶险，是第一次反"围剿"以来红军遇到的最严重、最艰苦的局面。

为打破包围，红军一部向东佯动，一路扬旗鸣号，制造声势。乘着敌军主力被吸引过去的当口，彭德怀故技重施，率红三军团衔枚疾走，从一个 20 里的间隙处钻出，悄悄地返回兴国。

自第三次反"围剿"开始以来，红三军团几乎每天都在山地、树林里行军打仗。时任第三师政委的黄克诚没过多长时间，就连草鞋都没得穿了。往常，他身上总有战士送的一两双草鞋备用，但这段时间由于每天行军打仗，谁都没机会打草鞋。这位师政委只好光着脚跑路，而且一跑就是二十多天。起初他还感到脚板疼痛难忍，尤其害怕茅草茬、树茬和荆棘刺扎脚，后来脚板皮磨硬了，就什么都不怕了，在碎石子路和树林里照旧可以行走如飞。

不管怎么说，人的体力毕竟有限，红军再能跑，也已经相当疲劳。返回兴国，让部队得到了一个喘息休整的机会，黄克诚和其他赤脚的官兵也得以重新穿上了草鞋。

直到半个月后，国民党军才发现主力红军的动向，此时各部已经精疲力竭，士兵均面如土色。在一份文件中，指挥官一个劲地抱怨："肥者（已被）拖瘦，瘦者（已被）拖垮、拖死。"

另一个让蒋介石感到无语的消息是，继中原大战后，宁粤出现对峙，反蒋风暴再起，张桂军已出兵北上。蒋介石焦头烂额，只得传令收兵。

养足精神的红军趁机转入反击。9月7日，红三军团在高兴圩拦腰截住了第十九路军，其总部及前卫五个团被包围。

第十九路军军长蔡廷锴赶紧让传令兵催促后续的张炎部队跑步前进，向总部靠拢，结果发现交通线已被截断，只得硬着头皮先顶住红军的进攻再说。

兵力上，红三军团投入进攻的兵力达到万余，人数略多于对手，但蔡廷锴久经战阵，作战经验丰富，他派两个团抢先占领高兴圩的后山，地形上又占了优势。

后山前是高兴河，前几天上游下大雨，导致河水猛涨，红军无法绕行，只能从正面攻击。战斗十分激烈，连红三军团政委滕代远都负了伤。最后红军终于夺下木桥，向山头发起进攻。

蔡廷锴指挥部队拼命撑住。黄昏时，他终于通过无线电与张炎联系上了，但让他格外感到震惊的是，张炎也正在与林彪指挥的红一军团主力作战，一时无法前来增援。

9月8日，见红军越冲越猛，蔡廷锴不得不手持双枪，亲自到散兵线上督战。眼看防线就要顶不住了，幸好张炎派一个营冲破阻挠，赶来加入了战团，双方再次陷入胶着状态。

彭德怀指挥作战的山头，与后山只隔着一条高兴河。他在山头拿着望远镜一看，对方的火力部署很强，红军全被压在山腰下动弹不得。

老彭放下望远镜，提起一把马刀，撒开大步就沿着木桥过了河。到了前沿阵地上，他大喊一声："同志们，跟我冲！"

见总指挥亲自冲锋，官兵们不敢怠慢，全都跟着冲了上去。受此重击，第十九路军的防线全线动摇，出现了兵员不听指挥、四处溃散的情况。第六十师师长沈光汉见此情景，也擅自带着师部向兴国县城方向溃退了10余里。

沈光汉的溃逃，使得守军更加混乱，甚至蔡廷锴总部人员及卫兵也有逃跑的。总部的无线电人员慌了，赶紧猛发"SOS"急电。

这封急电被红一方面军的电台予以截获并侦听。当时毛泽东和朱德正在后方指挥，得到侦听报告后，两人都松了口气，认为大局已定。

这是多少次经验的积累。过去被包围的国民党军，要么不发"SOS"，要么发过之后很快就会被红军歼灭，因为这表明该部已到崩溃边缘，扫起来轻松得很。

第十九路军似乎已在劫难逃。

高手对决

这时前线红军突然想到要采用心理战，一些战士摇着红旗高呼："士兵不打士兵。"对方也应声回答："士兵不打士兵。"

有了这番互动之后，红军就误以为他们会像一般国民党的杂牌部队那样缴械投降，于是便放松了警惕，向第十九路军的散兵线快步跑来。

有那么一刻，蔡廷锴曾经绝望到要拔枪自尽，但转念一想，横竖都是一死，自杀不如冲杀而死。当红军与之距离只有一米时，他立即下达了一个快速冲锋的口令，把冒冒失失跑上来的一批红军给就势俘虏了。

接着，蔡廷锴亲自率部发起冲锋。第十九路军一向以"有进无退""有死无降"为口号，敢拼命能拼命是他们的一个重要特点。蔡廷锴的这一举动和彭德怀一样，也激起了部下的血性，大家跟着一道冲，红军猝不及防，被击退了 20 多里远，其防线再度稳固下来。

此后红三军团又继续组织了几次攻势，但士气已受挫，加上火力不强，最终都没有取得成功。

另一边，战场完全被第十九路军所控制，张炎部从火力到兵力全面占优，林彪已先行撤退。林彪一撤，张炎得以腾出手来，对蔡廷锴进行支援。

发现战场形势剧变，彭德怀只得撤出战斗。撤退时，警卫员看到彭德怀走路时有些难受的样子，忙问："总指挥，你的腿走路不方便？"

彭德怀停下来，拉起裤脚管，这才发现大腿上被子弹擦破了一块皮，乌紫的血把裤子都给粘住了。他连眉头都没皱一下，便笑着对警卫员说："小意思，打仗挂花，这是兵家常事。"

老彭固然是条硬汉，但军团长、军团政委都双双挂花，足见部队伤亡之重。

黄克诚说他参军打仗以来，目睹过两次伤亡最为惨重的战斗。一次是在大革命时期，北伐军攻打汀泗桥，战场上的尸体横倒竖卧，比比皆是。另一次就是这次高兴圩之役，满山遍野布满尸体，生还者的浑身上下也被汗水和鲜血完全浸透。

战斗结束后，红三军团因减员太多，所辖四个师也被缩编成了三个师。

红三军团还算好，起码战斗时一直掌握主动，撤退时也将阵亡者和伤员收容完毕了。相比红三军团，红一军团几乎就是溃退，最后靠熟悉地形，七绕八拐才摆脱了追兵。他们的损失更大，仅高级指挥员就有一个师长、一个师参谋长、两名团长阵亡，六名团长负伤，其主力部队由三个师缩为两个师。

就伤亡而言，敌我双方应该是大致接近的。蔡廷锴认为是打平了，同时他承认，"这次高兴圩之役，诚我军生死存亡之战"，他本人亦是"庆得生还，可谓百战余生"。

只是这样的"打平"对红军来说非常不划算。红军实行以战养战，不仅要靠打仗来消灭敌人的有生力量，还要借此获得装备。高兴圩一战，红军只缴到20支枪，自己反而还损失了1200支枪。以红军的定义，这样死伤相当，但武器损失远大于缴获的战斗，就只能认为是败仗了。新中国成立后，毛泽东在一次讲话中亲口说道："我是犯过错误的。比如打仗，高兴圩打了败仗，那是我指挥的。"

高手对决，不是一打就完，更重要的是要在战后的"复盘"中通过互相借鉴来提高各自的水平。通过交锋，两支第一流的精锐部队都学到了新东西。第十九路军从红军那里看到，火力较弱的一方如何可以做到扬长避短，以后他们参加"一·二八"淞沪会战时，就在作战方案中明确提到，与火力极强的日军作战，一定要学习红军的作战方法。

红军尤其是红三军团在高兴圩战斗中多次发起冲锋。之前只要他们往上一冲，马上就能解决战斗，但在第十九路军面前不行，第十九路军号称"铁足夜眼神仙腹"，士兵不仅有拼刺刀的勇气，而且拼刺技术也非常不错，很多时候红军都还拼不过他们。于是从此以后，红军各部对刺杀技术的训练都普遍重视起来，要求也越来越严格。

小事情

如果所有的国民党军都像第十九路军一般难啃，事情就不好办了，但实际情况并不是这样。当红三军团撤离高兴圩，转移至方石岭时，正好遇上韩德勤、蒋鼎文一部在此宿营，彭德怀毫不犹豫地下令对这两股敌军发起猛袭。

前卫部队已经与敌军交上了火，后卫部队还在路上休息待命，这时彭德怀带着参谋长邓萍等一行 30 多人到前沿去看地形，他们一路小跑，从后卫部队中间穿过，传令兵手执一面小三角红旗，一边跑一边要众人让路。

大家都让开了，只有一名战士大概是太疲劳了，始终坐着不动。彭德怀急着去看地形，忍不住大骂一声："狗娘养的，起来！"

这一喝不要紧，这名战士也火了，他噌地站起来，朝着彭德怀就是咚咚两拳。彭德怀很是愕然，但也顾不上多说，就避开对方，匆匆赶到前面去了。

一个小兵居然打起总指挥来了，这还了得，军部参谋立即让两名传令兵解下绑腿，将战士捆了起来，带着一同走。

追了半里多路，他们赶上了彭德怀。彭德怀回头一看，见捆来了一个人，忙问："干什么的？"

当得知是刚才打骂他的士兵时，彭德怀双眼一眯，下唇咬着上唇笑着说："谁叫你们捆来的，小事情，快放回去！"

敢情这名战士动手之前还不知道他打的是彭德怀。当传令兵上前捆他时，才知道闯下大祸，早已经吓得脸色发白。没想到彭德怀并没有跟他计较，更没有半点为难他的意思，这令他既意外又感动，以后逢人就说："总指挥真是度量宽宏。"

彭德怀性格耿直，说话有时很急躁，也给人留下了爱骂人的印象。他是湖南人，骂人时往往会带个口头禅："狗娘养的。"不过真正熟悉了解他的人都知道，彭德怀并不是见谁都骂，他一般不骂下面的战士，只骂干部，而且对方职务越高，骂得越凶。

彭德怀并不是参加红军才这样，平江起义之前即是如此，当他还是湘军营长时，对士兵就很宽厚，但连排长却经常被他骂得抬不起头来。像现在这种骂小兵"狗娘养的"的情况，是太着急了才会脱口而出，事后他还觉得很懊悔，说："这也怪我当时对战士态度不好。"

彭德怀笑，则是因为方石岭一战打得特别顺畅。红三军团发起猛攻后，迅速占领制高点，并将敌军击溃。韩德勤五十二师被全歼，甚至师长韩德勤本人也被俘了，只是因未被查出身份，才和其他俘虏一起获释。

方石岭一战打完，第三次反"围剿"即告结束。以后时事更迭，陆续发生了"九一八"事变、蒋介石二度下野、"一·二八"淞沪会战等事件，国民党军无暇再实施"围剿"，这使得中央苏区在面积和人口上都得到了更大的发展。

随着原在上海的临时中央陆续进入苏区，毛泽东开始遭到排斥和边缘化。他被免去了红军中的领导职务，虽然还挂着中华苏维埃共和国临时中央政府主席的名义，然而这只是个空头衔，没有任何大的职权。这一期间，毛泽东只好赋闲，茶余饭后所填的几首词，也与以前的词意境迥异，由火药味极浓的战场烽烟变成了"赤橙黄绿青蓝紫，谁持彩练当空舞"。

毛泽东的靠边站，并没有影响到彭德怀在军中的地位。他不仅仍旧是红三军团总指挥，还被选为中革军委副主席，当时第一方面军的领导机构已被撤销，各部队皆属中革军委指挥。

临时中央的一些人没打过仗，胃口却不小，他们一到苏区，即主张像过去打武昌、长沙那样，集中夺取中心城市，并"首取赣州"。

赣州是赣南的军政和商业中心，素有"铁赣州"之称。对这样易守难攻的城市，毛泽东向来避之唯恐不及，但他说话已不起作用，没人听他的。

当临时中央征求彭德怀的意见时，彭德怀初步估算了一下，认为赣州守军只有一个旅，兵力薄弱，如攻城时间充裕，蒋介石又不来增援，是可以打下的。

彭德怀对指挥作战非常专注。基本上他一天到晚整个心思都会放在作战计划上，有时想作战计划甚至想到一种入迷的程度：不知道吃饭，也不知道肚子饿，更不知道洗脸和换衣。身边的警卫员既不能打扰他的思考，又要照顾他的生活起居，就只能根据他的特点办事。

比如该洗脸了，就打盆水过来，轻轻地说一声："洗脸吧。"彭德怀也就一声不响，很机械地洗两下。吃饭换衣也是如此，必须把饭端下来，衣服放在床铺上，再轻轻地问一声，他才会有空料理。

对攻打赣州，老彭更是动足了脑筋。考虑到赣州三面环水，只有南面是陆地，城墙又极坚固，单纯靠架梯爬城强攻，攻城会比较困难，他决定兼用坑道爆破法。

爆城

1932 年 1 月中旬，以红三军团为主的主力红军正式围攻赣州。守内城必守外围，本是守城铁律，但赣州守将马昆是个吃当兵饭的老军人，早年还曾与朱德共事，他考虑到红军围攻赣州的兵力相当强大，在兵力悬殊的情况下，城外据点必然无法固守，若城外失守，城内措手不及，反而会造成红军长驱直入。为此，马昆索性孤注一掷，在摧毁城外所有工事后，将兵力全部缩到城内固守，以等待援兵。

包围赣州城后，彭德怀没有立即攻城，而是以东门外马昆舍弃的山头为支撑点，构筑工事，建立火力据点，同时向东南两门方向挖掘坑道，准备爆破城墙。

第一次爆破选取的是东门月城的城门洞。红军只用一个炸药包，便将城门洞全部炸垮，但此举并未能一劳永逸——在城洞两翼的城墙上，守军筑有可固守的堡垒，城内鼓楼上也还有火力据点。由于对方火力较强，尽管攻城部队付出很大伤亡，可是仍未能攻入城内。

在苏区中央局的催促下，10 天后，彭德怀又组织了第二次爆城。这次爆城仍用一个炸药包，爆破地点是月城城门左翼的城墙，所不同的是，红军预先在城墙脚下埋伏了一个 200 多人的突击队，当时预计，城墙被爆破后一定会往里倒，突击队可以趁机攻入。

没想到的是，城墙被爆后却是往外倒的，结果突击队全部被埋掉了。过了半小时之后，红军再组织进攻，马昆已有时间进行准备，所以进攻又失败了。

两次攻城受挫，黄克诚都向彭德怀建议撤围，但均未获得批准。隔了一周，彭德怀组织第三次爆城。这次红军加快了速度，城墙一破，就携带云梯冲入缺口，其中有四五十人爬过大城，占据了大城的城楼。

固守大城的左右两翼守军随即开始攻打城楼，但由于城楼有掩护设施，很难攻上去。后来马昆发现城内有楼梯可以上城楼，就派自己的勤务兵带着机枪和手榴弹沿梯而上。

红军抵敌不住，被迫退下城楼，隐藏于城门洞下。为彻底解除威胁，马昆采取了从城楼上用绳索往下吊迫击炮弹的办法，对城门洞进行冲击。最后红军除部分阵亡外，其余人员均被俘虏。

第三次爆城后的一天晚上，有两名红军官兵悄悄地投降了马昆。这两人以前是马昆旧部，后来南昌起义被红军缴械，跟着朱德的部队上了井冈山。他们告诉马昆，三天之内，红军会实施第四次爆城，届时东门的城墙将会被全部炸毁。

为了监听红军挖掘坑道的方向，确定城墙被爆破的位置，马昆也在城内挖坑道。这时他并没有从监听者那里得到有关报告，因此开始怀疑面前的两个老部下是"诈降"，所说的一切，也只是用来恐吓他的攻心计，但接着听下去，他开始由疑转信。

投降的官兵说道，由于城内地势较高，红军在城外的坑道里可以听到城内挖坑道的声音，相反，红军的坑道是从河边沙滩挖进，那里地势低，全是沙土，而且恰好又在守军坑道下面，所以监听者才听不到一点声音。

马昆细细思量，还真是这个道理。于是连夜下令弃守旧城墙，构筑新城墙，同时强令城里每户人家送一个沙包，以构筑新的防御工事。

一个死命令下去，赣州所有铺子的棉布几乎都被买光了，有的无钱买布或买不到布，就用裤子扎沙包送到阵地。

第二天天亮时，红军果然实施第四次爆城，一共投入三个炸药包，东门城墙果然全被炸毁了。爆破后，红军乘着炸药烟幕四处弥漫之际，连续向城内发动了四次冲锋，但由于马昆已拥有新的防守工事，四次冲锋均告失败。

红军围攻赣州的战役打了将近一个月，战斗一直处于相持阶段。这时彭德怀曾经担心的情况发生了，蒋介石派来的援兵到达了赣州的对河。

水滴石穿

援兵是陈诚部队，其核心为陈诚麾下的王牌部队第十一师。之前陈诚部队已经领到开赴上海前线的经费，但赣州告急，只好临时改向，兼程前往赣州。

第十一师一到对河，其先头部队即用浮桥和渡船直抵赣州城北门。发现对方援兵到来，彭德怀赶紧派一支部队前去阻击。

红军战士驾驶小船直冲敌阵，罗卓英部队火力密集，一些驾船战士纷纷中弹落水。未中弹的在小船快要接近敌人时，将煤油浇在船上点燃，随后才跳下船往回游。见"火船"漂来，敌军便将渡船划开，浮桥没有被烧着，也就是说，"火船"对阻止罗卓英部队渡江毫无作用。

入城的第十一师加强了城内的守备力量，另一路陈诚部队的援军则分路包抄红军侧后。黄克诚眼见攻城无望，红军又久战疲惫，若继续滞留赣州城下，情况将不堪设想，于是便直接向彭德怀建议撤围。

黄克诚一向深得彭德怀的器重和赏识，两人之间可以相互直言，有时吵了架也相安无事。在三军团的师一级干部中，像这样常常敢于对彭德怀提意见的只有他一个，彭德怀也非常听他的。可是现在彭德怀已经打红了眼，黄克诚的建议同样未能得到采纳。

第十一师师长罗卓英进城后，通过在南门城墙上观察地形和敌情，决定用坑道战袭击红军。这一设想在正式实施之前被严格保密，连马昆都不知道。

罗卓英的工兵营挖了四五天，从城内向外挖出三条出击坑道，其中一条坑道一直挖到了红一师指挥部的背后，而红一师毫无察觉。

坑道挖成，罗卓英派突击部队乘夜沿坑道出城，向红一师、红二师阵地出击。突击部队每人佩戴一只白色袖章，以便于夜间识别。

当时已是深夜，红一师师长侯中英已经睡熟了，担任师政委的黄克诚因打仗不顺，心里不踏实，翻来覆去怎么都睡不好。忽然他隐约听到枪声，感到不对头，赶紧把侯中英叫醒。侯中英醒来的时候，人还有些迷糊，黄克诚不得不硬把他给拖起来。

红军没有料到守军会由坑道出击，又见城上探照灯熄灭，还以为突击部队是从城头缒绳而下，因此没有注意眼前阵地，只朝城头射击，结果被打了个措手不及，指挥建制也被完全打乱。

在突围过程中，红一师伤亡过半，师长侯中英被俘虏。在极度危险的情况下，黄克诚带着几名战士钻进临街一家店铺，关上前门，从后窗跳出，才得以脱险。

赣州战役历时30多天，红三军团不仅未能攻下赣州，还遭受巨大伤亡，整个军团损失人数达到3000以上。若不是红五军团及时赶来掩护，很多部队都差点没能从赣州城下撤出来。

时值"一·二八"淞沪会战，曾与红军打得难分难解的第十九路军正在上海抗战，但临时中央却执意要打赣州，在客观政治形势上就不是很得人心。后来彭德怀也认识到了这一点，承认打赣州是错误的，只是为时已晚。

如果仅就军事角度而言，一方面是当时红军所拥有的装备和攻坚能力有限；另一方面彭德怀本人的个性和作战风格也决定了，他打城池攻坚战没有太多优势。

彭德怀15岁当堤工时，堤工们闹着要求补发工资，堤工局长不答应，大家就要沉他的塘（将人绑上石头沉进池塘里），当时彭德怀是积极参加者。事情闹大后，他被迫逃走，逃亡途中遇上大雨，躲进了一座山洞。接着他听到洞里有滴答滴答的响声，原来是洞顶的山水滴下来的声音。再低头仔细一看，下面的石头已被深深地滴了一个窝！

小小水滴竟有如此大的力量，这一"绳锯木断，水滴石穿"的自然奇观给彭德怀以巨大震撼。他后来便给自己取了个名字，叫"石穿"，用以自勉。

彭德怀打仗具备一种水滴石穿式的韧劲，也使他自然而然地形成了敢打硬仗、苦仗、恶仗、大仗的勇战风格，但这种劲头走到极端，也会导致他有时头脑过于发热，明知吃亏也紧咬不放，结果往往吃更大的亏。

他真正的优势所在，其实还是打那种身处野外，双方均无坚固屏障可作依托的运动战。一年后，他终于得到了这一展现身手的机会，他的主要对手不是别人，正是在赣州城令他受挫的陈诚。

第二章 / 谁敢横刀立马

土地革命时期，中共有三大苏区，除了中央苏区外，还有鄂豫皖苏区和湘鄂西苏区。赣州战役后，蒋介石把主要精力都花在了对后面两大苏区的"围剿"上，最后迫使当地红军主力双双撤出了苏区。

1933 年 1 月，腾出手来的蒋介石对中央苏区展开第四次"围剿"。"围剿"部队分成左、中、右三路，中路军总指挥即为陈诚，中路军下辖三个纵队十个师，也全部是陈诚的嫡系部队。

第四次反"围剿"的第一仗，彭德怀本来也没打好。红三军团强攻城墙坚固的南丰城，不仅仍然屡攻不下，而且还阵亡了一名师长和两名团长。

陈诚中路军的第一、第二纵队前来解围，企图合围红军于南丰城下。彭德怀这回没有再犯傻，他立即撤围，跑到大山里去了。

自从赣州解围一战得胜，陈诚得意非凡，他的部队也认为自己已经拿到了战胜红军的金钥匙，心都变得大了起来。见红军撤围，第五十二师和第五十九师二话不说，便分别往山区追去。

山区是红军的天下。两师被大山分隔两边，根本无法做到互相协助，同时因红军严密封锁消息，他们开始闭目塞听，成了只会乱冲乱撞的聋子、瞎子。

国民党军弄不清红军究竟在哪里，红军对敌军的指挥部署却了如指掌，搞定这一切的人，是被誉为红军情报工作"创业人"之一的曾希圣。

先养它一养

曾希圣曾赴苏联学习，先前在中央军委任谍报科科长，曾获取过国民党第三次"围剿"的军事计划。随临时中央到江西苏区后，他担任了中革军委二局（情报局）局长。

黄克诚和曾希圣是一起在湖南读书的同学，后来又同进广州政治讲习班。当二人在苏区重逢时，曾希圣告诉黄克诚，说现在的情报比较难搞，他准备下点功夫攻一攻密码破译这一难题。

此后不久，曾希圣果然把密码破译攻了下来，红军自此便可以准确地破译国民党军的密码。

曾希圣读过高等师范，有很扎实的数学基础，但密码破译绝对不会像做一道数学题那么简单。若要追根溯源，曾希圣破译密码的本事，或许还是与他赴苏联学习那段经历有关。很可能他曾在苏联学习过相关技术，加上又有领导白区（指国民党控制区域）情报工作的经验，二者结合，才有了水到渠成的收获。

根据曾希圣所破获的密码情报，彭德怀率红三军团冒着狂风暴雨火速出击，将正在行军的两师拦腰截成数段，使其首尾不能相顾，然后再分别予以围歼。

经两天激战，第五十二师、第五十九师均被全歼。战斗结束时，俘虏漫山遍野，到处都是，红军连埋锅造饭，招待他们吃饭都来不及。由于俘虏实在太多，红军一时清点不了，亦无法进行管理，有些穿着士兵服装的国民党高级军官便得以混在士兵里面，也被一道释放了。

得知前方惨败的消息，陈诚赶紧临时变阵，将原有的三个纵队缩编为两个纵队，实行重叠作战。为免再生意外，两个纵队各以一个师前进、两个师掩护的方式轮番推进。

彭德怀盯准了其中的第十一师。他将第三军团等主力隐蔽起来，以一部吸引敌前纵队加速前进，只等对方的前、后纵队拉开距离后，即准备对后纵队中的第十一师发动致命一击。

当后纵队抵达东陂草台岗一带的山区时，已与前纵队拉开九十里的距离。此时已升任第十八军副军长的罗卓英战场嗅觉灵敏，他认为红军的行动很可疑，当即通知第十一师现任师长萧乾后撤。

萧乾是个恃勇骄傲的人，自从援赣一战取胜后，便以为第十一师天下无敌。他对罗卓英说："尽管草台岗一带地形不利，我们也不怕红军来攻占。他们敢来，我叫他们片甲不留！"

彭德怀也深知第十一师的这些骄兵悍将不会把红军放在眼里，他对部下说："这一仗，就是要抓住敌人的傲气，先养它一养，然后来个反手把它打下马来。"

为更好地麻痹对方，彭德怀下令红一师派一个连戴上游击队袖标，连夜去骚扰第十一师，以便让对方误以为跟他们接触的仍是小股游击队。

要求是不能用机枪射击，可是诱敌部队与第十一师一接触，手便发痒，居然来了个机枪全开。

通过机枪声音，萧乾判断出红军主力就在附近，也不由得有些紧张起来。他打电话向罗卓英报告，罗卓英让他撤到东陂，与第九师会合，而后再并力反击。

这本来是个好计，可是萧乾想到红军已经非常接近，当时又是雨夜，倘若匆忙后撤，恐为红军所乘，于是决定在原地与红军硬拼。

罗卓英觉得他的顾虑也不无道理，也就没有坚决命令他后撤，只是指示第九师抽调部队接应增援。

一听到机枪声音，彭德怀的脑袋轰的一下。他勃然大怒，抓起话筒，将红一师师长彭绍辉一顿痛骂，末了不忘警告彭绍辉："如果把敌人放跑，你要负完全责任！"

他让彭绍辉立即抢占霹雳山。霹雳山乃草台岗的制高点，地势险要，只有占领主峰，控制隘口，胜利才能有望。彭德怀在电话中对彭绍辉强调："一定要拿下霹雳山，这是取得反'围剿'最后胜利的关键之一。"

接完电话，彭绍辉就像个被点燃即将爆炸的火球一样，三更时即命令两个团攀爬霹雳山，他自己也爬上一座山头指挥，并且暗下决心，不拿下霹雳山，决不下战场。

草台岗山高林密，道路全是峡谷，双方运动、射击都不方便。红一师连续发动三次冲锋，都打不下来。激战至第二天中午，仍相持不下。

彭德怀看得真切，他来到前沿阵地，抓起话筒高声对彭绍辉说："彭绍辉，我在看你们行动！你要特别冷静，一定要组织好火力，利用一切机会猛攻。"

接着，他命令紧随其后的军团司号长吹起军号。听到军号声，彭绍辉知道彭德怀已到了前沿，他抄起一把步枪就冲了上去，一师官兵齐声呐喊，也跟着师长猛冲，最后终于拿下了主峰。

就像第三次反"围剿"中对阵第十九路军一样，红三军团打得相当艰苦，师长彭绍辉在冲锋中左臂被打断，截肢后成了独臂将军。

至黄昏，第十一师五个团和前来增援的第九师一个团被全歼，萧乾率残部逃往黄陂。陈诚部队的武器相对比较精良，每个连都配备有三挺轻机枪。过去红军只有重机枪，没有轻机枪，这次因为缴获了相当多的轻机枪，使得他们从连建制开始也有了轻机枪的配备。

在国民党军队中，第十一师一向以强悍著称，经此一战，部队损失达到三分之二，营以下军官几乎伤亡殆尽。接到战报，陈诚如丧考妣，马上向蒋介石打电报辞去了本兼各职。蒋介石在给陈诚的手谕中叹息："此次挫失，凄惨异常，实有生以来唯一之隐痛。"

作茧自缚

第四次"围剿"无果而终。不过在黄克诚的印象中，红军打胜仗的历史也从此慢慢画上了句号。

问题首先出自上海迁入的临时中央，他们在中央苏区实施的一套政策"左"得出奇，给红军带来了许多意想不到的困难。就拿食盐来说，根据地一直被国民党军封锁、围困，缺少食盐，但是过去私商但凡有利可图，就会冒着风险，偷偷地从赣州、吉安等地把盐运进苏区。临时中央一来，把私商这条线也割断了，等于作茧自缚，让根据地彻底无盐可吃，红军只有通过打仗才能弄到一点盐吃。当时兄弟部队见面，能向对方要到一点盐，都是很难得的收获。

好在临时中央的负责人博古不懂军事，指挥打仗主要依赖朱德、彭德怀等人，越俎代庖、指手画脚的时候相对要少一些，这也是第四次反"围剿"取得胜利的原因之一。等到共产国际的军事顾问李德到达瑞金，情况就变得复杂化了。

李德虽然名义上只是一个外国顾问，但他与博古的关系非常好，博古把军事指挥大权拱手相让，使他成了实际上的军事统帅。李德到瑞金的时候，正逢国民党发动第五次"围剿"。这次"围剿"除兵力达到五十万，为历次"围剿"之最外，蒋介石还在德国军事顾问团的帮助下，采取了"堡垒主义"的战略以及"步步为营，处处建碉"的稳扎稳打战术。部队每前进一步，就马上筑好堡垒驻守，然后在炮火的掩护下，再向前推进三五公里，又停下来构筑堡垒，以此一点点对根据地进行挤压。

尽管有这些不利因素，但中央苏区本身也拥有一些可以战胜敌人的优势，比如情报局能够通过破译对方的密码来获取机密情报，倘若李德充分加以利用且指挥得当，像以往一样击破"围剿"并不是没有可能的。

李德担任过苏联红军骑兵师的参谋长，并曾在苏联伏龙芝军事学院深造，据说学习成绩还比较好。当他以近乎"太上皇"的身份来到苏区时，除了博古等极少数人之外，上自总司令朱德，下至一般官兵，谁都不被他放在眼里。

有一回他竟毫无道理地训斥起总参谋长刘伯承，说刘还不如一个普通参谋，白在苏联军事学院学习了几年。说出来的话非常难听，难听到给他担任翻译的伍修权都没法直译，只好笼统地告诉刘伯承，说李德是批评他参谋工作做得不周到。

刘伯承留学苏联多年，并不是不懂俄语，事后他对伍修权说："你真是个老好人哪，他骂我的话你都没有翻译。"

这个不可一世的老外其实是个眼高手低的家伙。指挥作战时，他经常闭门造车，一个人躲在房子里凭着一张地图进行判断。当时红军的地图大部分是一些简单的草图，误差较大，不够准确，所以李德的指挥与前线的实际情况相去甚远。他对此却从来不管不问，只命令部队限时出发到哪里，其间既不问行军道路是山路还是平路，也不给部队留下吃饭和休息的时间，敌情、气候、自然条件等困难更是统统不予考虑，结果常常导致部队因不能按时投入战斗而吃败仗。

李德之愚，不仅在于军事上瞎指挥，还在于他对政治也一窍不通。在红军反"围剿"之初，第十九路军突然与蒋介石反目，为了增加胜算，蒋光鼐、蔡廷锴主动派代表到瑞金与苏区谈判，双方签订了反蒋的初步协定。

协定签订后，蒋、蔡感到已无后顾之忧，遂联合一部分反蒋势力发动了"福建事变"，宣布成立福建人民政府，树起了反蒋独立的旗帜。

"福建事变"打乱了蒋介石的"围剿"计划，蒋介石慌忙从进攻苏区的部队和江浙地区的驻军中抽调十余万人，分几路向福建进攻。这些部队都要从苏区边沿通过，然而临时中央却来了一个坐山观虎斗，既不趁机截敌歼敌，也未派兵对第十九路军进行支援。

临时中央之所以如此出尔反尔，作出令人心寒的举动，与李德有直接关联。有一回，李德对博古说，蔡廷锴的福建政府是最危险的敌人，比蒋介石还危险，对群众有更大欺骗性，红军绝不能支援蔡廷锴。博古耳朵根子软，便马上听从了李德的意见。

福建政府不久便垮台了，第十九路军作为一支曾继承过"铁军"衣钵的劲旅也从此消失在历史的舞台上。临时中央这才意识到他们与蒋、蔡唇亡齿寒的关系，于是命令彭德怀率部入闽，但已错过时机，无力回天。

崽卖爷田心不疼

蒋介石击败了第十九路军后，立即集中全部力量，反转过来进攻苏区。敌军势大，李德这位图上作业的专家却不顾红军的具体情况，硬拿着苏联红军的正规战模式，强逼连步枪、子弹都没有保障的各部队打阵地战，搞"单纯防御"。以往红军行之有效的那些战术，比如游击战、运动战，全都被他束之高阁，理由居然是他认定"游击战的黄金时代已经过去"。

李德倒也不是老躲在指挥所里，有时也亲临前线指挥，但他去往往比不去还要糟糕，基本上是事无巨细什么都要插一脚，连阵地上每一挺机枪的配备位置都要由他说了算，前线部队无任何机动可言。有一次李德命令某团派一个加强排占领山头进行警戒，这个排派出之后，第二天上去送饭，正逢大雾弥漫，送饭的人转了一圈，回去报告说没有找到。

就为了这么一件事，李德和博古全都赶到团部，又是开会又是调查，分析失踪的人是否投敌了。

后来云开雾散，那个警戒排终于找到了，李德等人才高高兴兴地离开。彭德怀事后得知十分生气："连放个哨他们也要管。如果一切都听他的（指李德），非把红军葬送了不可！"

以后敌军进攻广昌，李德、博古又到前线指挥。看到广昌没有城墙，无坚可守，李德便要红军修筑"永久工事"，在广昌和敌军决战，"打最后一仗"。

广昌保卫战打了近三个星期，红军也没能守住广昌，总兵力却损失了五分之一，红三军团伤亡人数更多，兵员损失四分之一，占伤亡总数的一半，有时一天就要战死上千人。彭德怀心痛不已，当面指责李德是"图上作业的战术家"，"三军团这次要是听了你们的话，用多兵堆集守广昌，那就全完了！"讲到激愤处，他已经有些急不择言："你们至今还不认账，真是'崽卖爷田心不疼'！"

后面这句话，负责翻译的伍修权开始没听清，时任红三军团政委的杨尚昆解释了一下，他才明白这是一句湖南俗话，是骂人的意思，就没有全部翻译出来。彭德怀见李德没有强烈反应，意识到伍修权没有全译，于是便要曾在苏联学习过的杨尚昆重新翻译。

杨尚昆如实地译了一遍。李德听完十分恼火，咆哮着说："封建！封建！"因为临时中央内部对这一仗的打法也有激烈争论，所以事后彭德怀并没有受到任何处罚，只是李德一个人在背后议论，说"彭德怀右倾"。

红军越打越被动，也越打越疲惫。某次红四师退到最后一道防线，快到的时候，师政委黄克诚远远看到彭德怀在山上，便轻声对骑着马的干部说："下马，下马，彭军团长在山上哩。"

彭德怀平时行军打仗，都是和部队一起走路，座骑则让给伤病员骑。他自己平时不骑马，也不赞成干部骑马，如果碰到谁身上没有伤病却还骑着马，他准得骂："年轻轻的，骑牲口干什么？"

听到彭德怀就在山上，尽管已累得快瘫掉，红四师骑马的干部还是赶紧下马牵行。师长洪超没下马，说："反正他已经看见了，骑上去挨骂，牵上去也是挨骂，索性骑上让他骂更好些。"

到了山上，彭德怀问："你们都没骑马上来吗？"

洪超说："谁敢骑呀？只有我这个铁皮脑袋不怕，所以一个人骑着马上来准备挨骂了。"

彭德怀出人意料地没有骂人，他语调沉重地说："现在大家身体都不行了，太疲劳了。我也在打摆子发疟疾，也是骑马上来的。以后身体支持不了，还是骑马吧。"

第五次反"围剿"整整打了一年，大小战斗不计其数。用黄克诚的话来说，参战的红军战士在这一年里打过的仗，可能比世界上任何一个国家的将军、元帅所打的仗都要多，在这种环境中，原先不会打仗的全都学会了打仗，没有经验的也学会了不少经验。无奈整个战略方针出了错，红军仗虽打得多，胜仗却打得少，根据地的面积也越缩越小，到 9 月下旬，中央苏区已有难以立足之感。

1934 年 10 月中旬，中央红军从雩都出发，撤出中央苏区，开始了举世闻名的长征。事前连政治局都没有讨论过这件大事，只有核心的少数几个人知道。当时也没有明确定义为长征，更没有打算走那么远，只认为是一次大搬家，把根据地从江西搬到湘西，同贺龙的红二军团会合。

出发前，彭德怀突然拉着杨尚昆的手说："明天就要离开苏区了，今天我请一次客，留个纪念。"说着，他从口袋里掏出一块光洋，从雩都城外的一家酒铺里买了两条鱼、一瓶酒。

彭德怀素来生活简朴，除了不肯要"公家津贴"外，他自己平时也很少花钱。此番请客属难得之举，席间他一边给杨尚昆斟酒，一边说，前几次反"围剿"打得都很顺利，只有这次，"中央苏区和红军的实力要比以前强得多，可是得出了这么一个结果……"话语中难掩抑郁愤懑之情。

为什么还不发起冲击

红军长征，首先选取的突围地点在包围圈南面，广东陈济棠的粤军防区一侧。陈济棠出于自保独立的想法，并不真心想打红军，他虽然也奉蒋介石的命令，在南面修筑了碉堡群，但主要目的是要阻止红军南下广东。

突围之前，红军与陈济棠就已进行过谈判，已经商量好了"借道"西进的路线和时间，所以红军在突破这道封锁线时没有遇到太大波折。

发现红军撤离江西后，蒋介石赶紧调整部署，变"围剿"为"追堵"，但对红军究竟要去向哪里，他当时还判断不准，于是一面命令北路的两个纵队集结待命，一面让粤军、湘军火速在湘粤边界上建立第二道封锁线，以阻止红军西进。

11 月初，红军进逼湘南汝城，发现汝城城墙坚固，便决定绕道从南面的一个寨子通过。

这座寨子有四座炮楼，担任前卫的红四师派一个营打了一下，没能打下来。于是彭德怀便从军团调了一门山炮过去，并由红四师的现任师长张宗逊亲自指挥打炮。

张宗逊是黄埔生，但他毕业于政治科，没有近距离用山炮平射打碉堡的经验，又是第一次指挥炮兵作战，因此难免举止失措。他一会儿说这门炮只能打六百米，在后面距离远打不准，要尽量靠前。等炮兵把炮推到前面的时候，却又说太近了。

这样推来移去，到天亮时也没弄出个结果。彭德怀听不到动静，一路怒骂着从后面赶了上来，问："为什么还不发起冲击？"

没等对方回答，他一眼看到了被推得过于靠前的山炮，更加生气："哪个让把炮架在这里的？"一时间，周围没有一个人敢吭气。

彭德怀观察了一会儿，指示炮兵重新做了调整。等到调整好炮位，太阳已经出来了，他下令射击，只一发炮弹就把前后两个炮楼都穿透了，其余两个炮楼的敌人吓得落荒而逃。

在湖南境内，红军连过两道封锁线，都没有打什么大仗，用山炮轰炮楼的一幕，就已经算是让人印象深刻了。这些情况都跟何键有直接关系，他虽然不像陈济棠一样直接"借道"，但对"追堵"也并不十分起劲。当然，他的想法比陈济棠还是要复杂一些，简单来说，就是既想侥幸堵住红军，用以讨好和靠拢蒋介石，又慑于红军的威力，怕在堵击中输掉老本。

实在拿不定主意，何键就派人与广西的桂军联系，看对方是什么态度。

白崇禧回答得很干脆："硬打，没有那么蠢。"何键听到后很是高兴："广西也不准备硬打，我们还打什么？"

为了敷衍老蒋，何键想出了一个"送客"的办法，即只尾追，不硬堵，然而又要做出打的样子，红军走到哪里，就跟到哪里，尾追部队与红军一前一后，大致保持相距一天的行程，以尽可能避免接触。

见红军轻而易举就突破了湘军建立的封锁线，蒋介石大为光火，要追究责任。何键只好把责任往下推，说这个追击不力，那个临阵退缩，为此还撤换了几个将领。私下里，他对自己的幕僚说："十六师（师长被撤换）太糟糕，要'送客'也要送出一个样子来嘛。"

要说坏事，主要还是坏在博古、李德身上。从江西撤出时，他们让机关把什么坛坛罐罐都带着，兵工厂设备、印刷机、X光机，甚至是野战医院的屎尿盆都没落下，这些辎重都由机关纵队挑着，根本走不快。彭德怀曾经气愤地说："这样抬着棺材走路，哪像个打仗的样子？"

机关纵队走不快，野战部队也没法走快，平常一天能走完的路，得走两天甚至三天。

计划中五天的行程，竟走了十一天，部队被拖得精疲力竭。一到宿营地，指挥员刚发出休息口令，战士们随地一躺就睡着了，到了出发时间，任干部们怎么大叫大嚷也喊不起来。有的干部急得没办法，只好用开枪兼大喊"敌人来了"的办法，把战士们从地上轰起来。彭德怀对此非常担忧和恼火，却也毫无办法。

早在两个月前，湘赣根据地的红六军团已奉命与贺龙的红二军团，实际上就是中央红军的开路部队会合。现在中央红军所走的，就是红六军团的行军路线，这一路线要经过湘桂边界上的西延山区，以中央红军如此大的规模和动作，势必要引起桂军注意。

土地革命时期的西南地方军队，以桂军的战斗力为最强，川湘军次之，滇黔军垫底，所以流行这么一个说法："滇军黔军两只羊，湘军就是一头狼，广西猴子是桂军，猛如老虎恶如狼。"从白崇禧的心理来看，他虽不会按照蒋介石的意愿硬堵硬打，但为了防止红军南下广西，还是不可能坐而望之的。

彭德怀建议，由红三军团出敌不意，北上威胁长沙，在迫使蒋介石、何键改变"追堵"部署的前提下，避免进入西延山区，也相应避免与桂军作战。

毛泽东亦有类似见解，可惜最后都未能被博古、李德采纳。部队仍依照老路线像抬轿子一样缓慢向前行军，这使得蒋介石完全摸清了中央红军的西进意图，路再也不会像以前那么好走了。

天兵天将

为了能让何键在堵击上不再消极怠工，蒋介石特委任他为"追剿军"总司令官，在给何键的亲笔信中，更叮嘱他："党国命运在此一役，望全力督剿。"

前有追责，后有官帽，何键不得不把样子做得更像一点。11 月中旬，他在湘江东岸部署了五个师，同时利用地形修筑出一百多个大小碉堡，从而设置出第四道封锁线。

除了用于堵截的四个师外，何键另外还调遣了十几个师进行合围，但是如之前彭德怀所预计的，对红军威胁最大的并不是湘军，而是桂军。

红军在湘江夺取渡口后，白崇禧即指挥桂军连续向驻守湘江西岸的红四师发动进攻，企图夺回渡口。一天之内，红四师先是阵亡了一个团长，接着代理团长的师参谋长又牺牲了，只得由团政委临时负责指挥。接到报告后，彭德怀一再向军委发出"十万火急""万万火急"电，催促各部队尽快过江，否则湘江渡口"难有占领固守的绝对把握"。

红军已被迫掩埋了一部分机器包括几门山炮，但集结江岸以及过江速度还是很慢，这时红一军团又奉命掉头对付湘军，坚守渡口点的任务完全交给了红三军团，军委的命令是："不惜一切代价，全力坚持三天四夜。"

彭德怀三天三夜未下火线，战斗最激烈时，他就住到前方的村子里进行指挥。那里距离前线如此之近，以致桂军的机关枪可以直接打到他所住的房子上。

阻击桂军的红五师一直等到军委纵队过江，才向西岸转移。该师伤亡了包括师参谋长在内的两千多人，将近全师的一半被打光了。

在大部红军渡江后，担任最后掩护部队的是红六师第十八团，另外还有红五军团第三十四师。这两支部队均被隔断于湘江东岸，最后弹尽粮绝，大部壮烈牺牲。

湘江血战是红军长征中最为险恶的一仗。全军人数由出发时的86000人锐减至3万多人，红三军团的实力也损失了一半。李德一筹莫展，整天愁眉苦脸，唉声叹气。当时他已无法全面指挥，只能根据各部队发来的电报提些意见，真正部署作战行动的是周恩来，但部队的不满情绪和要求改换中央领导的议论仍在不断增多。

渡过湘江后，红军来不及休息和整理，又被迫进入了西延山区。此处的"广西猴子兵"都是本地老兵，熟悉地形，常以班、排为单位，分散在山上对红军进行侧击。这种类似于麻雀战的游击战术非常令人恼火，红军在绝大部分时间里都不得不处于高度紧张状态，别说安安静静地睡觉，有时抽空打个盹儿都算是休息了。

白崇禧还采用了坚壁清野的办法，沿途老百姓被赶走，房屋被烧毁，粮食也被全部藏了起来，红军连吃苞谷都有困难。

蒋介石的"剿匪计划"事先有一个预案，即万一中央红军突破湘江，就应该阻止其与湘西的红二、红六军团会合。鉴于这条路已被阻住，毛泽东联合王稼祥、张闻天等人，说服决策核心"三人团"（由博古、李德、周恩来共同组成）放弃了原计划，避强就弱，向贵州转进。

贵州黔军是西南地区战斗力最弱的地方武装，士兵都是鸦片鬼，除了步枪外，每人还有一管鸦片烟枪，出发打仗前得先抽足鸦片，来了精神才能冲一下。黔军的装备也很差，据说有的士兵居然连手榴弹什么样都没见过。

跟这些不经揍的部队交手，红军并不需要花太多力气，很快，他们便开始强渡乌江，向黔北重镇遵义挺进。红三军团在强渡乌江时，先派一个侦察排坐着大木桶捆成的筏子过江，赶走守敌后，再搭浮桥让主力过江。贵州老百姓从来没见过这种场面，到处流传着"红军是天兵天将，过江连鞋子都不湿"的说法。

1935 年 1 月 15 日，中共中央召开著名的遵义会议。会议首先由博古主持并作报告，他承认了自己在军事指挥上的一些错误，但会场还没掀起大的波澜。

转折点出现在周恩来作副报告的时候，他在主动承担失败责任的同时，批评了博古和李德。周恩来是"三人团"成员之一，他讲了以后，情况一下子就变了，张闻天、王稼祥、朱德等人开始陆续发言，除凯丰一人外，没有一个人站在博古这一边。

会议进行期间，李德坐在会议室门口，没怎么说话，只是一边听伍修权翻译一边抽烟，神情十分沮丧，已完全处于一种被告地位。他后来在回忆中说，当周恩来作副报告时，他已经明显感觉到，对方是在同博古和他划清界限。与会的杨尚昆也认为，周恩来对扭转会议形势起到了关键性的作用。

遵义会议撤销了博古、李德的军事指挥权。会上，毛泽东被增选为政治局常委，不久他又与周恩来、王稼祥共同组成新"三人团"，这标志着毛泽东开始重新执掌中央红军的指挥大权。

彭德怀和杨尚昆是骑着马从前线赶到遵义参加会议的。会议开了三天，到后半段时，彭德怀赶回前方指挥作战，因此未在会上作系统发言，但从斥责李德"崽卖爷田心不疼"开始，他的态度其实就已经很明确了。

不怕死都给我死了算了

遵义会议之前，蒋介石嫡系的中央军还没有赶到黔北。会议结束后，薛岳部队和川滇湘黔四省地方军开始向遵义实施合围。

中央红军面临的处境十分危险，彭德怀曾这样讲述当时的形势："那时，中央军、湘军、黔军、川军、滇军从四面八方赶来了，我们没有路走了啰！论兵力不到人家的十分之一，论武器装备，我们是叫花子。"

按照彭德怀的回忆，这种情况下，有人也主张回头往湖南去。可是中央红军是折损了好大一支人马，经历千难万险才来到贵州的，大多数人都知道，回湖南的道路是走不通的。

既然不能回头，就只能咬着牙往前走，于是渡江北上川北，和红四方面军会师，便成了大家都能想到的最好出路。

渡江作战计划下达后，红一军团攻占了赤水河边的土城渡口。土城是自黔北入川的要冲，"四川王"刘湘害怕红军由此入川，赶紧调集兵力扑向土城。

毛泽东起初认为来敌只有川军的四个团，因此命令彭德怀统一指挥各部进行歼灭。可是这一仗没有打好，红军不仅没有歼灭敌军，自身还受到了很大伤亡。

中央红军缺少弹药，每个人只有二十发子弹，火力不强，除此之外，部队状态也不好。适逢朱德前来督战，看到部队疲惫不堪的样子，他非常恼火，很少见地对红四师政委黄克诚大发了一通脾气。

负责指挥的彭德怀通过观察，发现参与土城战斗的川军不是原来预计的四个团，而是九个团，火力也很强，因此当机立断地于中午 12 点将部队撤出战斗，同时建议军委："脱离此敌，转向新的地区前进。"

毛泽东和朱德判明情况后接受了彭德怀的建议，渡江地点也随即转向土城上游的太平渡。

彭德怀指挥红三军团在太平渡架设浮桥。浮桥架好后，部队刚刚开始渡河，川军一部就紧追了上来，大部队过完，川军也追到河岸，红军立即炸毁了搭设浮桥的船只，这就是"一渡赤水"。

渡过赤水河后，红军原计划从宜宾附近北渡长江，但很快发现各路追兵已逼近川南，川军又有四十多个团扼守长江北岸，而红军在行军中落伍的人数又比较多。于是彭德怀再次向军委建议，转向云南扎西（今威信）。

建议被迅速采纳，红军前往扎西。在扎西活动了十来天后，追兵逼近，红军只得回师黔北，第二次渡过赤水河，重新向敌军力量薄弱的遵义进发，此为"二渡赤水"。

再攻遵义，必须经过遵义城的北大门娄山关。根据侦察报告，黔军四个团也在向娄山关行进。红军不怕跟黔军打仗，但娄山关是险关，它雄踞于娄山山脉的高峰，娄山关的周围尽是悬崖峭壁和直插云天的山峰，相当险要。

上午八九点钟的时候，黔军便出发去娄山关了，彭德怀中午 11 点才得到消息，他大喊一声："不好，快！"随即命令部队跑步前进，就算跑死，也要赶在黔军之前抢占娄山关。

黔军尽管不经打，一打就跑，但有一个显著特点，就是能爬山，会跑路，而且跑起来飞快。红军紧赶慢赶，还是被黔军先行一步抢占了娄山关。

在扎西时，红军已进行了缩编，师编制被取消，主要战斗单位为团，师领导干部都到团任职。第二天凌晨，红十三团的一个营迂回攻占了娄山关右侧背的点金山，从那里俯射娄山关隘口，守敌仓皇南撤，红十三团主力经过几次猛冲，终于占领了娄山关。下午，集结在娄山关南面板桥的黔军发起反攻，红三军团所属的四个主力团全部上阵，虽将敌人打退，但红军也有不小伤亡，红十二团政委和参谋长都负了重伤。

娄山关一失，遵义城便无险可守。遵义城以河为界，为新城和老城两部分。红一、红三军团协同攻占了没有城墙的新城，黔军退入老城。

"贵州王"王家烈通过长途电话向追击红军的吴奇伟呼救："'共匪'已逼到城下，我们守不住了。"吴奇伟回答："你必须死守，今晚以后我一定赶到。"

这段通话被红军截获，彭德怀马上下令，务必在当晚夺下遵义城。

老城前有四百米开阔地，不便于部队运动。为了晚上能顺利攻城，当天下午，红三军团参谋长邓萍带着红十一团政委张爱萍等人趴在一座小土墩上，用望远镜观察地形，同时指挥攻城部队向城墙边运动。

一行人迎着太阳，城墙上的守军对他们的位置看得很清楚，立即在城垛上用枪乱打。黔军使用的步枪是一种早已被正规部队淘汰的老毛瑟，叫九子毛瑟。这种步枪采用八发管状弹仓供弹，加上枪膛里面的一发，共有九发子弹，所以又名

"九响连珠枪"。观察时，邓萍头抬了一下，正好被九响连珠枪击中，一声没吭就倒下了，伏在他身旁的张爱萍被溅得满身是血。

邓萍是平江起义的领导人之一，牺牲时年仅 27 岁。彭德怀痛彻于心，当张爱萍向他报告时，只说到"邓参谋……"，他就突然骂开了，指着张爱萍说："你是猪养的、狗养的？你们不怕死都给我死了算了！"

不了解彭德怀性格的人，可能会完全无法接受，懂他的人，才会知道他是悲愤已极的一种发泄，是对邓萍不应该到那么近的城墙下观察，反而送了命的痛惜。

彭德怀极少在战场上落泪，但这次泪如雨下。他连夜向老城发动猛攻，黔军伤亡惨重，狼狈溃逃。

雄关漫道真如铁

前敌虽逃，追兵又至。第二天，天刚蒙蒙亮，吴奇伟纵队即占据了遵义周围的几座山头，此时中央机关已经入城，朱德在电话里对前线部队说："中央机关在城里，背后是乌江，这是背水一战，你们一定要打好。如果让敌人进了城，我们都得到乌江喝水。"

在彭德怀的指挥下，红三军团从正面争夺山头，红一军团从背后迂回，对吴奇伟纵队实施前后夹击。战到酣处，彭德怀从一名阵亡红军战士的手中捡起一挺轻机枪，亲自端起来射击。后来枪管打红了，握着烫手，他便脱下衣服，把机枪包起来打。

这场战斗将吴奇伟纵队的两个师大部分歼灭掉了。吴奇伟渡过乌江时下令把浮桥的保险索砍断，一千多官兵被甩在江北岸，做了红军的俘虏，兵败如山倒之势尽显。

娄山关有一块刻着醒目关名的石碑，彭德怀和杨尚昆站在立有石碑的山坡上，看着俘虏们把枪甩得远远的，然后拖着疲惫的身子，垂头丧气地向指定地点集中。那一刻，胜利者的高兴劲儿简直无法用语言来形容，杨尚昆说他"两三天不想睡觉"。

遵义战役是长征开始以来红军取得的最大一次胜利，也是毛泽东复出以来打的第一个胜仗。之前土城之战受挫，下台的博古、李德多少有些幸灾乐祸，博古就嘲讽说："看来狭隘经验论者指挥也不成。"毛泽东免不了心情沉郁，到此才有了"柳暗花明又一村"的感觉，他欣然写下《忆秦娥·娄山关》："雄关漫道真如铁，而今迈步从头越。"

这首词中还有一句"苍山如海，残阳如血"，形象地描绘出战争的残酷和双方伤亡之巨。经历激战的遵义城与红军第一次入城时已完全无法相比，街道上到处呈现出一片凄凉景象，几乎见不到一个人，只有房屋的墙壁上，还残留着当初红军宣传人员张贴的标语碎片。

新中国成立后，彭德怀重游娄山关，他喃喃地告诉自己的警卫参谋："我们在这座山上死了好多人哪！"当时彭德怀已经60多岁，但尚能清晰地记得好多牺牲在山上的部下的名字。他找到一块巨石，说谁谁谁作战英勇，"一听到枪声，简直能飞起来"，最后就倒在了这块巨石旁边。

在扎西缩编时，红三军团尚能编成四个整团，战斗结束时只有一个团仍能维持原来的编制，每个连也仅有五六十名战士。

遵义战役结束后，蒋介石飞抵重庆督战。他派周浑元纵队驻守于乌江的鲁班场渡口，防止中央红军乘胜直奔乌江东岸，与红二、红六军团会合。

毛泽东要进攻鲁班场，彭德怀对此表示反对。他认为周浑元纵队早在四天前就到达了鲁班场，野战工事已经构筑完毕，地形上也占据有利地位，红军没有攻破鲁班场的可能。

彭德怀的建议这次未被采纳，林彪奉命指挥红军对鲁班场发动了进攻。结果如同彭德怀所预计的那样，激战四个小时，红军与对方打成了对峙状态，黄昏时随着敌军援兵逼近，不得不撤出战场。

彭德怀在建议中还曾提出,不如重返川南,通过控制茅台镇来吸引川滇两敌,从而在运动中寻求机动。鲁班场战斗失利后,红军就开始向茅台转移。

彭德怀随红十一团行动,出发前,他专门向团政治处主任王平交代,必须要走快些,至少走六十里才能休息,不然敌人飞机来了就麻烦了。

那天细雨蒙蒙,道路泥泞,路也越走越窄,行军队伍拉得很远。在急行军走了四十多里路后,团政委张爱萍提出让部队休息。王平说,彭军团长不是交代要走六十里才能休息的吗?

在有"地无三尺平"之称的贵州作战,红军最头大的就是要跟黔军这些飞毛腿赛跑,尤其是娄山关一战的体力消耗最大,部队几天都没有恢复过来。见大家确实很累,张爱萍还是做主让部队停下来吃饭。

刚刚拿出饭要吃,彭德怀骑着马从后面赶了上来:"谁叫你们休息吃饭的?"随后又是一套你们不顾全局的大道理。

张爱萍、王平只好命令部队把饭收起来,继续往前走。彭德怀还是在马上絮絮叨叨地说个不停,因为中间隔着一个排,张爱萍等人听不清楚,也就索性不予理会。

又走了三十里路,彭德怀才传令下来:"休息吃饭。"

部队休息吃饭时,彭德怀独自坐在路边吃,几个团干部则蹲在一棵树下吃。见众人都憋着气不理他,彭德怀又慢慢走过来,嘻嘻笑着对他们说:"你们吃什么好东西呢,还躲着我呀?"刚才那股凶相早已不知道跑到哪个爪哇国去了。

王平没好气地说:"你看哪,有什么好吃的,就这点辣酱和豆瓣酱。"

彭德怀说他的饭盒里还有一点腊肉,说着赶紧讨好似的递过来,招呼几个人和他一起吃。他一边吃,一边告诉干部们,明天部队就将进入茅台,接着又兴致勃勃地讲起了茅台酒,如何醇香味美,如何驰名世界,讲得听者神往之至,恨不得立即起身直奔过去。

声东击西

茅台镇位于赤水河东岸，有好几个酒厂和作坊。红军总政治部贴出了布告，不允许指战员随便进入，但透过门缝，还是可以看到一些很大的木桶和成排的水缸。

从当地人那里，部队买来一些茅台酒，会喝的喝上几口过过瘾，不会喝的就装在水壶里，行军中用来擦腿搓脚，恢复行军的疲劳。

红军到茅台当然不是为了喝酒。彭德怀下令收集门板，连河边的小庙也拆了，在赤水河上搭建浮桥。此为"三渡赤水"。

红军到达赤水河西后，追兵也匆忙赶至西岸，刘湘亦将川军紧急调往长江沿岸，以阻止红军渡江。在敌军大规模调动之际，毛泽东命令部队迅速折返，"四渡赤水"。

这时赤水河地区已经乱成一片，国民党军西进，红军东进，各走各的，彼此都弄不清对方的情况。有的掉队伤员穿着国民党军的衣服，跑到对方队伍里去上药，更有甚者，弄了顶国民党军帽戴上，居然还混到敌人的炊事班打饭去了。国民党军也是这样，有很多散兵走到红军队伍里来。

"四渡赤水"后，中央军委曾考虑去黔西。彭德怀考虑，向西南行动，首先要突破周浑元纵队等强敌的拦阻，反而在东南方向，因为原在乌江设防的周浑元、吴奇伟纵队以及黔军已被吸引北上，兵力较为空虚。

意见上报军委，身为红军总司令的朱德接受了这一建议，并授权彭德怀指挥红军迅速向乌江前进。

那段时间正是清明前夕，连日阴雨，天空乌云密布，能见度非常低。飞机不能起飞，自然也无法侦察红军的行踪，利用这一天赐良机，红军迅速到达乌江岸边。

彭德怀选定的渡江地段，江面宽度只有一百至一百五十米，用沿江的竹木架设浮桥,四至六个小时就可以完工。红军分三处架设浮桥,陆续渡过乌江。

渡过乌江的部队扛着梯子行进,装出要攻打贵阳的架势,同时还到处书写"打到贵阳去!活捉蒋介石!活捉王家烈!"的标语口号。一周前,蒋介石刚刚从重庆飞抵贵阳督战,怎么也不会想到红军会突然杀奔眼前。

在薛岳部队渡乌江北上后,贵阳地区只剩下四个团的兵力,用于贵阳城防的不足两个团。蒋介石急忙电令滇军兼程赶来贵阳救驾,但红军并不是真的要打贵阳,他们穿过滇黔公路,直奔云南而去。

滇军要往东,红军要往西,双方走的都是滇黔公路,中间也有过交火。滇军论战斗力一般,但红军极度缺少子弹,打仗非常困难,简单点说,就是打不起仗。担任后卫的红五军团子弹最少,稍与滇军接触,就垮了下来,部队拼命向南奔跑,把走在前面的红三军团的队伍都给冲乱了。

4月下旬,中央红军进入云南,仍然按照声东击西的老办法,对昆明进行佯攻。昆明市内立刻陷入一片惊恐慌乱之中,"云南王"龙云紧急电令各路滇军赶回昆明堵截红军。

滇军这么一调动,金沙江沿岸的防守力量立显空虚,红军趁机渡过金沙江进入川西,向会理挺进。

红三军团和中央干部团奉命攻打会理城,但部队经过长途跋涉已极度疲劳,实在是无法胜任难度高一些的城池攻坚战。见迟迟无法得手,会理本身对红军继续前进又不构成威胁,彭德怀便向军委建议,改为围而不攻。军委也同意放弃攻打会理城,只派部分部队监视敌军,其余部队在城外就地休息。

1935年5月12日,在会理城郊的一个铁厂内,中央政治局召开了一次扩大会议,史称"会理会议"。会上,毛泽东讲话很多,主要是批评林彪,最有代表性也最广为人知的一句话就是:"你是个娃娃,懂得个啥?"

这段时间以来,素来号称铁脚板的红军已经快走散架了。"四渡赤水"后来被认为是毛泽东在长征中的神来之笔,但当时却饱受质疑,因为它是红军走得最频繁的一个时期，不仅白天走，晚上也走，所有人都疲惫不堪。以前看到飞机飞过，众人还会去寻找地方隐蔽，后来实在跑不动，就直接在路旁卧倒了。已经无权的李德随部队一起行军，有一天夜里走着走着就睡着了，前面的路已经转弯，但他还在往前走，结果一直走到了旁边的小溪里。当身体接触冰冷的溪水时，他才惊醒过来。

因不了解上级的意图，干部战士对此牢骚满腹，都说"不要走了，打仗吧"。林彪也不例外，他说红军走的尽是"弓背路"，应该走"弓弦"才行，否则部队会被拖垮的，"像他这样指挥还行？"

于是林彪就给中央写了一封信，大意是要毛泽东、朱德、周恩来随军主持大计，实际上就是希望毛泽东和朱德不要再负责前敌指挥。

就是这封信让毛泽东非常生气。

最大的心结

自遵义会议复出，毛泽东过得并不顺畅。土城第一仗就没有打好，为此还引起了博古的嘲讽。张闻天曾支持毛泽东复出，这时心里也逐渐产生想法，他一度提出要去上海搞地下工作。张闻天当时代替博古在中央负总责，自然是不能说走就走，在众人劝阻下，最后由陈云代他去了上海。

此时毛泽东立足未稳，正急需支持，结果有人出语嘲讽，有人想要离开，还有人发展到正式上书要求他交权。要知道这些人都不是一般人，是中央领导人和红军的主要战将，可想而知毛泽东有多么恼火。

好在中央红军渡过了金沙江，追敌被远远地甩在江南，双方相隔一个多星期的路程，毛泽东的军事领导地位也就此得到了巩固。到这个时候，博古不响了，张闻天不走了。林彪固然令人上火，但他原本是朱毛红一军团的部属，从历史关系上看，实际上一直是拥护毛泽东的。再者，连毛泽东自己都承认过，前面有的仗指挥得不好，那么作为下属偶尔写信发发牢骚、说说怪话，应该也算是情有可原，现在当着众人的面训斥一下，事情就可以翻篇了。

千不该，万不该，林彪把彭德怀牵涉了进来，这成了毛泽东最大的心结。

似乎彭德怀要想不牵涉进去也不可能。他战功卓著，资历更非同为军团长的林彪可比，过去就敢于顶撞李德，并且李德还不能把他怎样。到"四渡赤水"期间，彭德怀所提建议又都被证明是正确的，这些建议也展现了他在勇战之外的另一个才能，那就是善于在错综复杂的形势中观察战局。

要知道，一个普通的指挥官可以出色地完成上级交办的任务，但未必会观察战局。具备后一种能力的人，实际上已经达到了军事统帅的水平和眼光。

林彪本身也是能战之将，在会理会议召开前，他主动给彭德怀打来电话，说现在的领导不行，你出来指挥吧，再这样下去要失败了。我们服从你的领导，你下命令，我们跟你走。

彭德怀在电话中没有同意。于是林彪就给中央写了那封信，信中除要毛泽东歇着外，还建议让彭德怀担任前敌指挥。

这个建议着实刺痛了毛泽东的心。早在"三渡赤水"之前，有一次围绕要不要打乌江彭新场渡口，中央负责人在讨论时展开争执。大多数人都主张要打，只有毛泽东坚持不打，后来毛泽东表态："既然如此，我这前敌司令部政委不干了。"

实际毛泽东后来并没有真的弃职不干。

"李逵"本色

毛泽东十分在意的，彭德怀却似乎并不太在意。接林彪电话时是这样，在会上看到林彪写的这封信也是如此，他认为没什么大不了的，不就是解决战场指挥的问题嘛。

实际上，彭德怀绝不是为了争权，而只是出于改变战局、打好仗的初衷。

他自己也说，红三军团和红一军团在战斗中就已形成了这样一种关系，即有时红一军团指挥红三军团，有时红三军团指挥红一军团，有时自动配合，像遵义战役就是两大军团自动配合。

彭德怀既然这样认为，毛泽东也就不能把性质说得太严重了，会上只能讲过就算。

然而会后便开始批判黄克诚。黄克诚"比彭德怀还像彭德怀"的名声早已尽人皆知，毛泽东评价他，"上自中央，下至支部，有意见他都要讲"。会理会议召开前，因为提意见，他已经由师政委降为军团司令部侦察科长，会议结束后，他又被扣上"老右倾机会主义"的帽子进行狠批，罪状据说是在行军休息闲谈时，有人说这样天天走，不知道要走到哪里去，黄克诚随口说了一句："大概要走到喜马拉雅山吧！"

当时红三军团讲怪话的干部战士非常多，黄克诚这个根本就不算什么，所以当上面要求批黄克诚时，大家面面相觑，都不知道黄克诚究竟犯了什么错误，要如此上纲上线。

过了一段时间，众人才弄清楚事情的原委。原来是上面不便对彭德怀直接点名批判，便来了个"项庄舞剑，意在沛公"，明里拿黄克诚开刀，真正的矛头其实是对着彭德怀去的。

黄克诚这下连侦察科长都没得干了。他被调去当教导营政委，曾经的下级王平成了他的顶头上司。黄克诚自己倒也不觉得有多尴尬或者抬不起头，他对王平说："你对我不要客气，归你指挥，该下命令就下命令嘛。"王平忙不迭地回答："你是老首长，怎么好下命令啊！还是多研究商量。"

开完会理会议，中央红军便离开会理，以与红四方面军会合为目标，继续挥师北上。

他们首先遇到的障碍是大渡河。大渡河水流湍急，波涛翻滚，吼声动地。河里全是雪水，水凉如冰，侵肌砭骨。三军团有几个人想游到对岸找船，头一个跳下去就没上来。

当先遣队乘着渡船过河时，对岸山上的川军拼命朝河面射击。当年为红军摆渡的老船工对他亲身经历的险况记忆犹新："枪子儿泼水似的，几条烂船板就在人家的枪子儿底下晃荡。"

不过这条河也同样挡住了追兵。彭德怀晚年追忆："这条河当年差点要了我们的命，可到后来它又帮了我们的大忙。"船工则说，红军前脚走，后面"国民党的中央军十好几万就按拢（四川方言，意思是到达）了"！

甩开追兵后，恶劣的自然条件又成了红军的大敌。大渡河之后是夹金山，那是红军长征中爬的第一座雪山。红军从云南转入川西南时还是夏季，大家都穿着单衣，事先也没想到要爬雪山，根本来不及补充棉衣，于是只得多带点酒和辣椒御寒。

夹金山的海拔并不算高，仅有四千多米，但山脚和山顶的气候差异很大，从山脚起，越往上面去越冷，而且每天下午暴风骤起，大雪纷飞，加上山上空气稀薄，呼吸困难，所以爬起来非常吃力。

红军长途跋涉，给养困难，很多人的身体都很虚，像林彪爬到半山腰便喘到不行，只好下来，第二天用担架才把他抬过去。

邱荣辉当时担任红三军团警卫通信班副班长。爬山时，他感觉胸口闷得像要炸开一样，每走一步都要使出全身的力气，走到半山腰，他也像林彪一样挺不住了，眼前一黑，就倒了下去。

当邱荣辉从昏迷中醒来，彭德怀已经走到他跟前。彭德怀显然也很难受，面色苍白，连说话都喘着大气："快，快骑上骡子走！"

翻越夹金山前，红军曾经过一片原始森林区，那里树高林密，骡马很难过得去，红三军团的骡马基本上都在那里丢光了，军团首长中，只有彭德怀等少数几个人把马带了过来。彭德怀的大黑马也就成了宝贝，上面驮着一大堆文件和一个伤员。

邱荣辉一看，死也不肯骑上去，最后在彭德怀的命令下，抓着马的尾巴，靠马拽着才过了雪山，而彭德怀自己硬是一步一步爬过去的。

实在是叫人为难

翻越夹金山，眼前豁然开朗。在离开中央苏区八个多月后，中央红军终于与红四方面军会师于懋功。

红四方面军有八万多人，是当时三大主力红军中兵员最多的。他们离开根据地才一个多月，打的仗不多，因此军容较盛。每名战士都有百颗以上的子弹，机关枪和迫击炮齐全。师以上干部，每人都有十几个背篓，里面装着腊肉、香肠之类的食物。红四方面军红三十军政委李先念请红三军团团以上干部吃了顿饭，席间有十几个牛肉做的菜，其丰盛程度令赴宴的杨尚昆为之咋舌，事实上，他已经有将近一年没有吃过这样的饭了。

反观中央红军，出发时 86000 人，到了懋功仅剩 2 万多人。部队所有的炮都丢光了，机枪所剩无几，又几乎都是空筒子。每支步枪平均只有五颗子弹，少的只有两三颗，连朱德都承认，这么少的子弹，基本无法战斗，只能用于保枪。

除了缺枪少弹，中央红军的衣着也不整齐，看上去五颜六色、破破烂烂。领导干部并不比一般干部战士好到哪里去，他们穿的是用藏民的氆氇做的毛坎肩，披在身上就像一个破口袋。在红三军团，自团干部以下，连吃饭用的菜盒子都没有。

中央红军原本是红军的头号主力，红四方面军对两军会合期盼甚高，但见到这种情形，也不免大失所望，红四方面军的领导人张国焘更是不再把中央红军和中央放在眼里。

用李德的话来说，张国焘是"像主人对客人一样接待了我们"，傲慢与自负之情溢于言表。两军刚刚会师，双方在战略上就出现巨大分歧：中央主张北上，张国焘主张西进。

在两河口会议上，博古等几个人说张国焘的西进主张是麻雀飞进阴沟里，进得去出不来，只有死路一条。张国焘猛地跳了起来："你说我是麻雀，你博古懂得什么？你把中央苏区这么大块根据地都丢掉了，你们打了败仗！这不能由李德负责，他是外国人，你们都要负责！"

话虽然说得狂妄，但张国焘这时是唯一代表红四方面军的政治局委员，在开会时属于少数派，所以最后他还是勉强接受了中央的决定，同意北出松潘，在甘肃南部建立根据地。

前往松潘的沿途全是藏民区，藏民都跑了，拿着钱都找不到人买东西。为筹备北上的干粮，红军只好自己动手割青稞，也不得不宰杀藏民留下的猪狗牛羊。藏民大多是普通百姓，并非地主土豪，所以彭德怀觉得很揪心："一听到这些牲畜的声音，我的心就跳。可是不宰吧，部队又没有吃的，实在是叫人为难。"

彭德怀说不这样做，红军就得饿死，只有等我们胜利了，再对少数民族给予加倍的补偿。

有时藏民也隐蔽在山崖上对红军打冷枪。他们的枪法相当准，曾经消灭过国民党军的一个团，红军稍不注意就会吃亏。为此不得不每隔几里或十几里就用石头垒一些碉堡据点，以防御他们的袭击。

由于张国焘要官要权，不断拖延，红军尚未能够到达目的地，胡宗南部队已先一步集结于松潘。根据敌情变化，中革军委决定将红一、红四方面军混合编组，组成左、右两路军，分两路继续向甘南进军。

彭德怀的红三军团（此时称红三军）为右路军前卫，率先进入草地。这是长征路上最困难的阶段，人踩在草皮上就像荡秋千，稍不注意或一脚踩空，就会陷进泥潭。这些黑色泥潭全都是死亡陷阱，人陷进去后就难以自拔，往往是越挣扎陷得越深，直到没顶。为了减少危险，红军便把当地的牛马赶在前面，让它们依靠本能寻找最安全的道路。

草地气候恶劣，往往白天还是烈日暴晒，晚上就是雨雪交加。四周没有房屋，也没有树木，部队无法正常宿营睡觉，困了只好背靠背地在草地上打盹儿，下雨时便撑起床单，蜷缩着在下面过夜。有好些人就在草地上被冻死了，而当时正是 8 月！

当红三军团越过草地，渡过班佑河以后，彭德怀对王平说还有几百人没有过来，你带一个营返回接应。王平率部重返班佑河，他用望远镜向对岸观察，看到河滩上坐着至少有七八百人。

王平决定先带侦察员过河看看情况，过去一看，这些人静静地背靠背坐着，一动不动。再逐一察看，全都没气了——在已经走出草地的最后一刻，伤病和饥饿仍旧夺去了勇士们的生命。

尽管早已见惯死亡，但如此悲壮的场面仍给人带来巨大震撼，王平的泪水夺眶而出。经过仔细检查，发现有一名小战士还有点气，侦察员把他背上一道过河，可是过了河这名战士也断了气。

彭德怀老远就看到了返回的王平一行，他满脸焦灼，不无期冀地抢着问王平："带回来多少人？"

当得知一个人都没能带回时，彭德怀的脸色沉了下来，他愤愤地说："这都是张国焘的罪过！他耽误了战机，没能打开松潘，才逼得我们走这条路。如果不走这条路，哪会牺牲这么多人？"

把我看成军阀了

张国焘其实对彭德怀是很欣赏的。他觉得彭德怀不仅性格倔强自信，而且是一位富有作战经验的军人，处理军事问题时显得特别精明机警。

红军会师之初，张国焘就派秘书黄超给彭德怀送来了几斤牛肉干、几升大米以及两百块光洋。

送牛肉大米尚能理解，为什么还要送这么多光洋？彭德怀有些疑惑。黄超的解释是给彭德怀"解决困难"，随后他话锋一转，提到了会理会议，显然是知道彭德怀在会上受批评的事。

彭德怀老实作答，仗没打好，当时有点情绪，也没有什么。

黄超接着说，"张主席（张国焘）很知道你"，又说起"欲北伐必先南征"之类。一番谈话下来，彭德怀便弄清楚了黄超是来当说客的，是要挑拨他和毛泽东等人的关系。

彭德怀顿时警惕起来，他在湘军里面一直做到团长，送光洋意味着什么，至此便完全明白了。他对黄超说，"我和你们张主席没见过面"，"我的困难是部队的困难，你这两百块光洋我不要"。

后来彭德怀多次对杨尚昆说："我是行伍出身，对旧军阀的那一套我还不清楚吗？张国焘算什么东西，把我看成军阀了！"

至8月下旬，中央和张国焘的关系越来越紧张，原因是张国焘一直不愿意北上执行中央的决定。中央开政治局会议，张国焘以肚子疼为借口，躲在红四方面军的后勤部不到会。中央只好派周恩来去问他，一来二去，周恩来竟然成了联络员。政治局这样开会，在中共党史上也是从来没有过的。

周恩来回忆，那时中央同张国焘的关系，就好像跟延安时代中共和蒋介石的关系差不多。毛泽东一语道破：和张国焘的斗争，实际上是在党内搞统一战线。

这个时候毛泽东非常注意政治策略。张闻天写了一篇文章，说北上是正确路线，南下没有出路。当时的重要文稿要先宣读，才能通过发表。不料文章还没有念完，红四方面军政委陈昌浩就拍着桌子大骂，并扬言只要张闻天敢发表，他就要发动红四方面军的干部战士对他进行批斗。

当右路军到达潘州的时候，李先念部消灭了胡宗南一个团，胡宗南的封锁线被打开了一个口子。这时就等张国焘所率的左路军上来，但张国焘和左路军迟迟不动，中央一再劝说和督促，仍毫无效果。

1935 年 9 月 9 日，张国焘致电中革军委，坚持"乘势南下"的主张。同时，他又背着中央密电右路军政治委员陈昌浩率右路军南下，企图分裂和危害党中央。担任右路军参谋长的叶剑英看到电报，立刻报告毛泽东。

中央立刻召开紧急会议商讨对策。彭德怀问道："如果四方面军用武力解散我们，或挟持中央南进，怎么办？从防御出发，我们可不可以扣押人质，以避免武装冲突？"

他主张先发制人，扣留陈昌浩作为人质，以逼迫张国焘就范。毛泽东沉思了一会，说："不可。"

毛泽东在这时候显示了高人一等的政治智慧，他断然决定中央率红一、红三军团单独北上。

红四方面军参谋长李特带着五六十人气势汹汹地追了上来，质问说你们为什么要"开小差"，其间他甚至还佩着手枪逼近了毛泽东。彭德怀气愤地想枪毙他，毛泽东的态度则非常镇静从容，他对红四方面军的干部说："你们的张总政委（张国焘时为红军总政委）要南下，我们要北上。你们要是不愿跟着我们走，可以回去。我们现在往北走，给你们开路，我估计，不出一年，你们也会跟着我们北上！"

气氛由此缓和下来，李特等人都回去了。当时中央红军还要经过红四方面军的驻地哨卡，山头上就站着红四方面军的哨兵，中央红军只能从沟下走。大家都怕真打起来，但最后谁都没有动手，后来才知道是担任红四方面军总指挥的徐向前发了话："哪有红军打红军的道理！"

不要把敌人带进根据地

和红四方面军暂时分手后，中央红军继续北上。彭德怀指挥部队突破天险腊子口，为全军打开了北上的通道，接着又翻越岷山，脱离藏区，到达哈达铺。这就是毛泽东诗词中写的："更喜岷山千里雪，三军过后尽开颜。"

哈达铺的条件比较好，主要是有东西吃了。后勤部在那里办了一个流水席，所有经过的干部，都可以进去吃一次，什么红烧肉、锅盔（当地一种大而厚的烙饼），尽管吃。不过每一个进去吃的人事先都会被叮嘱："你少吃一点啊！"原因是一路上都饿得实在太厉害了，一下吃得过量，就会撑死。

哈达铺有锅盔卖，每个战士身上又都有一两块钱的津贴，长征路上没机会用，到了这里就全买了锅盔。差不多每个人都买了两三个锅盔带着，生怕再像过草地那样挨饿。

刚到哈达铺的时候，因为对陕甘宁地区不熟悉，中央红军还不清楚应该到哪里去。有陕北籍的干部恍惚记得陕北有点游击队，但离开这么长时间，也不知道究竟现在怎么样了。

在哈达铺，聂荣臻看到一份国民党政府出的布告，上面说政府正在"围剿"刘志丹"匪徒"。聂荣臻赶紧报告叶剑英，并把布告揭下来送到毛泽东那里。接着，杨尚昆又在老百姓家里看到一份油印的红军传单，上面有"红军占领中心城市的伟大胜利"。

所谓"中心城市"指的是瓦窑堡。后来杨尚昆等人见到陕北红军的领导人之一的习仲勋，还跟他打趣："你这个瓦窑堡算什么中心城市呀？"

这些材料证明陕北有红军和根据地，而且就在瓦窑堡附近。毛泽东看到后非常兴奋，说总要找个地方歇歇脚哇。原先中央是想在靠近苏联的地方建立根据地，自此便确定将落脚地放在陕北。

中央红军到达哈达铺时，从红一、红三军团到中央直属队，都只剩两三千人。战士普遍体弱气虚，行军时突然倒地死亡的现象很常见，战斗中也形不成战斗力，特别是难以对付敌军骑兵的突袭。中央因此将部队缩编成三个纵队，对外称陕甘支队，彭德怀任司令员，毛泽东兼政委，但是公开发布的布告仍只用彭德怀和杨尚昆的署名。毛泽东说，这可以给国民党一个错觉，以为只是红三军团出来了。

离开红三军团之前，彭德怀召开了团以上干部会议。他在会上说："我脾气不好，骂过许多人，对你们这些团以上干部，有时甚至很苛刻。不过这都是对你们的爱护，否则有的同志可能活不到今天，这也可以说是'骂'出来的吧。"彭德怀讲得很激动，讲着讲着眼泪就掉了下来。

10月19日，毛泽东随一纵队首先到达陕北吴起镇，进入了陕甘苏区境内。

吴起镇以战国名将吴起命名，镇上只有几十户人家，平房较少，大多是窑洞。中央红军的干部战士多为南方人，初次见到，觉得特别新奇。彭德怀随后也率二、三纵队到了吴起。众人正在商议红军下一步的行动计划，毛泽东得到报告，敌军骑兵部队已尾追而至。

毛泽东说，我们这一大堆人跑来陕甘苏区，如果不把跟来的敌人打退，让他们也跟了进来，就对不起苏区，所以一定要下决心在这里打一个胜仗，最少要把敌人打退。

按照毛泽东"不要把敌人带进根据地"的指示，彭德怀立即下令部队停止前进，就地实施阻击。

中央红军落脚陕甘苏区，士气已经回升，但仗能打成什么样，谁都没有把握。况且自古以来，步兵对骑兵就不具优势，因为你在平地上跑得再快也跑不过骑兵，过草地时，有的部队已经吃过马家军（指马鸿宾等"西北四马"的骑兵部队）的亏了。

战斗开始后，毛泽东就赶到附近山上去观看战况。到了山上只听到稀稀拉拉有点枪声，但枪声很快就停止了，众人都很着急，不清楚到底是怎么回事。没有多久，传令兵赶来报告。听完报告，知道战斗相当顺利，毛泽东这才松了口气。

吴起一带深沟断崖，是典型的黄土高原地貌。从高处往远处望去，看到的都是一道又一道的深沟，沟与沟之间有小块平地，当地人称为塬。这种地形不利于骑兵活动，而有利于埋伏，彭德怀的作战经验何等老到，他马上便下令部署了伏击圈。

追至吴起的一共有两支骑兵部队，一支为隶属东北军的白凤翔骑兵师，一支为马鸿宾属下的马培清骑兵团。白凤翔自以为人多势众，装备精良，不太把红军放在眼里，他让人联络马培清，说他是大部队，应由正面推进，马培清只需从侧翼夹攻。

马培清打仗刁滑，而且熟悉地形，知道吴起这地方骑兵展开比较困难，一听东北军主动要攻正面，自然是求之不得。让开中路后，他率部顺着侧翼川道前进，从头道川进入二道川。

到了二道川，马培清牵马上坡，在山梁上对周围进行观察。不看犹可，一看吓了他一大跳。

不打自垮

头道川和二道川中间的地方叫五里沟口。马培清清楚地看到，五里沟口两边的山岭上已布满红军伏兵，他们因为没有走正面，所以才绕开了这一伏击圈。

马培清赶紧派人通知白凤翔，但已经来不及了。就在东北军骑兵牵着马沿着深沟往塬上走的时候，彭德怀用伏兵突然压下。

为了充分发挥火力优势，他几乎动用了当时中央红军所拥有的全部轻重机枪。在机枪的扫射下，受惊的战马狂奔乱跳，匆忙中跳上马的骑兵无法控制其坐骑，纷纷从马背上跌落下来。有的人脚还挂在脚镫里，硬给拖着跑了，在平原上纵马冲击的那股气势荡然无存。

白凤翔骑兵师一共有四个骑兵团，居前的骑兵团首先被消灭，后面三个骑兵团尚未摆好阵势，又让溃退的败骑一家伙给冲散了。真是人喊马嘶，不打自垮。

第二天，独木难支的马培清骑兵团后移撤退。他们撤得算比较利索，只损失了四五十人。东北军最惨，当后路被截断时，白凤翔还在山下集合军官讲话。红军居高临下，向白部猛烈扫射，白部马上就被打乱了，只得往左侧一座高山撤退。

就在这座高山上，白凤翔被围困了整整三天，直到红军撤离吴起镇才得以下马。该部所有的山炮、迫击炮、重机枪等重型武器都在这次战役中丢弃，成了红军的战利品，红军另外俘虏了七百人，缴获战马、驮马约一千匹。

这是中央红军在长征结束后取得的第一个军事胜利，此役不仅使得东北军、马家军短时间不敢再来追击和侵扰，而且还在陕甘苏区起到了稳定军心民心、重新树立中央和中央红军形象的积极作用。

毛泽东十分高兴，写诗赠予彭德怀："山高路远坑深，大军纵横驰奔。谁敢横刀立马，唯我彭大将军！"

中央红军到陕北时，当地的肃反搞得很厉害，刘志丹、高岗、习仲勋都被抓了起来。毛泽东出面释放了刘志丹等人，红军也重新进行改编，第一方面军的番号得以恢复，彭德怀为总司令，毛泽东为总政治委员。

第一方面军共11000人，下辖一军团、十五军团。当时，一军团人多一些，三军团人少一些，"为了照顾南昌起义、秋收起义的历史"，彭德怀主动提议将三军团合并进一军团，这样从此就取消了三军团的编制。

早在中央红军渡过金沙江时，为阻止红军北上，蒋介石就在西安成立了西北"剿总"，张学良被任命为副总司令。发现红军会师陕北，张学良即调遣东北军五个师，分东西两路向根据地扑来。

东北军装备精良，从连开始，每排就有三挺轻机枪，到团即有迫击炮连，从火力上看，并不弱于蒋介石的嫡系部队。但是东北军的内部却很成问题，军官们或谨小慎微，敷衍了事；或沉迷酒色烟赌，成天纵情享乐。

第一〇九师师长牛元峰毕业于东北讲武堂，虽任东北军辎重司令多年，但此前根本没有打过仗，只是因为是张学良的亲信嫡系，才被提拔重用。

东北军进攻红军时本有两条路可走，走北路，路窄而险，又要通过直罗镇等红区，容易被红军截击。开会时，众人一致主张走南路，只有牛元峰像打了鸡血一样振臂高呼："我主张走北路，我们晚走早住，怕什么？那么胆小，还打什么仗？我一个师都不怕，这四五个师又怕什么？"同时，牛元峰还自请打前阵。

牛元峰的上司本来就是一个窝窝囊囊的人，他在张学良下野期间还曾跟蒋介石暗中往来，生怕牛元峰到张学良面前告发，明知不妥，也只好俯就了牛元峰的意见。

毛泽东选取的歼敌地点正是直罗镇。在战役发起前两天，毛泽东就率两个军团的团以上干部到直罗镇看地形。直罗镇是个不足百户的小镇，三面环山，红军在山上设伏，敌人在镇内简直如同置身于口袋一般。

11月21日晨，彭德怀指挥红十五军团，林彪指挥红一军团，分别从南北两面的高山上冲下，朝正在镇内睡觉的第一〇九师发起攻击。

临时驻扎要建野战工事，这是常规，很少有部队不构筑工事就敢安心睡觉的，但牛元峰轻视红军，镇内连工事都没有构筑。红军一攻击，第一〇九师即被打得像没头苍蝇一样到处乱窜，最后全师覆灭。牛元峰自杀身亡，不过直到临死前，他还不知道自己是中了红军的埋伏。

直罗镇战役对中央红军立足陕北至关重要。东北军除第一〇九师外，跟在后面的第一〇六师的一个团也被全歼。张学良原来对蒋介石的命令就执行不力，自此以后就干脆停止了进攻。

在直罗镇战役中，两军团共俘敌5300余人，缴步枪3500余支、轻重机枪170挺、迫击炮8门。东北军向来都是红军的"老运输队"，先前连陕北红军都能在他们身上找便宜，这次又给缺枪少弹的中央红军送来了一份大礼。王平所在的红十一团每人都发了新的棉衣、大衣、挂包，武器置换后，还剩余一部分存在供给处。

第三章 / 一锤子收拾它

国民党的报纸曾幸灾乐祸地说，如果谁认为红军在陕北能够生存下去，是极其荒唐的，因为那里既没有衣食，甚至也没有可以补充队伍的男人。报道还说，从四川到中国西北的长征，本身就是一个走向死亡的过程。

敌方的宣传当然不能够完全听信，但当时红军的困难也确实显而易见。就全国范围而言，陕北无疑应该属于最贫困、最落后的地区之一。放眼望去，到处都是贫瘠的黄土地，即便被完全开垦出来，收成也少得可怜。原先苏区只有陕北红军，尚能满足部队所需，现在多了中央红军，物资供给便显得极为紧张。

粮食眼看就快吃完了。除了吃的，还有穿的，冬天即将来临，大家都需要穿棉衣，可是当地又不种棉花，不出棉布。另外听说红四方面军也即将来陕北，红四方面军一来，人必然更多，凭一个陕甘苏区，根本就养不起这么多军队。

唯一的办法只有向外发展。向哪里发展呢？北面是榆林沙漠，西面是国民党的"中央军"，南面是东北军和西北军，东北军相对比较好打，但一打就会把西面的中央军引进西北，从而加强其对西北的控制。

剩下一条路，只有向东发展，就是过黄河到山西、河北去发展。毛泽东拍板东征，但很多人都不赞成，其中也包括林彪等高层领导。

大元宝

长征中红军强渡湘江、乌江、金沙江、大渡河，其实都是九死一生，非常危险。黄河比这些河更大、更宽，水流也更急，大部队有没有可能迅速渡过去？河对面阎锡山的山西晋军如何布防，能不能突破他们的防线？过河后万一站不住脚能否顺利返回？这些都还是一个未知数。

长征走了一年，一直没有根据地，吃了很多苦头，好不容易走到了陕甘苏区，这个地方虽然穷，总是个歇脚的地方吧。在给毛泽东的电报中，彭德怀列举了东渡黄河的诸多困难：红军在大疲劳之后，体质普遍较弱，是不是能渡得过去？如果能渡过去，万一蒋介石的"中央军"大举增援晋军，还能不能撤得回来？

毛泽东对决定了的事极少肯动摇。在这种情况下，彭德怀到黄河边，用七个晚上侦察了渡河点，他还派侦察兵乘着羊皮筏子夜渡黄河，基本摸清了河东的敌情。经过详细侦察，渡河的技术问题可以解决，同时晋军的战斗力也不强，不会比东北军强到哪里去，过河确实没有问题。

彭德怀到预定渡河点时，红军才造好十五只船，每船乘三十人，来往一次就需要一小时二十分钟。全军14000人，加上行李、伙食担子、马匹等，万一情况变化，回师的安全就成了问题。彭德怀因此对渡河仍存顾虑，他要毛泽东绝对保证渡河部队与陕甘苏区的联系。毛泽东听了很不高兴，说要绝对保证，你去绝对保证，我是做不到的。接着他话锋一转："只要做好工作，把船只准备好，在西岸等着，应该是没有问题的。"

嘴上怎么说都是空话。彭德怀放心不下，他根据自己掌握的每渡一次所需的来回时间，星夜赶造出上百只船，每船均配备三至四个船工，并进行了相应训练。

1936年2月20日，彭德怀指挥红军以大批木船和羊皮筏子为渡河器材，分头强渡黄河。当时初春虽到，黄河却才解冻不久，河边上还有冰碴子。阎锡山没想到红军会在这个时候突然过河，河防部队松松垮垮。

在火力较弱，尤其无炮火掩护的前提下，红军只用一个晚上，就突破了晋军一百多里的防线，而且自身几乎没有什么伤亡。阎锡山耗资数十万元修建的黄河堡垒，丝毫没有起到阻挡红军东渡的作用。

山西在民国时是个富省，经济情况跟陕北相比犹如一天一地。进入山西后，红军有地主土豪的财产可以没收，有东西可以吃，过得很是滋润，比陕甘苏区要好得多。有一次，有个长工向王平报告，说某地主家有个暗窖，里面藏了很多东西。王平带人去打开一看，地窖里光皮袄就有一百多件，还有不少价值很高的字画和古董。红军还从地主的地窖里挖出过用五十两银子铸成的大元宝，这么大的元宝，连杨尚昆都是第一次见到。

通过东征，红军扩充了兵力，也筹到了急需的款项和一批棉花、布匹等物资。另一个意外，也可以说是最大的收获，是把阎老西给打怕了。东征战役一起，阎锡山就把原驻于陕北绥德的两个师调回山西增援，他们一撤，绥德就成了红军的。在陕北，绥德算是比较大的县城了，和瓦窑堡一样都属于当地的"中心城市"。

面对红军的重兵攻击，阎锡山不得不暂时解除对蒋介石的戒备，主动电请对方派兵增援。蒋介石立即调集十个师入晋助战，并派陈诚协助阎锡山指挥。

毛泽东原来还计划经过山西向河北发展，或者推进到接近蒙古的边境地区，至此就不可能了，红军在山西的活动余地也变得十分有限。于是彭德怀又率部西渡黄河，回师陕北。因为回师的问题已经过慎重考虑和准备，所以东征部队很顺利就撤了回来。

打"野骡子"

向东发展受阻，毛泽东又把目光转向西北一侧。那里是宁夏"二马"马鸿逵、马鸿宾的地盘，兵力比较薄弱，还可以策应红二、红四方面军的北上，再进一步，甚至能伺机打通与苏联的联系，以取得必要的物资援助。

5月18日，彭德怀被任命为西方野战军司令员兼政委，率部大举西征。西北地域非常荒凉，一路上极少能够见到村落和人烟，到处都是起伏的山丘和荒凉的草原，以至于不少战士都以为是要重过草地了。

几天后，部队到达了曲子镇附近。曲子镇是陇东通往宁夏的要隘，也是西征要夺取的第一个目标。当红军到达时，马鸿逵第一〇五骑兵旅旅长冶成章带三百骑兵巡逻，刚好进入曲子镇，正在打尖儿喂马。

冶成章是马家军勇将，也是马鸿逵手下最得力的战将，其人性情暴躁，打仗剽悍，外号人称"野骡子"（"野"通"冶"）。"野骡子"所带的三百骑兵虽然数量不多，却都是他的亲信精兵，平时行动迅速，善于奔袭作战。

奔袭是骑兵作战的最大特点，也是最大优势，但只要把他们的作战位置固定死，其优势也就难以发挥了。从吴起镇战斗开始，彭德怀就已经掌握了战胜骑兵部队的这一诀窍，得知冶成章在曲子镇，他立即抓住战机，指挥部队将镇子团团围住。

彭德怀随即调集红二师对曲子镇展开攻坚，其中二团主攻，五团助攻。曲子镇是座土城，方圆不过二里，在轻重机枪的掩护下，二团很快就占领了东南城角及那一带的街道，将冶成章所部逼至西北角的居民区。

红二师参加过东征，在东征中扩充了一些新兵，这些新兵都没有打过仗，新提升的一些干部也没有打巷战的经验。攻入曲子镇后，大家既没有构筑工事，也没有提防敌人可能发起的反击，就知道全团拼命往前面冲。

不防备"野骡子"带兵从西北角的各个巷子里猛地杀了出来。马家军的骑兵颇具亡命精神，他们大多光着膀子，举着马刀，来势汹汹。二团挡不住，被对方一直追逼到了南门口，最后靠镇门口预先布置的火力，才把他们又打回西北角。

"打骡子"既然这么困难，有人说打不下来就算了，部队可以绕道前进。问题是，这是西征的第一仗，如果不消灭"野骡子"，红军的威风就会大减，马家军会说，你们连一个"野骡子"都收拾不了，还来干什么呀，反过来就会欺负红军。后来的西路军被马家军打得近乎全军覆灭，一定程度上就是气势先落了下去。

再战，夜幕已经降临，于是决定将五团加入主攻，与二团一起从两个方向展开进攻。战术上也进行了改进，白天进去的人太多，反而施展不开，增加无谓的伤亡，这次要求不必过于集中，两团都只需各抽一个连，几个排互相掩护，交替前进。

五团是过去中央苏区的模范团，也是有名的"夜老虎"团。该团实际上只派了一个班，就以神速的动作将西北寨墙的碉堡全部摸了下来。二团吸取白天受挫的教训，用掏房挖墙的办法向敌人逼近。等"野骡子"所部发觉时，已分不清谁是谁了，只好朝黑暗中乱打。

单纯火力决胜负，马家军难以与红军抗衡。红军先用重机枪压制，再爬上窑洞朝烟筒里丢手榴弹，没多久便把敌人完全打垮了。

因为这时红军已非常注重实施抗日统一战线，因此"野骡子"冶成章被俘后，仍像其余俘虏一样被释放了回去。

两天后，西征军在曲子镇以南的阜城，与前来驰援的马鸿宾两个步兵团遭遇。步兵打步兵，马家军更非红军的对手，当即被打得大败，光被俘虏的官兵就有1100多名。

"宁夏二马"有一个特点，就是营长以上的军官大多是"二马"的亲戚。这些人并不像"野骡子"那样悍勇善战，听说红军主力来了，都躲在城里不肯随军出战，所以俘虏里面虽有副营长、连长多名，但营长以上的却一个都没有。

马鸿宾的主力骑兵师一共有两个步兵团、一个骑兵团。两个步兵团被击溃，剩下来的那个骑兵团在吴起镇战斗时就知道红军不好惹，仗着马快，早早就跑掉了。

经此两仗，"宁夏二马"噤若寒蝉，其部队均困守宁夏城内，不敢再与红军较量。西征军军威大振，在向西北挺进的过程中，如入无人之境。

分则力薄

6月中旬，彭德怀率部攻克豫旺（今同心县下马关）。豫旺是宁夏南部重镇，攻克豫旺等于拔掉了马鸿逵设在陕甘苏区西部边缘的一个重要钉子，陕甘苏区也由此扩展为陕甘宁根据地。

至 7 月底，为迎接红二、红四方面军北上，西征军全部集结于豫旺休整。这一期间，对三大方面军构成威胁的，都是同一支部队，即胡宗南的第一军。

在中央军中，第一军无论兵额、装备、火力都比一般的部队强。军长胡宗南毕业于黄埔一期，是最受蒋介石信任和器重的战将之一，其军事素养相对较高，在练兵方面也很有一套。

胡宗南部原驻湖北，因为追击红四方面军才进入了陕南。红四方面军旋即在川北建立根据地，胡宗南当时就想追入四川，可是却遭到了刘湘等川军首领的集体抵制，继续留在陕南又为西北军杨虎城所忌，胡宗南不得已只好移驻陇南。为此他很感慨地对他的参谋长说："军令不能统一，怎能同红军作战？"

在陇南，胡宗南并没有放弃入川的努力。他有针对性地加强了山地作战的训练，同时对四川的人事地理以及藏族等少数民族的风俗习惯也进行了潜心研究。

后来红四方面军在四川的声势越来越大，川军一败再败，吃不消了，才向蒋介石请援。接到蒋介石命令入川驰援的电报，胡宗南叹息道："如果我早入四川，红军就不会发展到这个地步了！"

胡宗南有一定的战略眼光。当红四方面军放弃根据地西进时，蒋介石判断他们是要在川西北同北上的中央红军会师，然后"进出甘、青、新（甘肃、青海、新疆），打通国际交通线"。胡宗南非常认可这一判断："共产党为什么放弃在江西的根据地到处'流窜'呢？就是因为共产党没有苏联的援助，所以根据地也保不住。共产党只有移到新疆或外蒙古附近，才能取得苏联的物资援助。"

他断言："如果让共产党达到这个目的（北上获得苏联援助），那就不好对付了。"

胡宗南想先一步派兵进驻新疆，可是新疆的盛世才拒绝他进驻。除了大骂盛世才"误国不浅"外，胡宗南也毫无办法，只能退而求其次，在他可以行动的川西北以及甘肃、青海等地组织拦截。

红军北上，胡宗南是一个极大阻力。最早的北上计划就因为胡宗南抢先占领了松潘而夭折，红军被迫改走沼泽草地，虽避免了与胡部决战，却因自然条件过于恶劣而损失惨重。

挫败"宁夏二马"后，彭德怀的主要对手还是胡宗南。光靠西征的红一方面军，要击败胡宗南困难很大，彭德怀便想在会师之前，联手其他两个方面军主要是红四方面军，对胡宗南进行夹击。

可是按照彭德怀发给毛泽东的绝密电所述，张国焘一直保存实力，回避打击胡宗南，只希望由红一方面军独自承受压力，这样预定的联合打击计划就始终未能实现。

10月中旬，三大方面军在甘肃会宁会师。也就在这个时候，蒋介石下达"进剿令"，调集多达四个军的兵力，以胡宗南第一军为核心主力，分别由东、南、西三面向会宁地区猛进。

红军主力先失会宁，在逐步向北转移时，又遭到敌军四路追击。这四路里面，东北军王以哲部与红军有某种秘密联系，毛炳文、王钧部只需"威胁牵制"，只有胡宗南必须认真对付。

10月29日，彭德怀向中央军委请示，再次提出合三大方面军之力，集中消灭胡宗南一至两个师，以进一步夺取宁夏。毛泽东同意了这一意见，并任命彭德怀为前敌总指挥兼政委，统一指挥一、二、四方面军对敌作战。

彭德怀第二天便做出部署，调集红一方面军六个师、红四方面军一个军，准备从东西两面攻击胡宗南部，其余部队则负责钳制毛炳文、王钧部。

然而临战关头，张国焘突然命令红四方面军的参战部队后撤，致使红一方面军完全暴露在胡部面前，彭德怀精心设计的作战方案也遭到破坏。

彭德怀再思一计，他与张国焘商量，计划联合伏击王钧部。张国焘倒是口头同意了，但结果参战的红四方面军部队又被他下令东撤。

毛泽东说，一、四方面军是"合则力厚，分则力薄"。趁红军"力薄"之际，胡宗南一举打通了增援宁夏的道路。至此，红军夺取宁夏的战略计划被迫中止，也相应丧失了控制甘肃全省的条件。

不好打也得打

西征阶段是陕北中央最难熬的一段时期。自主力西征之后，留守陕北的力量变得异常薄弱。恰在此时，蒋介石派汤恩伯西渡黄河向陕北苏区发动了进攻，原驻苏区南面的东北军也不得不奉令北上。

毛泽东一看，瓦窑堡是注定守不住了，与其让汤恩伯占领，不如交给张学良。于是在退出瓦窑堡之前，就跟东北军前线的一个师长打了招呼，说你们再等两天，等我们撤走，就把瓦窑堡交给你们，这样你们在蒋介石那里也好有个交代。

未料驻在附近的一支国民党地方武装实施突袭，钻进了瓦窑堡。当时驻瓦窑堡的大部分红军都撤走了，毛泽东正在睡觉，周恩来身边也没有兵，幸好城内还埋伏着一个连，就靠他们抵挡了一下，才没有被对方包饺子。

众人赶紧把毛泽东叫起来，扶上马，然后匆忙向城外撤退。杨尚昆没有马，周恩来见了大声嚷道："你们哪个给杨副主任（杨尚昆时任总政治部副主任）一匹马呀？"

没人应声，大家都乱糟糟的，谁也顾不上谁。杨尚昆就靠着一双光脚板，一口气跑了十五里路，情形十分狼狈。

陕北中央从瓦窑堡撤到保安（今志丹县），说好的人情也没能做成。东北军前线部队对这件事还很不满意，说你们讲好把瓦窑堡让给我们的，要我们缓一两天，结果你们丢掉了，却让国民党地方部队钻了空子。

现在西线又陷危局。保安虽说是个县城，却只有百把人口，而且地瘠人稀，属于名副其实的"穷窝窝"，要是中央红军再退进来，即便国民党军暂时不大举进攻，最后也注定只能放弃陕北，东渡黄河。这种形势就不仅仅是不利，而是相当危险了。

要守住西线，就要打好仗，而要打好仗，就必须提高彭德怀在前线的实际权限，特别是排除张国焘对作战指挥的干扰。11月15日，中央军委对三大方面军领导人下令，要求绝对服从彭德怀的命令，军委本身也不再直接指挥各方面军。

这时红军正撤离甜水堡，向山城堡转移。进入11月份，西北高原已极其寒冷，鹅毛大雪飘个不停。敌我两军几乎都面临着同样的难题，他们不仅要顶风冒雪，忍饥受冻，还要在这一干旱地区不断地寻找水源。山城堡虽然只有数户人家，但此地正有一股笔孔大的泉水。

人可以几天不吃饭，然而无法一日不喝水。彭德怀估计胡宗南部一旦离开甜水堡，将无处找到饮水，所以也非得到山城堡不可。山城堡一带山连塬，塬连沟，土寨子较多，部队便于隐蔽集结，也便于发动攻击，与吴起镇颇有几分类似，是个理想的设伏地形。

彭德怀当即决定在山城堡布下埋伏圈，并以三大方面军联手的方式，对胡部予以重击。那时候的实际情况是，红二、红四方面军刚刚长征结束，已近五个月没有得到休整，干部战士的体质都十分虚弱，弹药方面也十分缺乏，有的部队步枪仅有几发子弹。红一方面军经历西征，也是连续作战，同样没有能够得到很好的休息。三大方面军各部都不同程度地存在着尽量保存实力，避免自己部队过多伤亡的想法，打仗时也瞻前顾后，争打恶仗硬仗的热情和勇气大不如前。

针对部队中对山城堡一战要不要打、能不能打的疑问，彭德怀进行了反复动员，说明山城堡已处于陕甘宁苏区边缘，为了稳定局面，无论如何要打这一仗，否则就会给红军和苏区造成极大困难。

11月20日黄昏，胡部前锋丁德隆旅果然闯入山城堡，并抢修出野战工事。虽然红军已隐蔽于山城堡南北地区，且未被发现，但看到胡部训练有素的战术动作，究竟还要不要打，又进入了"有争议"状态。

不主张打的理由是丁德隆在山城堡内修了工事，伏击战变成了攻坚战，仗不好打了。彭德怀当然不能同意：部队已经展开，好打要打，不好打也得打！

11月21日，彭德怀一声令下，三大方面军的参战部队同时从不同方向发起猛攻。

决战前夜，三大方面军领导人曾联合下发《决战动员令》，再次强调了山城堡一役的重要性及联合作战的决心。可是真到协同作战的时候，又出现了"锣齐鼓不齐"的情况，有的是因为通信联络不好，产生了误会，有的却明显是领导下不了决心。本来是三面进击，但直到作为主力的红一军团已插入前沿，其余部队仍未按规定时间到达指定位置。

红一军团政委聂荣臻急了，立即向彭德怀报告。彭德怀深知，现在部队不仅展开，而且战斗已经打响，若决心再动摇，即便本来是胜仗也会打成败仗，因此他立刻对迟疑不进的部队进行严厉督促。

经过三令五申，各部终于将山城堡团团围住。战斗从黄昏打起，一直打到第二天上午才结束。仗打得极其艰苦，丁德隆旅虽被歼灭大半，红军也付出了不小的代价，包括红五团政委陈雄在内的一批将士均阵亡于此役。

杀鸡儆猴

胡宗南带了五个旅，折了一个，还有四个，本钱多得很。这一战结束，他又率另外四个旅由左路进击。

看到胡宗南重新追了上来，中路的毛炳文、王钧部和右路的东北军也只好继续紧跟。

12月上旬，红军已退到靠近内蒙古边界的盐池、定边一带。那一带全是大荒漠戈壁，人烟稀少，搞粮食也非常困难。红军驻地更接近沙漠，外面整天狂风怒号，漫天飞沙。彭德怀住在一个一米高、两米宽的土洞里，那座土洞是草原上的牧羊人为躲避风沙所居，条件十分简陋。

彭德怀当然顾不上理会这些，眼前的形势已变得危若累卵，他日思夜想的都是怎样才能再打一仗，以求得红军的生存和发展。

虽然国民党军还是多路进攻，但实际上真正卖力且起决定性作用的仍是胡宗南第一军。说打仗，也就是跟胡宗南打，因为其余几路只需杀鸡儆猴，就可以吓退。

不过经过山城堡战斗的检验，可以发现与胡宗南的第一军作战确实很困难，即便杀敌一千，你还得倒贴进去八百。原先彭德怀有过消灭对方一两个师的目标，现在只能置换成消灭一两个旅。

12月12日深夜，彭德怀仍在和刚被指定为前敌政委的任弼时一起点灯看地图，研究作战方案。按照彭德怀的设想，他计划将部队埋伏于沙漠边缘，趁胡部通过沙漠疲乏和饥渴之际，给予突然打击。

这时译电员送来电报，以不同于以往的音调高声喊道："蒋介石被张学良捉起来了！"

早在三大方面军会师的时候，红军同张学良的关系已经搞得很好了。中央派叶剑英到西安去和张学良联系，有一次叶剑英听张学良说，他不想让蒋介石在西北留这么多兵，在说这句话时，张学良无意间还流露了一句："必要时进行兵谏。"

叶剑英回来汇报时，没有遗漏掉张学良的这句话。杨尚昆说他听了之后觉得有点惊讶，但没有想到张学良后来会真的把蒋介石抓起来。

据说对张学良发动兵谏起到进一步影响作用的就是山城堡之役。作为红军在土地革命战争时期打的最后一仗，山城堡战斗虽然谈不上是什么大战役，然而对张学良的震动很大——红军一退再退，却仍可以消灭胡宗南一个旅，其战斗力之强可以想见，这一下子就坚定了他和红军联合抗日的决心。

13日拂晓，胡宗南和其他几路追兵都趁夜撤走了。张学良将东北军集结于西安，原来东北军所据的延安、洛川、庆阳诸城都被他让给了红军，红军和苏区所面临的严重危机也转瞬化为无形。

张学良兵谏事件也称"西安事变"。事变发生后，对蒋介石是杀是放，中共内部存在两种意见，白区的地下党和游击队都主张杀，苏区也有不少人持这一想法，其中张国焘表现得最为激烈。

经慎重考虑，毛泽东还是决定放。他到红军大学讲课，有人喊道："蒋介石是人民公敌，应该杀！"毛泽东说："我和你们的想法不一样。我问你们，你们是想继续打内战呢，还是想休整一下、缓和一下呢？"

大家回答："我们都想休整一下。"毛泽东说："这就对了。如果把蒋介石杀掉，内战就要继续打下去，如果把他放了，就可以停战缓和一个时期。"

关于放蒋，中央也专门致电彭德怀，征求他的意见。彭德怀和任弼时经过反复交谈，一致表示同意。

"西安事变"的和平解决，使得抗日统一战线开始形成。其间围绕联合抗战，国共两党几经磋商，但拖了几个月也没能达成一致，谈判多次陷入僵局。直到"八·一三"淞沪战事爆发，日军突然发动对上海的大规模进攻，蒋介石被迫做出重大让步，答应承认中共的合法地位和陕甘宁边区政府，谈判方才宣告尘埃落定。

1937年8月22日，蒋介石正式发表公告，同意将红军全部改编为国民革命军第八路军（八路军），并分别任命朱德、彭德怀为正、副总指挥。

彭德怀在红三军团时的老部下王平本来被安排在后方，他不想留在后方，于是给彭德怀发了个电报："抗战开始了，我愿意上前方去。"

过了两天，彭德怀回电："要来就马上来，迟了我们就出发了！"

"吃"地图

9月3日，彭德怀与周恩来、林彪等领导人从西安出发，奔赴抗战前线。他们在潼关渡河，然后换乘火车北上太原。

一路上，彭德怀所听到的各种街谈巷议，无不是希望八路军能够早日参战。到了太原，民众期盼之心更切，乃至于对八路军送水送茶，夹道欢迎。

最初彭德怀去的是大同，八路军也准备首先开赴大同作战，然而当他到大同时，阳高已经失陷，山西的抗战形势也随之急转直下。

彭德怀于是又从大同驱车，直抵位于雁门关的第二战区前敌指挥部。阎锡山拿出了已经筹划好的方案，按照这一计划，晋绥军六个军的兵力将在平型关一线布置一个口袋阵，他希望八路军能够协防平型关。

彭德怀虽然名为八路军副总指挥，只协助朱德分管军事，但八路军的作战部署，实际多由彭德怀主导。早在来山西之前，他就对华北地形进行过认真研究，曾经整天待在地图前沉思。彭德怀的部下说他不是在看地图，而是在读地图，"吃"地图。

这位昔日的红军宿将已把晋北、晋东地形都深深地刻在了自己的脑子里。他知道日军有机械化作战的优势，但只要截断其交通和给养，就可以陷其于不利，而后者正是八路军的特长之一。

用兵方面，包括阎锡山在内的国民党将官与八路军有明显不同。他们一般情况下不敢集中兵力出击敌人的薄弱点，更不敢向对方的侧后进行突击。针对阎锡山作战计划中的这一空白点，彭德怀提出，可以让八路军第一一五师隐蔽集结于日军前进道路两侧，待对方进攻平型关时，从侧后实施夹击。

彭德怀的建议得到了阎锡山的同意。9月23日，八路军总部到达五台山下的南茹村，彭德怀即命令一一五师在平型关外侧选择地形，进入伏击状态，并相机出击。

两天后，一一五师在平型关成功伏击了板垣师团所部。首战告捷，总部人员为之欢欣鼓舞，一片沸腾。

板垣师团虽在平型关受阻，但另一支日军却从茹越口突破内长城南下，阎锡山被迫下令晋绥军往忻口撤退。转眼之间，日军已进逼至太原北大门。

彭德怀对此深感惋惜。他并不认为日军有什么了不起，所谓"日本皇军不可战胜"只是神话，归根结底，还是晋军太不会打仗了（绥军还比较有战斗力），阎锡山的军事指挥也笨拙之至。

在平型关，板垣师团不过才投入了半个师团的兵力，阎锡山动用六个军都没法把它装进口袋，这就明显是指挥失误的问题。在彭德怀看来，既然想歼灭板垣，那就要狠一点，主力必须全部用于突击，不必多留预备队，以求一击成功。可是阎锡山既想吃着又怕烫着，说是要对板垣扎口袋，但迟迟舍不得动用主力，多数兵力都在平型关上进行单纯防御。这种样子，怎么可能逮得住板垣呢？

茹越口被突破，则反映了防御上的战术漏洞。彭德怀对野战筑城相当有经验，他认为好的防御配备，应该是有纵深的据点式部署，而且各个据点本身要隐蔽和独立，彼此在火力上能够互相交叉、互相支援。如此即便被敌军包抄至侧背，也可以像正面作战一样继续发挥防御作用，守军亦不必因此而恐慌。

阎锡山使用的却是实战中最需避免的线式防御，这种防御法一点被破，就会全线崩溃。

另外，阎锡山也不懂得使用预备队。同样情况下，如果是彭德怀指挥，他会事先控制一支较为强大的预备队，并布置于纵深侧翼的适当地点。敌军不来包抄便罢，若是前来包抄，那么它的侧翼一定也是暴露的，正可以用预备队进行猛烈的反突击，到时就算不能立刻取胜，局面也不致太过被动。

在总部与朱德等人闲谈时，彭德怀说如果八路军有二十万人的常规部队，又有蒋介石中央军的装备，再能配备若干炮兵，别说让日军突破内长城，就是要打进山西，也是比较困难的。

可惜的是，现在的八路军没有那么强的实力，打个平型关伏击战就竭尽所能了，晋绥军倒是数量很多，武器也不错，但是兵不强将不勇，指挥者又笨手笨脚。那段时间，彭德怀自称"我似乎是以八路军代表名义到各处联络，做统战工作"，总的感觉是，干着急，很不得劲。

永远不过黄河

阎锡山虽然不擅用兵，但是平型关伏击战的成功，还是让他看到了八路军侧击战术的积极作用。退到忻口后，他除调动五十个团用以防守忻口中央阵地外，还特别拨出十个团归朱德、彭德怀指挥，用以对日军实施侧击。

晋军是最不会打仗的，而且他们也吃不了游击战或运动战的苦，这十个团的晋军跟着八路军跑，有时甚至是一种累赘，但是不管怎么样，阎锡山此举是有诚意的。再进一步说，八路军想在山西乃至华北站稳脚跟，开拓根据地，若没有阎锡山的支持也会困难重重。朱德、彭德怀遂代表八路军总部向中央提议，应积极出击，以配合忻口正面战场作战。

此时中共中央所在地已从保安迁至延安，收到电报后，毛泽东整整思考了一夜，终于提笔表示同意。他估计，八路军在这次出击中将付出相当代价，其中一一五师"因转移与作战频繁"，要准备减员2000至2500人。

忻口会战爆发后，按照毛泽东来电中所说的出击方案，彭德怀命令一一五师和一二〇师分路挺进敌后：一一五师从东线袭击日军的后方交通线，一二〇师则在西线雁门关伏击日军车队。

因主力大多投入了忻口正面战场，日军后方较为空虚，作战环境也并没有毛泽东原来设想的那样恶劣。两师损失都不是太大，后方袭击战也都取得了一定效果，统一指挥忻口会战的卫立煌给蒋介石发去密电，称"敌自雁门关被截断，粮秣极感困难"。

10月8日，彭德怀又亲赴忻口，与卫立煌商谈忻口布防及八路军的配合问题。

卫立煌谈到，日机每天早上都会来国民党守军阵地侦察，侦察完了就会对阵地进行轮番轰炸，这给守军带来很大威胁。

彭德怀当天即返回总部。其总部仍设在南茹，就位置来看，已处于敌后，日机也常常从南茹村的上空掠过，只是他们并不知道这里驻扎着八路军的指挥中枢。

最初大家都以为上空的日机是从北平飞来的，听卫立煌一讲，彭德怀就对此有了怀疑。第二天早上，天色微明，又有日机飞过，他特地站在院子里，仔细进行观察。

根据飞机的航速、续航能力和以往经过的时间次数，彭德怀判断忻口附近必定有日军的临时机场，其位置应在代县一带。10 月 12 日，他和朱德联名电告阎锡山："代县已有敌机着陆场。"

一二九师七六九团当时刚刚开入晋北，彭德怀便命令团长陈锡联率部到代县进行实地侦察。一周后，七六九团在代县夜袭阳明堡机场，炸毁炸损了一批日机，陈锡联随即用电台将作战经过向彭德怀进行了报告。

一段时间内，忻口上空的日机突然销声匿迹。消息传至忻口正面的守军阵地，友军官兵十分兴奋，连连高呼："中华民族万岁！中华民族万岁！"

日军受阻于忻口后，又采用与以前差不多的战术，使用另一支部队，从娘子关实施突破。在腹背受敌的情况下，忻口守军被迫撤离，太原很快便告失守。

曾经乐观激越的抗战形势陡然冷却下来。正在前线采访的英国记者贝特兰遇到一名国民党军官，这名军官刚刚从太原一线溃退下来，显得惊魂未定，他一边闪动着恐惧的眼神，一边急急忙忙地向贝特兰诉说着自己的经历。

"我告诉你，那真可怕。我们从来是连人都看不见他们的，只看见飞机一次次地来，砰，砰！还有大炮，我们被炸死了几千人……"

"他们"指的是日军，也就是中国人称的日本鬼子。军官对贝特兰说："我们是没法子对付这帮鬼子的。"

"你觉得这人怎样？"在军官走后，贝特兰问负责保护他安全的八路军战士。

"喔，他是对的，真的是对的。不过他害了'恐日病'，八路军不怕日本的飞机大炮，我们知道怎样对付日本鬼子。"

这名八路军战士才 17 岁，但口吻如此老练，表明他已经是个有相当阅历的老红军了。他这么说，也并不是要在外国记者面前逞强，那就是他的真实情绪和意愿的表达。

八路军对付日军的法子之一，就是实施山地游击战。与侵华兵力相比，日军所占领区域过于广阔，他们无能力全部进行守备，只能控制一些战略要点和后方的主要交通线，山区与一些较为偏远的地方更是无法企及。

开赴华北的三大主力师首先分别控制了山西境内的吕梁、五台、太行等诸山脉。他们一边建立起根据地，一边利用日军的警戒线间隙实施游击战，除袭击日军补给部队和小部队外，主要破坏其后方的道路、通信线路。日军感叹："共军的游击战术巧妙，其势力与日俱增，广泛地扩大了地盘。"

为了对这些被破坏的道路设施进行修理，日军要消耗大量的人力物力，但和红军当初只在省与省的边界上穿梭一样，日军虽然对之感到头疼，却往往鞭长莫及，因为后方各作战单位兵力既少，作战时也很难做到协同配合。

八路军有这种本事，当然既用不着害怕，也不用着撤退或逃跑。11 月 15 日，彭德怀在接见新闻记者时明确宣布："第八路军决定永远不过黄河！"

均劣变优势

不过黄河的除了八路军，还有许多国民党军队。太原失守后，为了防止华北日军南下，增加中原战场的压力，蒋介石严令华北各军一兵一卒不许过黄河，全部要留在山西牵制敌人。

1938 年 2 月，日军直扑晋西南，意欲夺取风陵渡，将中国军队全部逼往黄河以西。

面对日军的疯狂进击，第二战区下令部队撤往晋东南，并把分散于晋东南的中国军队全部划为东路军，由朱德、彭德怀分任正、副总指挥，八路军总部也随之移往沁县以南的小东岭村。

为了弄清日军下一步的企图和动向，朱、彭指示总部作战科、通信科搞好侦察，对八路军所缴获的日军文件乃至日本兵的家信、日记，也一个都不放过，反复研究和推敲。

3月16日，一二九师在神头岭打了一次漂亮的伏击战，就在这次伏击战中，部队缴获了一份极其重要的文件。

日军进攻晋西南，本意是要以疾风骤雨似的进攻，将国民党军队逼过黄河，或压入黄河转弯处的三角地带歼灭，但直至攻入风陵渡，他们仍未发现国民党军队的主力。

重新审视全局，这才发现国民党军队已退入晋东南，并会同早已在那里建立根据地的八路军，不断向其后方实施扰乱性的游击战，"其威势不容轻视"。

日军决定回过头来对晋东南进行扫荡，一二九师在神头岭缴获的文件，透露的正是这一信息。

朱、彭立即向第二战区进行了报告。阎锡山、卫立煌得报后，授权朱、彭统一指挥晋东南的反扫荡作战。

知悉日军要对晋东南大举扫荡，友军将领都很紧张。同时根据八路军总部拟定的反扫荡思路，合围线内的作战也不再是像过去那样实施单纯的阵地防御，而是要打游击战和运动战，他们对此感到陌生和惶恐。

为增强友军的信心，3月21日，朱、彭在小东岭召开了东路军将领会议，国共将领三十八人赴会。阎锡山、卫立煌的代表和蒋介石的联络参谋也赶来参加了会议。

彭德怀对反扫荡表现得胸有成竹。在抗战时期的一次内部演讲中，他曾举例说，假设双方的兵力相等，都是四百人，怎么取胜呢？很简单，可以先用一百人吸引敌方主力，与此同时，己方主力则从侧后进行突击，争取先消灭敌方的一百人。敌方兵力由四百变成三百人，己方仍是四百人，均劣变优势，以后的仗就好打了。

这实际上还是彭德怀在五次反"围剿"时积累下来的经验，现在虽然环境和条件变了，但是战争的基本法则不会变。

按照"均劣变优势"的战术思想，彭德怀在会上给友军将领们详细讲解了游击战、运动战的精要，并对各部的活动范围一一进行了划定。应友军要求，八路军总部开会之余还举办了游击训练班、政治工作讲习班，彭德怀等人亲自给训练班讲授课程。

小东岭会议到 29 日才结束。会议刚刚结束，一二九师即在响堂铺实施了一次成功的伏击战。朱、彭邀请与会将领登上响堂铺道南的山头，对战斗进行观摩，开了"打仗还请人参观"的先例。

在响堂铺伏击战所缴获的战利品中，发现了一份有关日军动向的文件，内称"共军猖獗，四月上旬，将由潞安（长治）以北四百华里内予以痛剿"，日军的晋东南扫荡计划由此得到进一步验证。

4 月 4 日，日军果然按计划开始对晋东南地区扫荡。参与扫荡的总兵力达到三万多，部队编制囊括四个师团，其中第一〇八师团更是倾巢出动。所有这些敌兵分九路出击，试图对晋东南实施小十字架式的分割占领，他们把这叫作"广大广大地展开，压缩压缩地歼灭"。

彭德怀和朱德两人连夜拟订了东路军的作战计划，决定将八路军主力转至敌军合围线外隐蔽待机，合围线内只保留部分兵力，再加上国民党友军，其任务是分别牵制各路敌兵，掩护正在待机的主力。

作战计划跟彭德怀的"均劣变优势"法则完全相符，其中的"灭敌一百"就是指等日军被消耗至一定程度，感到疲乏不堪时，再集中主力破其一路，并视情况继续扩大战果。

部署就绪，彭德怀说："我们先到鬼子眼皮底下游一圈，游到有一两股敌人胆大妄为了，再一锤子收拾它。"

不能不报

八路军总部处于"九路围攻"的中心地带。4月8日，第一〇八师团一一七联队（高树联队）侵入沁县，朱、彭这才率总部离开小东岭，从容地向武乡石盘山转移。

石盘山成为总部的临时指挥所。朱、彭日夜守在作战科的电台旁，根据各部队报来的行动计划，用红蓝铅笔在地图上标示箭头，同时制定出新的作战方案。

反扫荡之前，当地群众已经在八路军的指导下进行了坚壁清野：牲口被送进深山，粮食被埋进地窖，水井也被封了起来，不能封的就在里面扔上几条死猫死狗，让日军不能喝水。

沿途连水都喝不上的境况，令各路日军均进展迟缓，接着，他们又遭到了各路八路军及国民党友军的阻击和牵制。情事紧急时，副总参谋长左权甚至亲自带着总部特务团到前线作战。

那是第二次国共合作的黄金时期，可谓众志成城。在向八路军学习打游击战、运动战后，国民党军队的一般官兵都深感这种作战方式比较灵活有效，比以往单纯"绑在山头上遭敌大炮飞机轰炸好得多"，大家精神振奋，干得很起劲。

除正规部队外，内线负责牵制的还有地方游击队，甚至包括扛着红缨枪的自卫队。国民党军队对这些非正规武装往往比较轻视，八路军的态度则截然不同，一名指挥员在对自卫队员讲话时，挥舞着两只拳头说："八路军和自卫队是两只铁拳，只要这两只铁拳配合好，日本鬼子再硬也能打它个稀巴烂！"

游击队和自卫队的力量相对较弱，但在补充一些枪支弹药，并进行野外的射击、投弹等基本训练后，也能配合主力作战。

由于受到各部队强有力的拦截阻击，至4月14日，东、西、北三面共六路日军均被迟滞于太行山根据地腹心之外，只有南面第一〇八师团的三路深入了根据地腹心的武乡、辽县（今左权县）等地，这三路中又以高树联队最为张狂骄纵。

高树联队先前未受打击即占领沁县，接着便攻入武乡县，并在武乡进行了屠杀。负责侦察的八路军侦察兵在路过武乡县城时，看到城里的房子大部分都被烧掉了，满街满巷到处都是血，没有来得及转移的乡亲全部被杀害了。

血海深仇，不能不报。眼看"一锤子收拾"的时机已到，彭德怀下令待机的一二九师主力星夜赶赴武乡，准备在运动中歼灭高树联队。为增强歼敌的把握，彭德怀将三四四旅中的六八九团抽出来，临时调拨给一二九师使用。

接到命令后，一二九师实施强行军，翻山越岭，沿途一路小跑，于次日拂晓赶到武乡，但去了之后才发现，高树联队居然不在那里。

高树联队的最初计划，是要在榆社县与其他日军会师，以便在辽县合击中国军队，但因受到阻击，原定会师的几路日军都没如期露面。在榆社扑空后，高树联队感到情况异常，有孤军深入的危险，遂连夜向武乡回撤。

有趣的是，日军由武乡到榆社，又由榆社回武乡，与一二九师走的是两条平行的路，双方只隔一个山头，但日军对此却未有丝毫察觉。

回窜过程中，风声鹤唳的高树联队又决定放弃武乡，向襄垣方向奔逃。一二九师立即以四个团的兵力，顺着浊漳河两岸实施平行追击，其中六八九团、七七二团为左梯队，七七一团为右梯队，七六九团为预备队并沿大道跟进。

各部队接到命令时，与日军相距尚有十几里路，并且迟了两个小时才出发，但高树联队除步兵外，还有配属的骑兵、炮兵、工兵、辎重兵，装备笨重，且不擅长夜间行军，因此几个小时后就被八路军追上了。

4月16日，天刚微亮，在武乡以东约四十里的长乐村附近，一二九师三八六旅旅长陈赓发现了日军部署于侧翼的警戒部队，便马上让部队停下来隐蔽。

长乐村位于浊漳河上游的峡谷中，南面石山陡峭，北面梯田层层，日军所行进的公路沿河流走向在山脚下蜿蜒而过。这种两边高、中间低的地形，对截击日军十分有利。

经侦察员报告，日军先头部队已过长乐村。机不可失，时不再来，陈赓不等后续部队赶到，即下令先到随其行动的七七二团展开攻击。

弹飞如雨

高树联队的 1500 余人在长乐村一带遭到包围。几里长的山沟里，到处都有被打得乱跑乱窜的日本兵。有的地方，日军晃着旗子向山上冲，企图抢占高地，但是冲不多远，又被八路军打了下去。

拖运辎重的大轱辘车全都被拥塞在公路上，有的歪倒在崖边，有的已经翻到了河里。日军既无工事可守，又陷于暴露面较大的低地，只得就势以大轱辘车为掩护，躲在车后面进行抵抗。

陈赓在山上看得真切，立刻指挥炮兵用迫击炮轰击，炸得日军哇哇乱叫，偶尔有炮弹落到浊漳河里，一下子便激起高达几丈的白色水柱。

这时七七一团也赶到长乐村并向北展开突击。为了尽快结束战斗，一二九师师长刘伯承下令两团同时发起全线冲锋，团长以下干部全部到坡下指挥。浊漳河两岸顿时喊杀声连天，除了端着刺刀的八路军战士外，拿红缨枪的自卫队也加入了战团，没有红缨枪也没有刺刀的，就搬大石头砸。渐渐地，有的地方就只能看到一片烟雾，以及一闪一闪的刺刀寒光，而再也见不到人了。

主力军和自卫队肩并肩往山下压，像一把把大钳子一样朝敌人夹拢过去。从山上往下看，日军的队伍原先好像一条长蛇，霎时间就被切成了数段。

发现其主力被截住后，高树联队已过长乐村的一千余人赶紧回援，向七七二团左翼的戴家垴猛扑。

戴家垴本是六八九团的阵地，但六八九团接到命令较晚，此时尚未到达，而作为预备队的七六九团更糟，因通信联络中断，他们接到师部命令时已整整晚了五个小时，更不可能在这个时候赶到长乐村。

刘伯承急忙变阵，临时从七七二团抽出一个连担任阻击。该连在戴家垴激战数个小时，击退敌人的多次猛攻，终因寡不敌众且伤亡太大而被迫撤下阵地。

戴家垴失守，直接影响了全线阵地的稳定，幸好在中午12点，六八九团拍马赶到。

六八九团隶属一一五师三四四旅。三四四旅被彭德怀作为总部机动部队使用，由总部直接指挥。从历史渊源上，这个旅实际上与一二九师同出一脉——一二九师的底子大半出于红四方面军，而三四四旅的大部分干部就来自原属红四方面军的红二十五军。

虽然番号不同，但两支部队在作战风格上极其相似，均以作战悍勇、敢打敢拼著称。六八九团赶上来后，立即对已失守阵地实施了强有力的反击，仅肉搏冲锋就达七八次之多，最后硬是用虎口拔牙的精神将阵地重新夺了回来。

战局从这时候开始又发生了新的转变。高树联队以及辽县方向的第一○五联队（工藤联队）在指挥系统上，都属第一○四旅团长苫米地四楼少将指挥。按照朱、彭一开始的部署，友军曾万钟第三军负责在蟠龙一线阻击工藤联队，一二九师在长乐村专心歼灭高树联队，前者唱主角，后者唱配角。可是曾万钟部的实力太差，作战意志也相当薄弱，他们就像观战者一样，轻而易举地便将工藤联队放了过来。

在苫米地旅团长的亲自指挥下，工藤联队一千余人向长乐村增援。增援之敌加上当面之敌，向八路军阵地发起反冲锋。战场上弹飞如雨，激烈程度为抗战以来所罕见，陈赓称仅他现场目睹，就有两百余日军被八路军严密的火力网射杀。

下午5点，工藤联队又有千余援兵到达长乐村。眼看全歼高树联队已无把握，为避免过大牺牲，刘伯承、陈赓下令部队立即撤离，向榆社郝壁村集结。

未能实现全歼目标，是陈赓感到"最可惜与最不幸的一件事"，他事后主要归咎于曾万钟部没有配合好，不过实事求是地说，日军主力部队武器精良，单兵作战能力强，反应和机动速度也较快，同样是不可忽视的重要原因之一。虽然彭德怀集中了一师一团之精锐，已形成"四百打一百"的数量优势，而且还占尽了地利之便，但要想尽歼日军一个联队，在当时来说仍然非常困难。

在长乐村一战中，八路军统计伤亡四百余人，尤以七七二团伤亡最大，七七二团团长叶成焕当场阵亡。值得注意的是，红军在改编成八路军时，所有将领都是降职使用，有的降了还不止一级。叶成焕在改编前系师政委，他也成为八路军在长乐村战斗，乃至反"九路围攻"中阵亡的最高级指挥员。

另外一二九师的缴获也不多。从长乐村撤出时，落在山沟里的辎重和枪械大多没能够作为战利品搬走，部队仅缴获轻机枪三挺、步枪六十余支、战马十余匹、枪炮弹数十箱，若就以战养战这一点而言，是远远不够的。战斗中，六八九团和七七二团都缴获了日军的山炮，然而因为携带不便，后来又被日军抢回去了。

就像房子被锯断了大梁

可以肯定的是，日军确实在长乐村战斗中遭到了重创，高树联队光遗弃的死马就有五六百匹，陈赓估计敌人死伤在 2200 人以上，一二九师副师长徐向前则认为消灭日军有 1500 人。战场上，日军的尸体横七竖八，满坑满谷，掩护收容的日军后卫部队仅焚烧尸体即达两日之久，长乐村的村民老远就能闻到一股股令人恶心的焦臭味。

八路军还缴获了三箱文件，其中有苫米地旅团长的一封家书。苫米地在攻占长治、临汾的作战中曾因战功获得勋章。在给女儿的信中，他这样写道："天皇因我先入临汾，特赐我一枚勋章，我已挂在左胸前。可是我的右肩也高了，你看我像不像墨索里尼？"末了还不忘发出一声感慨，"天皇所奖的勋章是何等沉重啊！"

信尚未发出，就到了陈赓手里，连同他那件挂着勋章的军服。看来勋章委实太过沉重，苦米地自己都顾不上照看它了。

在长乐村战斗之前，一名临时做向导的自卫队员问八路军战士："咱们的主力都集中到这里来了，另外几路敌人怎么对付呢？"

这名战士告诉他："只要咱们歼灭了它这一路主力，鬼子的围攻就像房子被锯断了大梁，还怕它不垮？"

长乐村一战震动全局，"九路围攻"的大梁被锯断，整个架势也就跟着哗啦啦地垮掉了。各路单独行动的日军害怕受到类似的歼灭性攻击，纷纷后退，八路军、友军和地方游击队则乘势发起反击。驻守长治的第一〇八师团更显孤立，正好这时他们接到命令，须南下与第十四师团会合，以接替对方的黄河防务，因此忙不迭地便弃城南下。

彭德怀发现后，尽遣由他直接掌控的总部特务团、三四四旅、决死第一纵队阻击。在第一〇八师团所必经的张店镇等地，八路军予敌以重大杀伤，根据己方统计，总共歼敌近千人。

4月27日，历时二十三天的反"九路围攻"结束，中国军队收复了长治、沁县、武乡、辽县等十八座县城，其中八路军收复十二座，友军收复六座。八路军总部、一二九师自此在晋东南的太行山上站稳了脚跟，这一局面一直延续到抗战胜利。

第一〇八师团南下接收黄河防务，是因为第十四师团要参加徐州会战。5月中旬，随着徐州的失陷，正面战场推移到了陇海线和黄河南北，原东路军所属的国民党友军除一部进入中条山区外，其余部队逐渐开始向黄河以南撤退。

进入6月，第二战区的友军在卫立煌的指挥下，对同蒲路（大同至风陵渡）附近的第二师团展开反击。第二十师团的在编兵员达到15000人，但主力已被调去徐州，剩下的部队因分驻地点太多而兵力分散，遭到攻击后显得十分被动。

驻扎于晋南的第一〇八师团第一〇五联队（工藤联队）奉命沿晋城西进，以驰援第二十师团。彭德怀闻讯即令三四四旅予以截击，他同时配属给三四四旅的，还有一二九师的七七二团以及新兵营，总兵员达到三千余人。

接到彭德怀的电报后，三四四旅旅长徐海东俯视地图，过了一会儿他用手里的红铅笔在町店画了一个圆圈，然后发出指示："通知部队立即出发，两日内务必赶到町店集结！"

八路军昼夜疾行百余里，于7月1日到达町店北山。町店位于沁水河畔，此处南北皆山，且山势险峻陡峭，一条公路正从两山之间穿过芦苇河谷。经过实地勘察，徐海东确定就在町店设伏。

7月2日晚，第一〇五联队一千余人乘坐五十辆汽车到达沁水东岸。自平型关大捷以来，伏击已经成为八路军对敌的一个主要战术，所以日军行军作战都比最初侵华时要谨慎小心得多，他们先用重炮对所认为的可疑地点进行轰击，而后才用船将汽车运过沁水，直抵芦苇河。

7月3日上午11点，两辆汽车沿河而上，先行探路，但仍然没有发现任何异常，于是在12点返回，并引导大部队行进。

下午1点，日军两百名骑兵通过伏击区，紧随而至的汽车队进入正面伏击路段。时值盛夏，骄阳似火，酷热难当，隐蔽在战壕里的八路军战士固然是汗水直淌，车上的日本兵也同样大汗淋漓。

既然周围没有发现敌情，汽车队便决定临时在路边停车休息。士兵们有的钻到汽车底下睡大觉，有的坐在树荫下打盹儿，还有的干脆脱光衣服直接跳到芦苇河里洗澡。

八路军占据着町店周围的制高点，日军的一举一动尽在其视线范围之内，而日军却毫无察觉。徐海东一声令下，八路军战士端着刺刀冲向赤身裸体的日本兵，扑哧扑哧，给他们排着队来了个透心凉。许多日军被当场刺死，河水一片殷红。

然而八路军的白刃突击，也暴露了自身的目标。河岸上的日军迅速趴到汽车底下或钻进芦苇丛中，并举枪射击。日本兵的枪法极准，给予了八路军相当大的杀伤，之后他们边打边撤，企图突围，但一直被三四四旅紧咬不放。

激战至傍晚，日军援兵到达，终使残敌得以逃脱。八路军因伤亡太大，也撤出战斗，进至沁县端氏镇休整。

戏点到谁谁就唱

在町店战斗中，三四四旅歼敌五百余人，俘虏四人，击毁汽车二十余辆，缴获战利品也远胜过长乐村之战，共缴获重机枪八挺、轻机枪三十挺、步枪九百余支、掷弹筒一百余具、各式迫击炮二十三门、战马一百三十余匹，另有一大批其他军用物资。

缴获如此之丰，与日军汽车队载运着大量辎重有关，另外日军下河洗澡前把枪支架在岸上，这些架在一起的枪支被八路军照单全收了。

尽管如此，町店战斗仍被八路军总部认为指挥得很不理想。从当时的实际情况来看，如果徐海东能趁日军停车休息、放松警惕的良机，先集中迫击炮和机枪进行轰击、扫射，在予敌重大杀伤后再发起冲锋，伤亡完全可以更小，而战果也会更大。

一开始就发起白刃突击，刺杀时固然是酣畅淋漓，也符合三四四旅的一贯作战风格，但自身伤亡三百多人不说，还未能将敌人予以全歼，总部对此很是不满。为此，朱德亲自到端氏检查三四四旅的工作，把徐海东狠狠批评了一顿。

徐海东虽然职务只是一个旅长，但这位窑工出身的将领却是红二十五军的主要领导人，长征中也是他第一个率部到达陕北，连毛泽东都称他"有大功"。被朱德这么一批评，徐海东的脸上有些挂不住了，加上他身体本来也不太好，在经过总部批准后，就离开部队到延安治病和学习去了。

应该说，八路军自红军时代开始即能保持很强的战斗力，与这种能上能下、一切看战绩和表现的干部选拔机制是分不开的。朱德有一句名言："戏点到谁谁就唱，没点到你就不能出台！"

7月初，日军已大举向武汉逼近。朱德、彭德怀指示各部，在"七七事变"一周年到来之际，向华北各铁路线上的日军做示威式的军事进攻和破坏，以配合武汉保卫战的展开。

主题是纪念"七七事变"，北平及其周围几个城镇的日军自然成为要率先敲打的目标。7月9日，聂荣臻部实施分兵进击，其中一部进至北平西山地区，一部袭击香山的过街楼据点，枪炮声传至北平，市内灯火全部为之熄灭。

7月底，朱、彭联合对外发布战报，称八路军自参加抗战以来，已打死打伤日军34734人，俘虏254人，破坏铁路250公里，缴获步枪6490支。

这一期间，八路军也伤亡了25986人。根据彭德怀所作的一份报告显示，抗战开始时，八路军共有官兵8万人，从数据上看，牺牲是比较大的，也证明抗战初期的战斗确实都以硬仗苦仗居多。

不过八路军的总数却并没有因此而减少，相反还呈剧增趋势。朱、彭一方面不失时机地集中兵力对日作战；另一方面采用毛泽东所说的"山雀满天飞"的办法，向华北敌后放手分兵，分出去的不仅包括三大主力师，还有成批成批的干部，他们都肩负着建立根据地和发展武装的任务。

王平到八路军总部见彭德怀，彭德怀告诉他："你的主要任务就是搞武装，有了武装才能站得住脚。如果你没有武装，只好脱下军装做秘密工作。"

一一五师政治部主任罗荣桓对王平说得更直白："我们向国民党要装备，要地盘，他们不给，可是他们却丢给了日本人。现在咱们把它捡回来，他们就不好说什么了。"

王平只从总部要到一本地图和一本译自苏联的《游击战争》，除此之外两手空空，但是他白手起家，在冀西创建了阜平根据地，一下子就组织到了数千人的武装。

王平搞武装的速度和数量并不算是最快最多的。同样是奉彭德怀之命，杨得志带了不足100人到山东，一年后他在山东的部队就发展到了17000多人。

雷声大雨点小

有个叫刘杰三的山东匪首，拥有几百人的队伍，他的卫队每人骑一辆自行车，另配一支步枪、一支驳壳枪，号称"一长一短"，颇有点山东响马的豪放劲头。杨得志把刘杰三争取了过来，并委任他为八路军领导的游击司令。刘杰三对此非常自豪，逢人便讲："我是八路军委任的游击司令，正牌的！"

刘杰三不仅是个土匪，而且都五六十岁了，还娶了三个老婆。有的人想不通为什么要争取他，向杨得志提意见："一个人三个老婆，简直是地主老财，霸占民女嘛！这样的人，怎么能让他当八路军的游击司令？"

杨得志说，你是先动员他去抗日好呢，还是先动员他去退掉三个老婆再去抗日好呢？而且如果你先动员他退老婆，人家还未必肯参加抗日哩！

杨得志的参谋长卢绍武则开玩笑似的对大家讲："三个老婆有什么要紧？带着三个老婆打日本鬼子，对刘杰三这样的人来说，我看可以。不过我们这样的人就不行了，支队长（杨得志）、政委、我和你们到现在都还没有老婆，日后也只能一人一个老婆，我们是共产党员嘛！"

刘杰三这样的队伍在当时只属于八路军的外围武装，平时负责送送情报，有时也能和日军打游击。随着情况发展，如果他们想要成为八路军主力，即真正的"正牌"，还需要经过改编。

至10月，八路军在华北敌后的总兵力已达到156000人，其在红军时代便具备的极强生存能力被展示得淋漓尽致。

为巩固后方，日本华北方面军司令部由天津移至北平，同时成立独立混成第二、三、四、五旅团，用以承担野战部队撤走后占领区内的治安任务。

这些独混旅团到达华北后，集中各大队的军官进行了为期五天的反游击战教育，然后再由军官们向部队进行相同内容的训练。他们在后方的警备部署最初都是以小队为单位分驻各地，后来为了扩大"治安圈"，开始逐渐增加分驻地，同时有意识地减少守备兵力，增加机动兵力，这种做法当时被日军用一个马术名词命名，称为"乘圈扩大"。

田副正信少佐时在独立第二旅团担任大队附。在不到一年的时间里，他所在的大队向所属占领区内"讨伐"了不下五十次之多，而这还不包括向其他方面实施的作战行动。

被"讨伐"的对象除了八路军，还有形形色色的土匪。土匪很快就被日军消灭了，可要想"剿灭"八路军却极其困难，"讨伐"行动本身也往往只能落得个"望风扑影，劳而无功"的结果。

八路军在"治安圈"内外成功实施的游击战，离不开根据地的支持。若听任八路军根据地继续存在和扩大，日军独立旅的"乘圈扩大"也就只能沦为无本之木，因此在占领上海、南京后，日军大本营就向华北增调了两个师团，其中的第一一四师团一到河北保定，就对附近的晋察冀根据地进行了扫荡。

不料这次大扫荡却是雷声大雨点小，第一一四师团劳而无功，损兵折将，最后只得像第一〇八师团在"九路围攻"中那样，被迫弃城而逃。

第一一四师团曾参与淞沪会战，并攻入过南京，是南京大屠杀的罪魁祸首之一。在优势明显的进攻战中遭遇如此无果而终的失败，对该师团来说还是第一次。丧气之余，师团指挥机关和官兵们逐步认识到，共产党领导的军队与国民党军队甚至日军都不同，他们在气质和战术上属于世界上另一种类型的军队，并不那么容易对付。

1939 年春，八路军已控制了华北 103 个县，初步形成晋察冀等多块根据地，根据地人口达到 3900 万之众。

八路军如此迅猛的发展速度和活跃表现，不能不引起日军的重视。虽然日军在名义上已完全占领华北，但实际势力范围其实很有限，他们真正控制的只是重要城市周围及狭窄的铁路沿线地区，属于点和线，而不是面，但就这样治安仍成问题，必须靠独混旅团来勉强维持。

当年春天，日军大本营即将国内新成立的五个师团、八个独立混成旅团全部部署于华北，加上因武汉会战结束而从南方调回的三个师团，日军在华北的兵力得到极大增强。

兵力增强后，日军大本营认为治安的问题将能够得到一劳永逸的解决，同时大本营还希望华北能与东北一样，逐步成为其"以战养战、以华制华"的军事基地。根据这一意图，新任华北方面军司令官杉山元制定了"治安肃正要纲"，准备用一年多的时间，组织日军分三期对八路军根据地实施"治安肃正"，也就是发动连续不断的大扫荡。

逢弱便打

华北敌后地域辽阔，日军不可能同时扫荡所有抗日根据地，而只能集中兵力进行分区扫荡。彭德怀认为，这是日军在扫荡中难以克服的一个弱点，利用敌人的这一弱点，当华北的某一个区面临进攻时，四周各区就可以抽调兵力进行支援。

早在南方的三个日军师团由广东、武汉地区调往华北之际，八路军总部就未雨绸缪，提前做出了部署。按照朱德、彭德怀的指示，原在晋东南的第一二九师主力进至冀南，原在晋西北的第一二〇师主力进至冀中，原在晋西的第一一五师主力进至山东，以保卫和巩固那里的抗日根据地。

1939 年 1 月，日军实施第一期"肃正"，他们首先就是封锁平汉铁路，隔断河北平原与太行山区的联系，同时向河北地区的八路军一二九师、一二〇师、吕正操纵队发动进攻。

彭德怀不顾危险，多次通过封锁线进入冀南、冀中，了解当地的反扫荡情况。其间一二〇师师长贺龙在指挥齐会战斗时，被日军毒气所伤，导致不能说话，彭德怀便留在冀中，代替贺龙指挥。直到贺龙身体痊愈，他才返回山西。

彭德怀预计日军可能会在 4 月份直接进攻晋东南。在他的建议下，总部提早就组织根据地的群众进行春耕，以准备在十分困难的情况下坚持战局。

彭德怀估计的还是稍早了一些，日军到 7 月初才开始对晋东南进行扫荡，此时已属于第二期"肃正"。之所以选择在这个时候启动，是因为当年新组建的两个新编师团已于 4 月至 5 月间到达山西，而本来要返回朝鲜驻地的第二十师团，以及要回国复员的第一〇八师团、第一〇九师团都尚未动身。

要来的来了，要走的还没走，在山西的日军部队得以相对集中，这使得华北方面军可以调动六个师团加一个独混旅团作战，其中的四师一旅团皆为完全加入。在日军准备出发时，杉山元又临时从河南调来一个野战步兵大队，总之是把该用能用的部队都用上了，其总兵力达到五万余人。

这次日军同样是兵分九路进行扫网捕鱼式围攻，但是其作战区域范围更广，基本上把晋东南都涵盖到了，整个扫荡面积约占山西省的三分之一。此外，持续时间也更长，共达 54 天之久。

当时晋东南的中国抗日军队，除朱德、彭德怀指挥的八路军约两万人外，尚有卫立煌、庞炳勋指挥的国民党军约 8 万人。在第一次反"九路围攻"时，八路军和友军协作相对紧密，但时过境迁，国共关系早就出现裂痕，双方在面对日军围攻时不仅缺乏配合和策应，而且还时常发生"摩擦"与"反摩擦"的矛盾，用刘伯承的话说是："前门打虎，后门拒狼。"

太行山前一时乌云压阵，危机重重。彭德怀决定由总部直接指挥反围攻作战，其基本打法也仍沿用内外线结合的运动防御战术，主力被集结于外围待机，只以小部队先行牵制和吸引进犯之敌。

就像第一次"九路围攻"时的情形一样，日军开局很猛。7 月 4 日，辽县即被敌人攻占。彼时的辽县是太行山根据地的中心，八路军总部、一二九师师部、太行军区等机关在撤退前都驻扎在那里。7 月 5 日，日军又占领了沁县、武乡。

7 月 6 日，当日军进至榆社以西的云簇镇时，陈赓指挥三八六旅对之进行了夜袭。日军遭袭后进行了全力反扑，双方在云簇镇附近展开激战。

云簇镇的日军属第一〇九师团一部，战斗力较强，陈赓发现无法予以歼灭，即下令主力撤出战斗。新一团奉命拖后掩护，这个团虽然是新建部队，但表现一直不错，曾得到过朱德的赞誉，并被八路军总部授予"朱德青年团"的称号。

新一团在山头上连战两天两夜。团长丁思林亲自手持机枪射击，最后血洒疆场，成为第一二九师继叶成焕之后牺牲的第二位高级指挥员。当战斗结束时，干部战士个个又累又饿，腿都哆嗦得下不了山。

7月8日，榆社、涉县沦陷。7月11日，日军独立混成第四旅团在辽县南艾铺村扫荡时，对村民实施了屠杀。

独立混成旅团是由新兵组成的治安性部队，因长期分散进驻，新兵们得不到应有的训练，加之装备以轻武器为主，所以战斗力也逊色于野战部队，然而若论其野蛮程度，却往往还要超过一般野战部队。在南艾铺村进行屠杀时，第四旅团将村里很多老弱妇孺包围在一个洞里，用毒瓦斯全部熏死了。

彭德怀说，敌人来了，分兵把住各个口子以拒敌，那是敌后抗战最忌讳的，但当敌人在分进合击的过程中扑空之后，就不能再听之任之了，而应该在敌人运动时选择弱点，集中主力歼其一路或数路。

在独混旅团服役的田副正信少佐曾经观察到，八路军的典型战法为遇强即退，逢弱便打。如他所言，彭德怀一贯就爱用这种打法。他的见解是，在战术上进攻，就应当先找弱一点的予以消灭，如此强的亦将变成弱的。倘若先攻强敌，要是攻不下，其他弱的也会变成强的，而就算能够攻得下来，八路军自身的损失也必然不会小，是个非常不划算的买卖。

何谓弱？彭德怀从兵力数量、武器配备、战斗素质等方面列了几条标准，对照这些标准，第四旅团完全够格。

要命关

7月12日，当第四旅团的六个步兵中队返回辽县县城，经过石匣镇时，突然遭到了陈锡联第三八五旅的伏击。当天早上，大雨滂沱，日军做梦也没有想到，八路军会在这样恶劣的天气中打他们的埋伏。

第四旅团辎重部队首先在雷家沟遭到七六九团的迎头拦击，被压在河边不得动弹。日军企图过河以寻找有利地形，也因河水暴涨而被冲走和淹死了不少人。

日军指挥官随即命令左翼的一个中队向狼牙山阵地猛冲，以便抢占要点，掩护其主力向七六九团实施反击。

第三八五旅隶属第一二九师，但作为编制，老三八五旅早已脱离师编制，留防陕甘宁边区。陈锡联的第三八五旅是新建部队，其中仅有七六九团是老团，所以该旅也被称为新三八五旅或前方三八五旅。

据守狼牙山的独立第二团就是一个新团。不过它的干部多为从老团调过去的老红军，能够起到骨干作用，其中团长孔庆德的机枪扫射技术在红军里非常有名，可以说是弹无虚发。

在日军中队冲击时，孔庆德亲自架起机枪扫射，一扫一大片，把日军的火力紧紧压住，连一发子弹都打不出来。与此同时，二团的四连和警卫连趁势冲到山腰，通过白刃格斗将这个中队完全击溃。

左翼日军被击溃后，其正面部队只好独自向七六九团猛攻。七六九团拼得很凶，后来雨越下越大，机枪都沾满泥水不能射击，手榴弹也扔光了，他们便与日军白刃肉搏，营教导员亲自端着刺刀冲在最前面。

战斗从清晨一直打到深夜，七六九团有两名营教导员先后阵亡，独立第二团也有一名营长在白刃战中负伤，可见战斗的惨烈程度。

据后来的战报，那天经过石匣镇的日军大部被歼，歼敌总数在三百余人，只有少数余敌乘夜逃至辽县县城。当地有民谣描写这场复仇之战："辽县有个狼牙山，它是鬼子的要命关，三八五旅真勇敢，打得敌人丧了胆！"

石匣镇伏击战利用的是地形，彭德怀说过，处于不利地形下的敌人，也是弱的一种。当然假设条件许可，也可以超越地形，直接挥拳相向，只要你打得够准够狠够犀利。

与七六九团一样，一二九师特务团一直在涉县的外围等待战机。7月12日那天，当部队行进到涉县西北十几公里的岭后村时，侦察排长从队伍前面飞奔回来，向团长皮定均报告了一个重大情况。听完之后，皮定均眼前一亮，意识到一个可遇不可求的战机已经出现。

据侦察排长说，占据涉县的日军派出了一支三百多人的先头部队，已渡过清漳河，进至河南店村。为什么说这是一个战机呢？因为那天晋东南到处大雨连绵，辽县是这样，涉县也是如此，而且清漳河的水同样猛涨起来。这么突然一涨，就把日军先头部队与本队的联系完全断绝了。

占据涉县的日军属第十师团，它的主力很强，八路军自然不能硬碰硬，但先头部队只有三百多人，便可以"逢弱便打"啊！

皮定均到山顶上看了地形，心里有了谱后，马上决定趁雨夜天黑对河南店之敌发起急袭。

部队刚要出发，迎面又遇到几个从河南店逃出来的老乡，他们为部队提供了更为确凿的情报。

河南店的制高点在村西北角的关帝庙旁，但日军大部分都驻扎在北街的三个骡马大店里，只有二十几个人住在关帝庙。同时日军对八路军发起攻击也没有任何防备，他们关心的是清漳河水涨了，没法跟本队会合，村子里又没吃没喝，一群人正在玉米地里掰棒子吃，在民房里砸家具烧呢。

急袭要的就是对方不防备。皮定均增添了信心，于是继续率部在伸手不见五指的黑夜里冒雨疾进。

屋漏偏逢连夜雨

特务团悄悄地摸进河南店的北街。战士们爬上骡马大店的房顶，揭开屋瓦，准备向下面扔手榴弹。屋瓦被揭开后，雨水一滴一滴地滴在日军睡的铺上，他们却还不知道是八路军摸了进来，以为是房子漏了，慌忙起来躲雨。

几十个手榴弹被扔进屋内，屋子里的日军顿时被报销了一半。侥幸活着的连鞋子都顾不上穿，就鬼哭狼嚎地奔向村西北角，想抢占高地。谁知皮定均早就派部队解决了关帝庙里的敌人，并且缴获了歪把子机枪。看到日军慌慌张张地跑过来，这部分战士正好架起机枪，集中火力给这些家伙一顿痛击。

日军走投无路，只得扭头往清漳河跑，希望游过河去逃生。当时河水很急，许多日本兵当场就被河水冲走或淹没了。偏偏对岸的日军本队还不知情，以为是八路军在渡河，又用机枪山炮朝河里乱打。结果皮定均的这次战斗甚至打得比陈锡联那边还理想，在特务团损失较小的情况下，几乎全歼了对手——三百多日军，除少数上岸外，多数沉尸河中。

彭德怀一贯主张上级应给下级较大的机动权，而不能让下级事事都等待命令，尤其在敌后抗战的复杂环境下，如果事事待令，就会错失许多打击敌人的有利时机。

在反"九路围攻"中，虽然主力部队都由彭德怀亲自部署于外围，但只要军事主官们认为具备打的条件，即可在不事先上报总部或师部的前提下自行向内线出击，作战时也是独立指挥，各负其责。

除了三八五旅、特务团一展身手外，三八六旅、三四四旅、总部特务团等部也都抓住时机，分别对日军实施了伏击战，杀伤日军均在两百至三百。

田副正信总结对八路军作战的经验，称"最忌麻痹大意"。日军在围攻初期屡屡吃亏，应该说就是因为过于"麻痹大意"，之后他们便进行了改进，开始采取步步为营、稳扎稳打的战术。

日军的兵力变得更加集中，行动也更加小心，前进的速度减慢了，一天只向前挪动几公里，而且进一段就安一个据点。

在难以寻找敌方可乘之机的情况下，八路军再要"四百打一百"就不那么容易了。至 8 月初，日军已占领太行山下的二十多座县城，8 月中旬，宣布从形式上完全占领晋东南。

屋漏偏逢连夜雨，在日军加强封锁和扫荡的同时，国共已从政治摩擦走向军事摩擦，双方多次兵戎相见，这也导致根据地的经济变得更加困难，物资供应尤为紧张。

以山东的杨得志为例，原先国民党跟八路军搞统一战线，多多少少会补给他们一些钱、粮和其他物资，现在不但什么都不给，还成了摩擦的主角。

为了解决所在部队的吃穿用问题，杨得志急得连觉都睡不着，最后只好骑着马去找彭德怀"讨鱼税银子"。

彭德怀听完他的要求后，起初一句话也没有说，只是两手掐在腰间的皮带上，默默地走到门口，眼睛凝视着前方。过了好一会儿，他才转过身对杨得志说："困难哪，得志同志，你困难，我也困难，现在各个根据地几乎都相当困难。我们的财神爷（指供给部）据我了解，腰包里也没有多少油水可挤了。"

为了不让杨得志白跑一趟，彭德怀给杨得志批了一张 10000 块银圆的条子。杨得志的山东部队有 17000 多人，10000 块银圆，平均一个人还摊不到一块，但杨得志知道这已是彭德怀下了很大决心才拿出来的数目了。

重庆政府虽然也固定给八路军发放薪饷，不过他们是按三个师 45000 人的编制，而不是八路军的实有人数发放。彭德怀曾经专赴重庆与蒋介石商谈，要求将八路军扩编成三个军，可以想见，蒋介石当然不会同意。

到了摩擦与反摩擦频发阶段，八路军的薪饷更是多次被拖欠。在这种情况下，部队经费大部分都得依赖于根据地，而根据地一旦遭到日军的蚕食与封锁，总部往往就没法开张。

解决困难的最终办法，彭德怀也当面告诉了杨得志。受其启发，杨得志一回山东，就对同事和部下们说："以后我们再不能向上伸手了，大家都困难嘛。没有别的办法，还是得去找敌人要。"

破路

红军时代，土豪也是敌人，那时候可以打土豪，只是现在不能这么干了，只能让士绅们认捐，还得对方愿意才行。若是伏击日军，运气好的话可以得到一些装备，但是弄到钱的概率就很小了。

能要到钱的主儿只剩下一种，那就是又有钱又有物，而且民愤大的汉奸。

杨得志后来决定在山东打"高二穷种"。这"高二穷种"虽有个跟穷挂边的绰号，实际上却地多、粮多、钱多，一点也不穷，更重要的是，他和日本人勾结得很紧，家里挂着两面膏药旗，还有日本人授予的委任状和指挥刀。倚仗日本人的权势，"高二穷种"到处横行霸道。他本人丑陋不堪，又半身不遂，却娶了三十多个老婆和姨太太，老百姓恨透了他。

杨得志派人将"高二穷种"捉住，在当地游街示众，并勒令他家里拿钱来赎人。这一下子，杨得志就弄到了七万块银元，马上把部队的给养问题全给解决了。

彭德怀说的办法有两个，除了"找敌人要"外，还有自力更生。他强调，坚持敌后抗战，不能依赖根据地外面的接济。

在日军对晋东南进行大扫荡之前，彭德怀就动员机关闲杂人员耕荒，并提出了瓜菜增产 150 万斤、马料增产 50 万斤的目标，农民的春耕也被提前，就是为了能在物资条件上保证与敌人长久对峙。

彭德怀是个苦出身，但他并不是苦行僧，根据地日子相对好过一些的时候，也同样"嘴馋"。他最喜欢吃刘邓做的川菜，但凡刘邓请客，乐呵呵地就跑去了。

某次，彭德怀经过陈赓三八六旅的驻地。陈赓等人自己凑钱买肉吃，因为听说有人做好菜好饭端去，曾被彭德怀骂过，所以没人敢叫他，几个人躲在屋里偷偷地吃。没想到彭德怀自己上门来了，指着陈赓就问："好哇，你陈赓偷偷吃肉不叫我！"

陈赓边吃边笑："人家说你彭老总见着肉就要骂娘，我怕你骂娘嘛。"彭德怀拿起筷子就夹肉，一边哈哈大笑，一边又骂起来："哪个狗娘养的在乱说？难道我彭德怀不晓得肉好吃？"

现在根据地经济困难，不但不能再吃肉，还要以身作则，勒紧裤腰带过日子。基层部队在接待彭总时都知道一个规矩，那就是只要准备三个菜，即两个炒鸡蛋、一盘灰灰菜（野菜）、一碗炒辣椒。

彭德怀是湖南人，吃饭离不开辣椒。除此之外，他自己也认识很多野菜，说这些东西营养好，要多打来吃，这样既可以减轻老百姓的负担，又能用以改善部队生活。

两个炒鸡蛋就属于加餐了，谁要是超出这个"接待规格"，铁定要挨批。吃完饭，彭德怀还会到部队里去转一转，看看战士们吃什么。如果他吃了鸡蛋，战士没得吃，接待部队的领导也得挨批。

中国有句俗话，嚼得菜根，百事可为。扫荡与反扫荡说到最后，就是看谁更能熬。8月下旬，在东北边境发生的日苏诺门罕战役进入高潮，关东军参战部队遭到苏蒙军歼灭性的打击，日军大本营为挽回颓势，准备将华北方面军的部分兵力抽调到东北战场，以增强关东军的实力。

即便没有诺蒙坎战役分神，杉山元也无法在华北留这么多兵，有的部队甚至在作战开始不久就撤走了。至秋冬到来，日军老师团或被调至武汉、广西、朝鲜，或返回日本国内复员。华北的守备和"治安肃正"都不得不改由新成立的师团和独混旅团来担任。

9月12日，多田骏接替回国的杉山元担任华北方面军司令官，继续为第二期"肃正"收尾，同时开始第三期"肃正"。

"肃正"的日军呈高度分散部署，后勤部队主要通过公路线来为他们提供给养，对公路线的争夺一直是作战双方关注的焦点所在。

在晋东南，以邯长路（邯郸至长治）最为关键。这条公路经过武安、涉县、黎城、东阳关，一直伸入太行山区的腹心地带，理所当然地成为八路军要予以击破的首要目标。

早在日军老师团撤走之前，彭德怀就在邯长路上部署了交通破击战。一般情况下，那里白天是日军摆"皇军威风"，一到夜晚，便成了八路军的天下——部队以迅速的动作，把据点监视起来，然后让群众一拥而上，男女老少一齐动手，锹、镐、斧、锯统统用上，有的砍电线杆，有的割电线，有的毁桥梁，有的破涵洞，有的挖路面……

只消几个小时，公路就会被挖成一段一段，成了一条被斩成数截的毒蛇。这样被毁得面目全非的公路，别说日军的汽车不能开，就是人马也很难通过。

群众刚刚破路时多少会有些害怕。经过几次破击，又知道旁边有部队掩护，大家伙的胆子变得越来越大，积极性也越来越高。破完了路，往往还不忘捎点战利品回家，比如电线可以用来晒衣裳，电线杆的木头也可以拿回去箍个小桶什么的。

路破了，就得修，修路的其实还是这些老百姓，当然都是被日军抓来的。不过除非日本兵眼睛一眨不眨地紧盯着，群众都会采取"磨洋工"的办法，能拖就拖、能挨就挨。

有时八路军也会采取你在前面修，我在后面破，或者你白天修，我晚上破的办法，反正是尽可能让日军的公路通不了车、走不了人。

麻雀战

日军老师团撤走后，限于兵力不足，为了维护邯长路，日军被迫从各据点抽调兵力，组织五十到一百人的机动部队，在公路两侧三四公里的范围内反复实施"清剿"。

彭德怀见招拆招，他把内外线部队进一步分散，以连排为单位组成游击支队，游击支队以下，再分成三五人一股的游击小组。这些游击小组在日军据点外围的交通沿线活动，专打日军的机动部队。

山西有些地方多麻雀，特别是秋冬季节，漫山遍野，无所不至。这种现象显然给八路军指战员留下了很深印象，刘伯承有一次作报告时，便把用零星兵力袭扰敌军的战术命名为"麻雀战"。

游击小组打的实际上就是麻雀战，它非常符合彭德怀"麻痹敌人"的作战原则。所谓"麻痹敌人"，就是要使敌人对八路军的活动情形捉摸不定，疑神疑鬼，其主要方法是"昼伏夜动，声东击西，有意暴露，及时隐蔽"。

日军的机动部队只要一出动，不是这里传来一阵枪声，就是那里遭到一顿火力袭击，他们被弄得晕头转向的同时，还搞不清楚子弹到底是从哪里射来的。即便有时发现了游击小组的踪迹，等日军辛辛苦苦从这座山头追到那座山沟，人也早就不见了。正愣着神呢，侧面又会打来一阵枪，只好掉转头再追，结果是来回奔忙，却一无所获。

在"清剿区"，日军被零打碎敲地打掉了好几股，搞得机动部队草木皆兵，乃至于见到利于游击小组隐蔽的地形就发慌，"有山不敢靠，见沟不敢过，遇林不敢进"。

这就叫"昼伏夜动，声东击西"。至于"有意暴露，及时隐蔽"，则是故意示弱或暴露自己的驻地，但当日军兴冲冲地赶过去的时候，又能及时隐蔽起来。

彭德怀的概念是，只有首先让敌人运动，才能慢慢地找到歼敌机会。当日军机动部队受到引诱，远离据点和交通线之后，各游击小组会迅速集结，化零为整，重新组合成连以上的游击支队，然后对日军后方据点里的老弱残兵来一个突然袭击。等日军机动部队闻讯返回时，"老窝"往往就被八路军给端掉了。

在反"第二期整肃"的后期，八路军虽然没有进行过什么大的战斗，但麻雀战、端"老窝"之类的小战非常频繁。据皮定均说，在那段日子里，团参谋处的战绩统计表上每天都会增加消灭日军的数字，一般都有十几、二十几个，最多时达到五六十个。

老的游击小组多来自八路军的正规部队，或至少是经历过战斗的游击队和自卫队。彭德怀认为，要想长期坚持，还得发展更多的地方武装，最好是"每个村要有自己的几支枪"。

日军"清剿"之初，老百姓看到鬼子兵那种如狼似虎、杀气腾腾的样子，免不了心虚胆怯。当游击小组打麻雀战时，他们只敢远远地躲在高山上或树林里观看。这时就算给枪也白搭，因为没人敢放，更不用说打中了。

等游击小组频频斩获，而且看到日军也追不上、抓不住时，少数胆子大的青年村民就敢跟在部队后面捡个子弹壳，拾个罐头盒，渐渐地，他们便也能跟着游击小组打仗了。

有一次日军在"清剿区"抢掠了几十头牛羊马驴，正好被皮定均特务团所属的游击小组半路截住，最后这些牲畜又交还给了群众。群众亲眼看到游击小组如何打日军，而且知道日军并没有那么可怕时，主动参加游击小组的人就更多了。

参加的人多了之后，八路军便将一部分缴获的枪支发放给他们，同时教一些打枪和游击的基本要领，再带着打几次仗，练练胆量和技能，就能建立起完全由群众组成的新游击小组。

一开始，新小组都是由八路军主力构成的老小组带出来的。时间一长，老百姓干脆自己组织起来，三五个人拿起大刀土枪，便成一个游击小组。

这些小组即使打不着日军，日军也追不上他们。因为对当地的大道小道，小组成员是"兜里的铜板——一摸就着"。有时兜圈子把日军兜迷糊了，也能干掉个把迷路的鬼子，并且缴到武器。

"清剿"难以为继，日军只好又退缩到公路线上。为确保公路的通信和交通安全，他们在公路上增加了许多小据点。

日军这一手看似巧妙可靠，实际上是将重点固守变成了分散固守。八路军抓住日军据点"小"和"散"的弱点，晚上瞅准一个收拾一个，有时打得顺时还可以收拾好几个。

因为害怕遭到夜袭，一到晚上，据点里的日军便鸣枪放炮，就好像除夕晚上迎财神一样。八路军于是便每晚派一两个人在据点外面放火和打枪，索性让敌人通宵不能睡觉。

经过接连几天的折腾，日军连作息时间都改了，改成白天睡大觉，晚上警备。八路军也随之更改袭击计划，每当日军在中午熟睡的时候，游击小组便乔装改扮，化装成修路的、做小工的、给敌人送东西的，甚至是送情报的维持会人员。他们混到碉堡门口后，一阵手榴弹，便把梦乡中的日本兵送上了西天。

仅在东阳关至黎城段，皮定均就用这种方法收拾掉了许多敌据点。

接力赛跑

日军不得不向公路加派巡逻队。鉴于"清剿"中吃了不少苦头，巡逻队也不敢徒步在公路上游来晃去，必须乘着汽车来回跑。

开始皮定均还以为是敌人在运兵，后来见路上来来去去老是那几辆车，才意识到日军是在乘车巡逻。

汽车的四只轮子跑得很快，游击小组都觉得不好打。皮定均和他的部下们经过研究，在汽车必经的夹沟里利用坡度挖了一个一米高的陡坡。

当汽车开到距离人工陡坡约一百米处时，两侧的游击小组便鸣枪迎击。听到枪响，驾驶员一紧张，第一反应就是加快速度往前跑，结果一头撞上陡坡，立马就会四轮朝天地翻到沟里去。后面的汽车急忙刹车，又导致一辆接一辆地撞在一起，车上的日本兵纷纷被甩出车外。

皮定均集结的都是神枪手，一枪一个打活靶，而且游击小组事先就找好了迅速撤退的捷径，等日军组织起来向山头冲锋时，游击小组早就都跑得没影了。

连揍几次后，日军单独几辆汽车都不敢出来巡逻，非得有大批车队才能放心出行。每逢上山下坡、穿沟过桥，也必得把车子停下来，先派兵搜索，然后按照通过一辆再走一辆的方式通过。八路军戏称为"接力赛跑"。

日军再翻花样，他们放弃了沿线的小据点，将兵力集中到大据点，并在公路两侧两三百米以内制造无人区：树全部砍掉，草全部割光，沟全部填满。八路军也给起了个名字，叫作"光光政策"。

日军实施"光光政策"后，八路军要想隐蔽接近公路线就不太容易了。部队和群众都在研究对策，一位民兵队长随口说了一句："鬼子有脚就能出来，有手就能砍树、填沟，只有把他们的手脚捆住，才好办。"

说者无心，听者有意，皮定均马上想到，只要将日军限制在据点里，就可以在不捆住手脚的情况下，让其动弹不得。

皮定均采取欲擒故纵的办法，先将游击小组撤离公路线，让日军麻痹起来。几天后的一个晚上，上演了敌后游击战中最经典的一幕：游击小组在据点外面放了几个草人，分别代表八路军、日本兵和老百姓，其中"八路军"把刺刀插在"日本兵"的胸膛上，"老百姓"把红缨枪捅在"日本兵"的后背上，旁边还插一块木牌，上写："打倒日本鬼子！"

第二天一早，日军从据点里走出来，看到草人后暴跳如雷，有人伸手去拔木牌，有人用力踢倒草人。只听轰隆几声巨响，草人和木牌底下埋着的地雷爆炸了！

当时一二九师所使用的地雷，并不是土造地雷，而是战区拨下来的"洋地雷"，即用美国流行的军工技术生产出来的地雷，又称"广雷"。"广雷"的威力较大，爆炸之后，日军死伤了一堆。

实施地雷战的结果是，日军要么不出据点的门，要么出了门，在路边、沟旁、草堆，甚至是周围房子里的锅碗瓢盆旁边，随时都可能不小心触发地雷。

自然还有那不信邪、死活不肯老实待在据点里的。黎城西北有一条大沙沟，沟里盛产水果，特别是梨子很有名，个儿大、水分多、味道甜，本地人叫作"冰糖葫芦"。黎城据点的日军仗着离沙沟近，常来摘梨吃。

皮定均派一个连趁夜钻进梨园旁的树丛里隐蔽待机。第二天上午，果然有三十多个日本兵大摇大摆地走进梨园，他们把枪一架，就争先恐后地爬上了树。

八路军集中全连的火力一齐开火，鬼子和梨子哗啦啦地往下掉。没被打死的日本兵想要还击，却发现地上架好的枪支早已不翼而飞，只得撒腿往黎城跑。

八路军乘胜追击，一直追到城墙脚下。经过这次袭击，黎城的日军也学乖了，不到万不得已绝不敢出城。

邯长路自此重新成为八路军的天下。这一区域也恢复到了反扫荡初期的状况，沿线据点犹如风雨飘摇的孤岛，游击小组只消随便在据点外面和山上扎几个草人，或放上几声冷枪，日军的机枪大炮就会打上几个小时。

11月下旬，第二战区的一位高级参谋到特务团驻地视察。既然是高参来视察，部队的活跃程度理应比平时还要高些，于是各游击小组都奉命向日军炮楼附近移动。黎城的日军在城头上一看，到处都是人影，还以为是八路军要攻城。惊慌失措中，他们把所有的大炮都搬出来，朝着团部驻地轰了一整天。

这位高参大概多数时间都居于后方，偶尔到前方来视察，也属于走过场，没怎么见识过大阵仗。当他快到团部驻地时，猛听得炮火连天，竟然当场就吓得昏倒在地，不省人事。跟来的两名参谋赶紧要了副担架，抬上就往团部驻地跑。

却说皮定均等人在团部左等右等都等不到人，还纳闷哩。等知道究竟是怎么一回事，全都哭笑不得。

快刀斩巨蟒

彭德怀一直观察着日军的动静，他认为将日军全部逐出太行山区的条件已经成熟。12月8日，他集中一二九师一部主力和三四四旅，对邯长路上的日军据点发动了全线反击。

八路军首先进击邯长路中段，像快刀斩巨蟒那样，将公路切成了十几段。公路沿线的黎城、东阳关、涉县等据点遭到连续袭击，各据点间的交通完全断绝，互相不能支援，粮弹也无法接济。

经过十几天的激战，22日，日军开始全线退却。第二天，黎城日军弃城东逃，皮定均率特务团主力和游击队连夜追击，又攻克了停河铺、玉石桥等多个重要据点。

黎城东面的东阳关乃是晋豫交界的险隘、邯长大道的咽喉，同时它也是溃逃日军必经之地。皮定均深知个中利害，因此攻克据点后不做任何停留，即翻过山岭，绕道直奔东阳关。

第二天拂晓之前，特务团第一连沿着一条小径进入关隘，抢占东阳关的北高峰，卡住了关口。

山上没有见到一个日本兵，估计日军已经沿着公路跑了。正觉得可惜，忽然部队远远地看到东阳关街道的东头燃烧着一堆堆的大火，恍惚间还有人影在街上来回走动，于是赶紧派四班前去搜索。

四班凑近前去一看，满街都是鬼子，街上还堆满了大批物资。原来日军也想凭借东阳关这一天险来阻击八路军追击部队，以便争取时间把从太行山掠夺来的物资运走。山头上看到的火光，是鬼子们正准备开饭呢。

日军没有料到八路军如此神速，他们只派兵向八路军可能追来的西南方向警戒，完全没料到对方会在背后的东北角突然出现。

四班凑近街口，给毫无防备的敌人免费送去一排手榴弹再加一排齐射，之后才撤往北高峰。

日军稳住阵脚后，判断只是小股游击队袭击，于是集中火力，向北高峰发动强攻。东阳关山峦重叠，地形险峻，向有晋东南第一关之称，北高峰上虽然只有特务团的一个连，但仍凭借地形之利，击退了日军的多次冲锋。

特务团的后续部队听到枪响，一气猛跑二十多里，赶到东阳关后即对日军实施夹击。

日军冲不破东阳关，本想将带不走的物资予以焚烧，现在一看势头不对，只得丢弃物资，沿东阳关的东南小道狼狈逃窜。

皮定均率部继续东追，连下响堂铺、河南店、涉县，至 26 日下午，将涉县到武安的十几个日军据点全部摧毁。

邯长战役的获胜，结束了第二次"九路围攻"以来太行山根据地被分割的局面，使太南、太北连成一片。

晋东南的环境刚刚得以改善，冀中军区发来的一份绝密电报就让彭德怀的眉头又皱了起来。

这份电报除发给总部外，还上报了中央，可见其重要性和紧迫性。根据电报所述，"日军最近修路的目的同过去不同"。

如何不同？一是公路修得比地面高出许多，两旁全是深沟，可称深沟高垒。二是多层连筑，有一个县已完成了三层。

冀中军区分析认为，前者是要形成包围圈，把根据地分割成相互间既不能联络支援，也不能转移的孤立小块。后者是为了确保日军汽车能够在公路上不断运动，以阻挡八路军在其圈内外出入。

冀中军区希望日军的这一最新动向能引起总部的足够重视，同时他们认为"绝不能让敌修成"，否则的话，"将造成游击战争的极端困难局面"。

一个多月后，日军的新路修筑行动逐渐从冀中蔓延到了整个华北，所修的路也不仅仅局限于公路，而是包括铁路以及交通线旁必不可少的碉堡。

刘伯承观察后，形象地打了一个比喻，说日军是在实施"以铁路为柱、公路为链、碉堡为锁"的"囚笼政策"。"囚笼政策"由此得名，而它的始作俑者就是新任华北方面军司令官多田骏。

第四章

我看可以开始行动了

抗战进入相持阶段后，投于汪精卫阵营的高宗武曾专赴东京，与板垣和多田等人会谈。当时板垣任日本陆军大臣，多田任参谋次长，两人都是日本最有权势的军方首脑。

在高宗武的印象当中，多田与板垣有着明显的不同。板垣身体结实，个子不是很高，而多田在日本人里面要算高个子，身材瘦削。除此以外，多田还有一张长长的学者型的脸，以及"有理的谈吐和斯文的外表"。

多田说话流畅，语言的逻辑性也要比板垣强。板垣对日本侵略中国的事实矢口否认，把别人全当成了傻瓜，而多田面对类似指责时，尽管内心同样不满，但他绝不会暴怒或发火，而是"仅仅保持遥远而宽容的沉默"。

多田的行为举止，与其经历有很大关系。他是个中国通出身的日本军人，曾三次出任中国军校教官，又担任过华北方面军的前身——华北驻屯军的司令官。这使得多田对华北的风俗民情、地理特点都有相当程度的了解，他之所以能在谈话中对高宗武保持一定程度的容忍，就是因为他相信政治战略很重要，"能使一个中国人信服就能使百万人信服"。

如果是在正面战场上与中国军队作战，板垣的作用可能会比较大，而若在华北对付八路军，不得不说，多田要比板垣更合适。

一把不见血的刀

多田担任华北方面军司令官之初，前任杉山元的"治安肃正"计划已进入第二期末尾。多田发现，两期"肃正"作战真正能够予以削弱的，实际上都是不擅于敌后抗战的国民党部队，八路军基本上不为所动。特别是自第二期以来，由于老师团大多被调走，守备部队进入分散部署状态，八路军依靠交通破击战的方式，又逐步由被动转为主动，及至第三期，其力量更是迅速发展壮大，在晋东南等地的邯长战役中，日军几乎已无招架之功。

三期"肃正"尚未结束，八路军却已成为华北抗战当仁不让的主力，无论数量还是质量都不容小觑。这一现象令华北方面军司令部颇受震动，多田的幕僚们惊呼，如不及早采取对策，"华北将成为中共天下"。

多田认识到，日军在华北兵力的不足和高度分散，是导致"肃正"效果不彰的关键所在。比如在第一期，靠的就是兵多和集中，后来走的走，分的分，这里一撮，那里一些，既不便于协同作战，也不利于训练，时间一长，分散的部队居然都"不思进取"了。

集中兵力是多田及其幕僚最希望的，但集中只能是一时，没有办法一直维持，而从前三期的"肃正"实践来看，往往都是集中兵力的时候好一些，一旦分散部署，八路军便会马上活跃起来，紧跟着，"地方治安就会再度呈现混乱，过去的努力势必化为泡影"。

多田能做的改变，是将守势部署调整为攻势部署，而其核心就是强化交通。

华北抗日根据地的命脉所在，是广大农村和山区，而不是城镇，这是日军在多次扫荡受挫后得出的结论。八路军曾缴获到一份重要文件，内有第一一〇师团长桑木崇明中将的训话。桑木一语道破了他们的隐忧："华北治安枢纽，实在山地，如山岳地带未能彻底肃清，则明朗华北之实现还是难说。"

日军将根据地视为"皇军之大敌"，要割裂和缩小根据地，多田认为强化交通乃是唯一办法，所谓"东亚新秩序由交通出"。

"囚笼政策"便是多田这一思维的直接反映。这是一个带有军事几何学意义的战术，多田计划首先通过据守一些大城镇和修筑大批碉堡，来控制若干个

"点"，接着控制交通线，将根据地予以分解，再辅之以"封锁沟""封锁墙"，在构成网状压缩包围圈的同时，逐步将"点"连成"线"。

"囚笼政策"的最终目的是要竭泽而渔，把华北整个"面"控制起来。它就像一把不见血的刀，乍一亮出来的时候，便寒光毕现。据统计，从1939年到1940年这短短两年间，日军共在华北修复铁路1870公里，修复公路15600公里，新建碉堡据点2740多个。

在八路军总部整整占满一壁的华北地形图上，这些新旧公路线、铁路线、碉堡据点交织连贯，像一张巨网一样向抗日根据地合拢。

彭德怀对"囚笼政策"有自己的理解和分析，甚至有似曾相识的感觉。早在湘军当兵时，他就知道清末湘军的创始人曾国藩有"结硬寨、打呆仗"的战术，即以守为攻，不仅把深沟高垒用于防守，还用于对太平军进行长期围困。

以后在中央苏区反第五次"围剿"，他又亲身领教了"堡垒主义"，那是德国军事顾问团献给蒋介石的战略。彭德怀认为，"囚笼政策"实际上就是"结硬寨、打呆仗"和"堡垒主义"的合体，万万不可小觑。

这时在抗战营垒内部，正是摩擦与反摩擦战役打得激烈的时候，彭德怀虽然高度重视"囚笼政策"，但暂时却无力分兵予以反击。他对此感到焦虑不安，常和朱德、左权在作战室对着情报和地图研究到深夜。

1940年2月7日，朱、彭致电各兵团，要求各部不仅要积极破路，还应进一步加强情报搜集，尽可能对新路的起止地点、修筑方法、沿路设施、守备兵力、组织情况进行详细侦察，以便为下一步行动做好准备。

3月中旬，进攻晋东南的国民党朱怀冰等部皆被击溃，国共达成停止武装冲突的协议，反摩擦战役结束。3月31日，正率部在晋东南休整的晋察冀军区指挥员萧锋等人接到命令，彭德怀要他们到总部去汇报。

当时八路军总部设在黎城西北的西营镇，彭德怀就住在西营镇小山冈的一个院子里。虽说这里是八路军的首脑机关，但是却没有戒备森严的气氛，彭德怀所住院子的门口，只有一个警卫站岗。不仅八路军的干部战士可以随便走进走出，就是地方干部和普通群众，但凡说上一声"有事要找彭总"，就可以毫无阻拦地走进去。

彭德怀身着一套灰布军装，腰系一根皮带，和战士差不了多少。他的办公室和卧室都布置得很简单，室内只有两张桌子、几把椅子和凳子，要不是墙壁上挂满地图，大概谁也不会想到屋子主人是八路军副总司令。

给萧锋留下较深印象的是，彭德怀非常注重军人的姿态和仪表，无论是严峻的相貌，还是威武的神态，都透露出一个大将所具备的特有气质。他的住所，从院子到屋内，也都收拾得干净整洁，就好像军营一样，处处显示出主人的性格特点。

在听完反摩擦战役的情况后，彭德怀停顿了片刻，突然说："我要向你们谈谈我想了很久的一个打算。"

说着，他走近地图，指着石家庄、娘子关、阳泉、榆次："我想使用十九到二十一个团的兵力，将正太路予以彻底破坏，叫敌人半年或至少四十天不能通车。"

假信

正太路是一条长达240多公里的铁路，它从平汉路上的河北正定开始，通过井陉，经娘子关天险进入山西，然后西行至榆次与同蒲路接轨，最后直抵太原。这条铁路横贯太行山脉，将山西省东半部切成了南北两截，八路军在华北敌后的两大战略区——晋察冀和晋冀豫（即晋东南）也由此被隔断。

多田实施"囚笼政策"以来，正太路沿线修筑了数十个坚固据点，各以数十至数百人守备，南北两侧二十至三十里区域还加筑了一层外围据点，这使得晋察冀和晋东南的活动乃至相互联系都变得更加困难。

按照彭德怀的设想，只要击破这条日军号称的"钢铁封锁线"，使晋察冀和晋东南连成一片，晋东南的枪支弹药就可以运到晋察冀，晋察冀的粮食、棉花也能运到晋东南。

他把目光转向晋察冀军区司令员聂荣臻："聂荣臻同志，你看怎么样？如果打起来，晋察冀可以出多少兵力？"

"八到九个团是完全可以的。"聂荣臻回答。

"那好，其余不足的由一二九师、一二〇师派出。"彭德怀干脆利落，一锤定音。

4月1日，朱德、彭德怀发布命令，要求八路军各部配合，从4月10日起开始行动，对日军交通线发动一次总破袭。

命令下达的第二天，毛泽东给彭德怀发来急电，称延安亦受国民党重兵威胁，需以主力应付随时可能爆发的新冲突。根据指示，彭德怀只得暂时搁置总破袭计划，改为各部分散出击，未能形成统一的战役。

4月中旬，朱德启程前往洛阳，与卫立煌谈判停止国共摩擦问题。彭德怀亲自安排了朱德从总部到洛阳的路线，他还拿出一封信交给负责护送的作战科参谋，要他在护送朱德通过白晋路时，将信丢弃在日军的封锁线内。

这是一封彭德怀写给国民党军庞炳勋的信，信中透露八路军和国民党军还将在白晋路（白圭至晋城）一带发生严重摩擦。

信当然是假信，为的是转移日军注意力。实际上，彭德怀要打的不是庞炳勋，而是日军。

朱德在与卫立煌会谈后即回延安，此后八路军总部的工作开始由彭德怀全面负责。5月初，一二九师实施白晋战役，共破坏铁路五十余公里，炸毁大小桥梁五十余座，打死打伤日军七百余名。

白晋战役只是八路军在晋东南发起的一次局部战役，对日军经营达一年之久的白晋路而言，固然是一个严重打击，但还不能从根本上撼动多田的"囚笼政策"。

破袭战究竟要打到多大规模，实际上彭德怀与各军区负责人之间的意见并不完全一致。

在此前的多次讨论中，聂荣臻就认为要完全搞掉正太路或彻底予以摧毁不够现实。理由是当时平绥路和同蒲路都还不通车，石家庄到德州一段，由于屡遭破袭，也没完全通。在此情况下，日军把正太路看成是连接山西、河北的重要交通命脉，如果丧失对正太路的控制，驻扎于山西的日军的补给将难以得到保证，也就是说，你要"彻底"，日军肯定会出全力抵御。

直到答应出"八到九个团"之前，聂荣臻的真实想法，仍是短时间炸断和摧毁正太路，暂时断绝其交通，用他的话来说，"几乎天天都在破袭嘛，这有什么不可以"。

就在彭德怀继续为此推敲和斟酌的时候，多田上任后执行的新"肃正"计划第一期也正在加紧推行。从3月前后至7月，八路军在华北的不少抗日根据地都变成了游击区，整个华北，只有晋东南的和顺县和晋西北的偏关县这两个县尚未被日军占领。

7月中旬的一天，彭德怀和左权在总部驻地村外纵谈时局，都感到要争取时局好转，确有打一场大战役的必要。彭德怀对左权说："大家老盼着打，我看可以开始行动了。"

声东击西

彭德怀要打涉及华北的大战役，而不是局部战役。他认定，"囚笼政策"虽然看上去来势汹汹，但日军在深入根据地后，由于大量修筑碉堡，已经导致兵力进一步分散，从而直接构成了八路军实施大规模攻势的有利战机。

没过几天，左权便赶到一二九师师部驻地，向师长刘伯承和政委邓小平传达了彭德怀的初步设想。邓小平听后很明确地说："这个设想我看行，可以这么干！"刘伯承也表示赞同，他还指示参谋长在总部正式命令下达之前，立即收集部队的破路经验，提前进行战役准备。

得到一二九师负责人的支持后，彭德怀紧接着便在总部主持召开了军事会议。7月22日，总部发布战役预备命令，决定趁青纱帐和雨季到来之时，对以正太路为主的日军交通线实施大破袭。战役意图要求严格保密，只限旅级以上指挥员才能知晓。

该命令以"万万火急"的绝密电报方式同时发至延安，并立即抄报毛泽东、朱德等人。这说明毛泽东对发动这场大战役是完全知情而且同意的。

历史上著名的大破袭战役（又名百团大战）就此进入组织筹备阶段。8月8日，总部发布战役行动命令，对各部的破袭目标分别做出规定。虽然破袭战的主要目标放在正太路上，但平汉、同蒲、白晋、平绥、北宁各线都奉命配合行动，因此除一二九师和晋察冀部队外，一二〇师和豫、绥、热的八路军也都参加了战役。

在敌后碉堡密布，各根据地均被不同程度分割的情况下，要组织这样统一的有计划的大破袭战役很是不易，也非常考验指挥者的能力和意志。

彭德怀作战以猛著称，但这并不是说他打仗就很鲁莽或者不过脑子，实际上，他的战前筹划非常细致。早在召集晋察冀军区指挥员谈话时，他就曾问聂荣臻："你们几个人，谁熟悉正太路一带的地形？"

聂荣臻当时带着几分玩笑的口吻推荐说："萧锋最熟悉，可算得上是个'地头蛇'。这两年他一直在正太路上打仗，对那一带的山山水水，他都比较熟悉。"

"那好，这个任务就交给萧锋。"彭德怀对萧锋说，"你可以早点回去，查清娘子关、井陉矿的情况，特别是娘子关，要及时向我汇报。"

等了一会儿，不见萧锋回答，彭德怀猜出他想要通信工具，便说："请左权副参谋长配给你一部专用电台，用无线电直接向我汇报！"

萧锋那时候是晋察冀军分区的团政委，后来像陈锡联等旅级干部也都化装去铁路沿线侦察了地形，有人甚至还乘过正太路的列车。

动用中高级指挥员亲自进行侦察，足见彭德怀对情报搜集的高度重视。在战役预备和行动命令中，他更是要求各部对每一个攻击目标都要进行侦察，对需要特殊破坏作业，也就是爆破的目标，还要派出配有技术人员的便衣组，对炸药的药量进行计量。

阳泉为日军独立混成第四旅团司令部所在地，战役准备阶段，日军在阳泉开办盂兰盆会，其间发现有很多"平日未曾见过的精壮男子"前来游逛，市场上卖东西的也有半数换了新人。事后他们才查明，八路军侦察员不仅混入了盂兰盆会，而且在此前后，八路军某部的一位参谋长还经常出入阳泉车站。

大破袭要做到突然而有力，己方就必须耳聪目明，与此同时，也要尽量让对方闭目塞听。

白晋战役前，彭德怀使了一招声东击西，到了百团大战，继续照用不误。当部队在集结和移动时，他故意对外放风，说是要去与国民党中央军作战，同时也有意泄露"中央军"北上的假情报。华北方面军参谋长笠原信雄事后在向陆军次官汇报时，沮丧地承认，八路军扬言要与"中央军"一战，却以此巧妙地转移、引诱、欺骗日军的注意力，从而达到了大规模集结兵力展开破袭战的目的。

在情报战的能力和技术方面，日军要胜过国民党军，当时在正面战场上，国民党军的很多密电都为日军所破译，但是日军破译不了苏联的密电码，要想破译八路军的密电码也很困难。另外，在百团大战的准备期间，八路军通报命令时，全都不用无线电而通过书面传达，日军破译人员无从介入。

华北方面军参谋部的情报机构本身也存在着重大缺陷。它的第一课负责前线作战情报，第二课负责破译电码等特别情报，第四课负责政治情报，听起来搞情报的不少，可是这几个情报部门彼此派系不同，各行其是，使得情报缺乏综合性和一贯性，显得支离破碎。

虽然多田在百团大战发起之前，也得到过一些情报，表明八路军有事先侦察、集结和移动兵力等活动，但只以为是日常的局部性破袭，并未把它们看成是大破袭的前兆而加以重视。

不单单是多田一个人，从华北方面军司令部的每一个参谋，直到第一线警备队的每一个军官，都在事后回想中认为百团大战早有前兆，"假如联系各种情况加以分析，'共军'的攻势或有可能判断得出来，但当时考虑得太轻率了"。

真是壮观得很

8月上旬，刘邓将前指（前线指挥所）设于和顺县石拐村，聂荣臻将前指设于井陉煤矿附近的洪河槽村。所属参战部队同时穿过封锁线，以夜间行军为主，向指定地点秘密集结，在此期间，旅级以下的干部战士还都不知道作战意图。运送粮秣采用的也是一村转一村的接力方式，以便使日军难以判断其运送方向。

8月18日，旅级干部才到前指领受具体的作战任务。在石拐村一座用石头垒起的小三合院里，刘伯承戴上眼镜，手执红蓝铅笔，指着地图对陈赓、周希汉等人说："一定要彻底破坏正太路。有的据点敌人守备甚严，要讲求战术，不能啃核桃，而是要一个一个地砸核桃。"

他一边说一边握起右拳，用力砸在了桌子上。

8月20日，是规定要发动攻击的日子。当天浓云密布，从中午开始下起了雨，部队冒雨穿过山间小路，在黄昏前秘密运动至日军的鼻子底下。

晋察冀军区的一个团在到达娘子关附近的山上时，还就近观察了娘子关的地形，只是该处日军仍未发觉。有几个日本兵甚至跑到八路军隐蔽区域，骑着老百姓家的毛驴嬉闹，但就是不知道大敌已近在咫尺。

傍晚时分，阳泉警备队队部接到密探报告，说在阳泉以南约80公里处驻有约2000人的八路军，不过警备队并未采取什么紧急应对措施，因为他们判断这股八路军即使徒步来袭，至少也应在两天以后。

这一切丝毫没能改变八路军总部的紧张气氛。作战室内，所有无线电台和有线电话都编组好了轮流值班的顺序，以保障战时指挥和联络的畅通。彭德怀一刻不停地工作着，或和左权交谈，或听参谋人员汇报情况，或对着地图思考各种机变方案。

晚上8点整，各兵团按预定时间发起总攻击。一颗颗红色信号弹腾空而起，划破了沉寂漆黑的夜空。各路突击部队如猛虎下山一般扑向车站和据点，随之而来，雷鸣般的爆炸声一处接一处，响彻正太路全线——在百团大战前的白晋战役中，一二九师曾缴获修铁路用的一千多箱炸药，这些炸药现在全部用于爆破。

聂荣臻对那一刻记忆犹新，觉得"真是壮观得很"。前指的几个年轻参谋也激动地说，自他们参军以来，还从来没有见过这样红火的战斗场面。

以往日军在遇袭时，往往采取毒蛇一样的战术，即利用交通线能够快速到达的便利，你打尾则首至，打首则尾至，打中则首尾皆至。这次八路军却来了个一齐攻，导致它无法兼顾任何一处。当天，正太路、同蒲路均遭破坏，其中正太路最为严重。

日军分散配置于上述铁路的各小据点也都遭到了毁灭性打击，驻于这些小据点中的日军多数只是一个分队，即一个班，根本就挡不住八路军精锐部队的猛烈突袭。在八路军俘虏的日军士兵中，有些人是跪着缴枪的，并且苦苦哀求："你们不杀，我们可以给你们扫地。"这种现象，在百团大战以前从来不曾有过。

至午夜时分，位于阳泉的日军独混第四旅团司令部才收到部分据点被袭的报告，但是随后司令部与外界的交通、有线电话就被完全隔断，有些据点的战况以及守备部队是否还存在，也无从知晓。

让司令部人员感到更为惊魂的是，八路军一部也冲入阳泉，杀到了他们的家门口！

冲入阳泉的是一二九师右翼纵队，一共两个团，有两千多人。阳泉的日军警备部队加上伪军，仅有约七百人。八路军迅速占领高地，并从高地上用日本话高喊："投降吧！不投降就全部消灭！"

阳泉有约五百名日侨，见此情景，有的已经绝望，穿上好衣服等死。

事有凑巧，正好有一列日军复员军人的列车经过，意外地给他们增加了四百名生力军，司令部这才得以对冲入城内的八路军进行反击。

参加首夜攻击的均为八路军主力，战斗力很强，日军的几次反击都被打退了，而且还付出了一定伤亡。见情况不妙，日军被迫停止反击，转而利用据点和城内的街道房屋进行防守。

战斗打响后，八路军最早攻克的战略要点是娘子关。娘子关是正太路上冀晋两省交界的咽喉。抗战前，国民党军队曾在这里修筑了不少国防工事，日军占领后，又依据险峻的地形，在旧工事上加修了四座大堡垒。

担任主攻的晋察冀部队首先潜入娘子关村，消灭了村里的伪军，然后以村庄为依托，沿着陡峭的山坡向堡垒发动进攻。经过三个小时的反复冲击，终于攻克了所有堡垒，将旗帜插上娘子关头。随后在主力部队的掩护下，工兵大量破坏日军工事，并炸毁了关东铁路桥。

晋察冀部队拿下的另一个战略要点是井陉新矿。井陉所产的煤是炼铁用的黏结煤，是东北鞍山昭和制钢所不可或缺的原料，直接关系到日本的军工生产。井陉共有三座煤矿，其中最重要的就是新矿。

井陉新矿周围筑有一丈多高的电网围墙，战斗发起之前，攻击部队就和矿区工人取得联系，率先切断了矿区电源。矿区一断电，电网便无法再对突击部队形成阻碍。经过激战，一个有三十多人的日军警备分队被全歼，有的连衣服都没顾上穿就被打死了。

在日军增援部队到达之前，八路军主动撤出了娘子关、井陉煤矿。攻克井陉的部队起初还舍不得撤出来，觉得好不容易攻下来，想守在那里。聂荣臻立刻给部队打电话，强调占领井陉没有意义，现在也不是占领一两个矿区或城镇的问题，主要任务是破袭和消灭敌人。

在矿区工人的帮助下，八路军将各处重要设施及建筑全部予以炸毁，并搬走了大部分物资。据被俘的日籍工程师讲，仅此一矿，日军损失就在3000万元以上，而且需要半年以后才能复工。

一呼百应

天明时分，一夜未曾合眼的彭德怀收到了刘伯承发来的捷报：陈赓中央纵队连克四座碉堡，全歼守敌，周希汉左翼纵队完全占领芦家庄车站，车站以西十里的铁道、桥梁被全部予以破坏。

紧接着，聂荣臻、贺龙又先后送来好消息。大家精神为之一振，总部作战室内的气氛也瞬间变得轻松欢快了许多。

打的一方捷报频传，被打的一方却完全蒙住了。因情况严重而又突然，防守在铁路沿线的日军各部队全都忘记了向上报告。直到8月21日早上，日军在山西的最高军事机构、驻于太原的第一军司令部才通过其他电话，知道正太铁路正遭到八路军的全面破袭。

第一军参谋长田中隆吉想要继续听取详细报告，但无论是有线电话还是无线电联络都中断了，没法立即弄清情况。于是田中派作战参谋朝枝繁春大尉于下午乘坐侦察机，对正太路进行了一次空中侦察。

初步弄清状况后，军司令部赶紧召开了一次紧急幕僚会议，商量采取措施进行增援。

说是要增援，其实这时军直属部队中并无可用之兵。最后只得从军司令部临时抽出一些卫兵，组成共约40人的混合小队，由朝枝指挥，几乎是开玩笑似的前往阳泉"增援"。

8月22日，彭德怀和左权在作战室内听取战况报告。作战科长王政柱汇报了实际参战兵力。这一报，令彭、左又惊又喜。

发起百团大战之前，彭德怀就怕各部对参战有顾虑，所以才要多方征求刘、邓、聂等人的意见。在战役预备命令中，他要求直接参加正太线作战的总兵力不得少于二十二个团，在战役行动命令中，又直接做出规定，让刘邓出八个团，聂出十个团，只有贺部没有硬性规定派几个团。

现在有点不得了，刘邓、聂肯定是超额了，正太线上共投入了三十个团，加上在华北其他交通动脉上参战的部队，总计竟有 105 个团。

究其原因，主要还是一段时间以来，各部队吃够了多田"囚笼政策"的苦头，都想打破"囚笼"透透气，因此一呼百应。当然这其实是把一些地方部队也算上了。那时候的团不规范，有大团亦有小团。比如在华国锋的家乡山西交城就有一个小团参战，兵员仅有几百人。

当天，新华社要发消息，记者们来找左权，问消息怎么发。因为他们在商议中，觉得破袭战这个名称不够响亮。左权说，就叫百团大战吧，然后再让作战科查对一下确切数字，看究竟有一百多少个。彭德怀听到后眼睛一亮："不管是一百零几个团，都叫百团大战好了！"

百团大战由此定名。8 月 23 日，彭德怀正式以百团大战的名义向各部发去嘉奖令。

从这时候开始，八路军对铁路沿线车站、据点的作战已告一段落，重点开始破路。办法还是老的，除一部兵力担任警戒外，其余主力部队、游击队和发动起来的群众全都参加了破路行动，提出的口号是："不留一座桥梁，不留一根铁轨，不留一根枕木，彻底破坏路基。"

当时几乎每一公里的铁路上都拥挤着成千上万的人，就像在搞大生产一样。后来由于敌机连日进行低空扫射轰炸，为保证群众的安全，决定白天由部队和游击队破路，黄昏后由群众再参加破路。

铁轨可以弄来造枪炮，乃是一种重要的军事资源。不过渐渐地，拆下来的铁轨已超出所需，于是就得把多出来的抬到几十公里外埋起来，这样费时费事，工效也低。

对实施如此大规模的破路行动，没有谁有经验，全是边干边摸索。有的战士和群众总结出经验，他们先把枕木堆成井字形，再将铁轨放在枕木堆上，接着点燃枕木，如此，枕木烧完了，铁轨也就报废了。

这个经验被推广后，大大加快了破路进度。那时的华北铁路线上，白天烟雾弥漫，夜晚火焰飞腾，远远望去，简直就像一条条飞舞的火龙。

首长们都来了

第一军司令部的混合小队足足花了一周时间，才从太原赶到阳泉。实际上靠他们自己的力量也到不了，沿途还是依赖独混第四旅团的部队护送，才没让自己被八路军给吃掉。

一路上，朝枝看到正太路的各小据点大半都被消灭掉了，替换这些小据点的，是沿线制高点上随处可见的八路军瞭望哨。正太路更是变得面目全非：铁路上的铁轨被拆除，桥梁被炸断，车站被烧毁，许多地段已被夷为平地。

倒是独混第四旅团在阳泉的司令部算是安全了，当然原因既跟混合小队的"增援"毫不搭界，也与日军的反击扯不上任何瓜葛，八路军是在基本达到破袭目的后自己撤退的。

根据战役的进展，彭德怀已产生了扩大战果，使三大根据地（晋察冀、晋冀豫、晋西北）连成一片的想法。它的前提当然是日军增援不及，因为只要得不到大量增援，正太线上的日军是不足惧的。

当时正太线的日军除石家庄、太原外，仅有3600余人分守沿线的50个大据点，兵力根本不敷使用。一二九师在作战中，曾发现有的交通壕里长满了草，而且掺假现象很多，比如做稻草人、做假炮，甚至飞机上投下的降落伞也有假的。作战时日军士气低落，八路军曾缴获一本日本兵的日记，上面写道："八路军天天攻击，早上活着，就不知道晚上怎样。"

在第一线指挥的刘伯承也认为，如果八路军继续对中等以上的敌据点施以攻击，以日军现有的力量将无法做到首尾兼顾。他打了个比方，说日军就好像是一头野牛在沟里吃草，向左伸嘴左边挨一棒，向右伸嘴右边挨一棒，最后注定还是要吃亏。

8月31日，彭德怀将扩大战果的设想上报中央，同时下发各部队。

可是日军的增援速度却超出了彭德怀原先的估计。一周过去，一些必要的交通线路已被日军重新控制或修复，这使他们得以部分恢复了调动兵力的能力。第一军司令官筱塚义男决定采取分区、分期各个击破的方法，对八路军实施反击作战。他从所属部队中抽调了十个步兵大队，加上配属炮兵，组成共约8000人的大部队，分六路对正太线以南的一二九师进行搜索包围，史称"第一期晋中作战"。

从8月31日至9月1日，日军向一二九师驻守的阵地发动猛攻，战斗非常激烈，一二九师主力开始采取交替掩护、且战且退的办法向外线转移。

9月2日凌晨，三八六旅参谋长周希汉在指挥部队转移至一线高地时，发现左右两翼火光一片，烟雾弥漫，人喊马嘶。经查明，右翼是日军，左翼是友邻部队和伤员。

周希汉立即下令占领羊儿岭等制高点，以掩护友邻部队和伤员转移，但是冲上羊儿岭的部队尚未能展开阵地，日军就攻了上来，因敌众我寡，半小时后羊儿岭失守。

此时有两个人气喘吁吁地从左翼卷峪沟方向跑上山来，向周希汉传达了刘邓的口头命令："要死守阵地，没有命令不得撤退。"

周希汉这才知道师指挥所就在卷峪沟，而掩护师指挥所的仅有一个警卫营。

在太岳军区，周希汉与陈赓齐名，陈赓也开玩笑地称周希汉为"好战分子"。当地民间有个顺口溜："小日本，你听清，太岳山上有陈赓。小日本，你别捣蛋，让你碰上周希汉。"

明白自己要掩护的不光是友邻部队和伤兵，还有首脑机关之后，周希汉决心不惜一切代价夺回羊儿岭。敌我双方围绕羊儿岭进行了多达十三次的攻击和反攻击，其间还多次进行肉搏战。经过两个小时的激战，终于又将羊儿岭夺了回来。

接着又有千余名日军进行反扑，周希汉率部从早上6点30分一直打到晚上9点30分，战斗整整持续了十五个小时。

到完成阻击任务时，周希汉已有十三个昼夜没有好好睡一觉，眼睛都肿胀起来。正想躲起来睡个好觉，参谋就激动万分地跑来对他说："参谋长！首长们都来了！"

周希汉开始还感到很惊奇，后来才弄明白，原来当时被困在卷峪沟的不仅仅有师指挥所，还有北方局和八路军总部。要是周希汉松一松劲，损失将难以估量。

挖心战

随着羊儿岭阻击战的结束，日军主力又失去了一二九师的踪迹。沿途群众不仅对其实施坚壁清野，而且积极向八路军提供情报，使得八路军对日方的动向了如指掌，反过来，日军却不掌握有关八路军的情报。

第一军参谋朝枝对此有深刻印象。他说当地连妇女儿童都会用竹篓帮助八路军运送手榴弹，有的让小股日军被包围且陷入苦战的人马，居然不是八路军主力，而是手执大刀的民兵！

偶尔发现哪里有八路军出没，也很难予以捕捉。因为八路军的行动变化无常，在一个地方住几天马上就会转移，决不常驻。到了险峻的山岳地带，更是不易赶上——日军用骡马驮运行李辎重，部队及士兵个人的负担都不轻，与轻如猿猴的八路军比起来显得十分笨拙。参与指挥合围的独混第四旅团长片山省太郎感叹："任凭如何拼命追击，也难以取得大的成果。"

一二九师首先跳出了合围圈，到外线待机，当合围的日军开始返回时，才寻机予以打击。9月5日，日军独混第四旅团所属的永野支队经过榆社双峰镇。刘伯承迅即命令陈赓由北向南，周希汉由南向北，集中四个团对其实施夹击。

经过两个昼夜的激战，永野支队遭受较大杀伤，"第一期晋中作战"随后也以虎头蛇尾的方式匆匆结束。

百团大战的消息传到延安，毛泽东亲自致电彭德怀："百团大战真是令人兴奋，像这样的战斗是否还可组织一两次？"

9月10日，中央向全军发出军事指示，要求仿照华北百团大战的先例，在山东及华中组织一次甚至几次这样大规模的对敌进攻战役。在华北，则应继续扩大作战规模。

然而，山东及华中并不具备华北的条件，根本搞不起大战役。即如华北的八路军，在经过长达二十二天的破袭战后也已非常疲惫。一二九师的周希汉打完双峰战斗，眼睛肿到走路都要人扶，邓小平不得不强制将他送往医院治疗。

显然，各部急需休整和补充，无力扩大作战。彭德怀也就此放弃了原先的设想，下令结束百团大战的第一阶段，让部队休整。

在第一阶段，八路军总计破坏铁路600余里、公路1500余里，正太路的三分之二被毁坏。此次奇袭完全出乎多田的意料，华北方面军司令部承认："（交通线及燃料基地）损失惨重，需要相当时间和大量资金才能恢复。"

日军将百团大战称为"挖心战"，以后每年的8月20日都会纪念。

此时正面战场正处于风雨飘摇之中，先是张自忠以集团军司令之尊战死南瓜店，接着宜昌又告失守，大后方处于一片悲观的气氛之中。八路军在华北前线取得重大胜利的消息，无疑让大后方的民众感到振奋。中共重庆办事处在发给中央的时局报告中说："目前令人兴奋的，则为华北的百团大战……"

9月11日，蒋介石从重庆给朱德、彭德怀发来电报："贵部窥破时机，切断华北交通，予敌甚大打击，特电嘉奖。"

早在百团大战第一阶段结束之前，彭德怀就考虑要通过另外一种方式来扩大战果，那就是攻占交通线两侧和深入各根据地内的敌据点。9月22日，八路军围绕总部规定的攻击目标，展开了第二阶段作战。

在这一阶段，各大主力兵团分别发动了五次破袭战役，但由于日军已吸取第一阶段遇袭的教训，提前增加兵力和加固了工事，所以突袭成功的机会也大大减少。在所拔除的两千余个日军据点里，以中小据点居多，大据点相对要少一些，其中一二九师攻克榆社县城堪称一大亮点。

榆社是日军突入根据地的最前沿据点，构筑有坚固的工事和碉堡，并囤积了充足弹药和够半年使用的粮秣。负责指挥攻城战的是已在医院治好眼睛的周希汉，战前他带着手下的两名团长扮成农民，或背粪筐，或拿镰刀，在榆社城外进行了侦察。

经过侦察，发现西门城关较大，房屋离城墙近，便于部队隐蔽和接近。9月23日深夜，当三八六旅主力对榆社城展开攻击时，周希汉便选择西门作为突破口，但因狗发出的狂叫惊动了敌人，导致首攻不利，突击部队仅仅占领了西关靠近城墙的几排房子。

周希汉亲自爬到前沿，在对日军的明暗火力点和碉堡情况进行仔细观察后，重新组织了火力。在他的指挥下，山炮被挪到离西门约五十米的一座楼上，同时"给大炮上刺刀"，将曲射改为直射，炮膛直接瞄准城门楼火力点。轻重机枪和特等射手的射击位置也全都前移，以便尽可能离日军的枪眼、射孔更近。

进攻前，周希汉还规定了严格的战场纪律：一旦进行火力压制，如果日军的某一枪眼仍然向外射出子弹，即由该压制火器的人员承担责任，而如果火力发挥了作用，但步兵却不跟进冲锋，该步兵将以临阵脱逃论处。

第二次强攻，各种武器一齐开火，射击的密集程度为以往作战中所未见。敌人被压制得无法还手，西关应声而下。

作战结束后，一名被活捉的日本兵心有余悸地说："你们是脚露出来打脚，手露出来打手，火力又猛又准，打得我们抬不起头来，放不了枪。"

毁灭扫荡

西门只是突破口。日军在城内以榆社中学为核心，构筑了大小八个碉堡，形成了可以互相援助的交叉火力网，四周还有高达十米至三十米、上下布有几层铁丝网的人工峭壁，这才是日军的核心阵地。

正当周希汉与部下研究战法的时候，旅长陈赓来了。他进门不问伤亡数，头一句就是："青年决死队的二十五团和三十八团已经拿下了沿壁和王景。三十八团小兄弟了不起呀，打死了六十多个鬼子，还抓了四个活的，打得非常漂亮。"

陈赓提到的两个团都是才建立不到一年的新部队，编制上属于决死一纵队。在陈赓的亲自指挥下，两团也的确都打得不错，在他们的猛烈攻击下，有些日本军官，甚至是素称表现顽强的日军宪兵都罕见地下跪缴枪，乞求饶命。

当然陈赓强调这些，绝不是为了表功，而是另有用意。他继续说："向老大哥学习，可是一直挂在人家嘴巴上。你们攻不下榆社可不好交差呀，要不，让新军来帮一把？"

陈赓的激将法立刻奏效。身为旅参谋长的周希汉及在场的团长、团政委马上异口同声："让新军来帮忙，这脸往哪儿搁？我们一定能攻下榆社！"

陈赓顺势把桌子一拍："好，那就看你们的喽！"

第三次强攻与第二次基本相似，仍是用火力进行点对点的打击，让守敌无法抬头。这时突击队员趁机用铡刀砍断铁丝网，再沿着用几条梯子连接起来的云梯登上峭壁。

日军在碉堡群失守后，残敌退至榆社中学，依托一座高大碉堡和围墙继续顽抗，并大量向外施放毒气。

榆社城内顿时到处充满毒气，八路军处于下风，很多官兵包括现场督战的陈赓在内都中了毒，一个个感到头晕眼花，还会咳嗽、流泪、淌鼻涕，非常难受。周希汉只得下令暂停攻击，用湿手巾擦手、洗脸进行消毒。为了陈赓的安全，他劝陈赓到后方指挥所去，但遭到了陈赓的拒绝："不行，我要看到你们打下榆社再走！"

考虑日军火力集中，工事坚固，若继续从正面强攻，伤亡必大，可侧面又无法迂回。就在大家都在发愁的时候，一名团长一语惊人："地面不行，我们就地下。"

一句话把周希汉给点醒了，他决定将地面强攻改为地下坑道迫近作业，像师长刘伯承说的那样，不是啃核桃，而是要砸核桃。

战士们挖了近一个昼夜，终于将坑道挖到了日军的核心阵地内。当装满炸药的棺材在地下被引爆时，声动如雷，仿佛整个榆社城都发生了强烈地震一般。

趁碉堡崩塌、硝烟冲天之际，突击部队挺着刺刀，冲入榆社中学，用白刃战的方式全歼了守敌。

随着榆社的解放，榆辽公路上的全部据点都已被八路军拔除。为了搬运城内日军储存的大量弹药粮秣，群众人挑、马驮、车拉，整整忙了一夜都还没有搬完。

经过连续四十多天的紧张战斗，八路军各主力兵团尤其是一二九师相当疲劳，伤亡也很大。仅榆社一战，七七二团就有十二名副排长以上的干部牺牲，这些干部全都是三过草地的老红军，而七七二团的班长到别的部队都可以直接作为连排长使用。陈赓为此多次向总部反映，建议见好就收，不能再打了。

10 月 2 日，彭德怀发出命令，结束第二阶段作战。这时他仍打算在对主力部队进行整理和补充后，在华北冬季结冰之前再发起一次大破袭。

但是对手却不会给他足够的休整时间了。10 月 6 日，多田在了解八路军整个进攻情况的基础上，急调华北境内所有机动兵力，对各抗日根据地发起大规模的报复性扫荡。三天后，彭德怀致电毛泽东："我们处于敌人严重扫荡中。"

10 月 11 日，华北方面军所属的第一军展开"第二期晋中作战"，对一二九师及八路军总部进行合围。百团大战至此进入第三阶段，即反扫荡阶段。

这次合围，日军改变了花样，布好包围圈后，即采取中心开花的战术，向根据地腹心实施穿插。一二九师对此思想准备不足，没有能够及时发现日军的意图，除新十旅跳至外线外，其余部队全部被围在了合击圈内。

大家全都忧心忡忡，师部机要科长杨国宇在日记里不无怨言地写道："过去是要游要击，这次是击而不游，击来击去搞到自己头上来了。"

一二九师、决死一纵所组织的防线多次被日军突破。10 月 15 日，在绵绵秋雨中，八路军总部机关及北方局向黎城方向转移。在到达一座村庄的河床地时，忽然响起停止前进的号令，总部所属机关、分队听到后赶紧在一块开阔地上列队待命。

大家悄声猜测，这么做准是要改变行军路线，或者是发现了敌情，要在这里进行阻击。这时只见与机关人员一样徒步行军的彭德怀走到了队列前面，他左手叉着腰，右手打着手势，面部表情显得非常严肃。

原来是两名骑兵在经过路旁的柿子树时，偷偷从树上摘了两只柿子。彭德怀听到报告后非常生气，认为偷摘老百姓的柿子，事情虽小，影响很坏，于是立刻下令部队停止行军，对违纪战士按律处罚。

彭德怀深知，越是在形势严重的情况下，越有整肃军纪的必要，否则便没有足够的力量来对敌人施以反击。

当天，唯一跳至外线的新十旅在弓家沟伏击了一支日军辎重车队，打掉二十七辆汽车。当日军援兵赶到事发地点时，所有车辆都已经被烧成灰烬。

这支遭遇伏击的日军辎重车队隶属独混第四旅团。该旅团在百团大战第一阶段受创最重，报复心也最强。这次作为"第二期晋中作战"的先锋部队，他们对太行山根据地实施了所谓的"毁灭扫荡"，所到之处，见人即杀，见屋即烧，见粮就抢，仅黎城一县，被杀被捕的群众就接近万人。

遇伏这件事显然令独混第四旅团大受刺激，旅团长片山重新下发命令，冈崎支队就此被编入扫荡部队序列。

学生兵

冈崎支队原属第三十七师团第二二六联队，百团大战爆发后才临时由独混第四旅团指挥，其性质与双峰战斗中的永野支队类似。

按照片山的安排，每个参与扫荡的支队都要以四个步兵中队为基干，但因为配属部队未能及时到位，冈崎支队缺少一个步兵中队，整个支队只有五百多名官兵。

打仗不仅靠人，更靠武器和火力。冈崎支队的轻重机枪、掷弹筒、山炮齐全，子弹也非常充足，这使得他们单人独骑就敢在根据地腹心地带横冲直撞。

10 月 22 日，冈崎支队进入蟠龙镇。蟠龙镇距离八路军总部、一二九师师部和北方局已经非常近，眼看首脑机关被黏上了，七七二团、二十五团、三十八团急忙进入温庄一线进行阻击。

除七七二团外，另外两个团属决死一纵，都是新部队。早在双峰战斗时，陈赓就怕他们顶不住，软下来。就战斗力而言，新团与老团相比，也确实有不小差距。二十五团和敌人打白刃战，开局即让人数不多的日军占了上风，三十多人被挑倒，团政委也负了刺刀伤。

在双峰战斗中，二十五团的功夫虽然不高，但勇气可嘉。伤员们都能咬牙坚持，硬挺着等来援兵。团部的司务长、炊事员也举着扁担上阵，最后还缴到了枪支。战斗结束后，八路军野战总政治部主任罗瑞卿表扬了二十五团，说一个新部队敢于刺刀见红，有了伤亡也不乱套，连勤杂人员都缴了枪，实在是难能可贵，"你们叫作决死队，这种誓与敌军决一死战的气概是名副其实的"。

由于在双峰战斗、榆辽战役中表现不错，彭德怀临时将二十五团调归总部指挥，用于防守路北凤垴顶。二十五团作战时也非常努力，有一个排只剩下了三个人，还在顽强战斗。团政委凌则之带着政工人员在火线进行动员："总部信任决死队，决死队要誓死保卫总部！"

无奈冈崎支队的火力实在太强，二十五团的数道阻击线被一一突破。在撤至第三道防线时，凌则之断后指挥，不幸被机枪射穿胸部。受重伤的凌则之仍用微弱的声音下达命令："不要管我，再不能后退了，后面就是总部。"抬至半路，凌则之就牺牲了。

10月23日，总部得以解围。知道二十五团损失很大，彭德怀特召团负责人到总部进行汇报。徐向前对他们说："日本搞了多年的军团主义，满脑子武士道，打日军非常残酷，不能没有流血。你们保卫总部有功，可以归建了。"

冈崎支队并未就此歇手，25日，又摸到了上赤峪和下赤峪沟。在上下赤峪担任防守的三八五旅两个连因为连续作战，部队过分疲劳，警戒方面很麻痹，所以竟然没有发现和阻止，而任由冈崎支队从他们中间溜了过去。

冈崎支队深入赤峪沟内，距离黄崖洞仅十余里。因为对当地地形极不熟悉，且不敢离开地图上的标注路线太远，冈崎支队并不知道黄崖洞意味着什么，更没有料到此举会把他们引向末路。

两班拼了两千人

彭德怀让晋察冀的萧锋侦察正太线的情况时，萧锋曾趁机向彭德怀提出一个要求："想再要点枪。听说晋东南的枪造得不错，能不能多少给一点儿？"

"那不成问题。"彭德怀马上慷慨答应，并让左权批了条子。

当时国民党方面能够提供给八路军的军火很少，而且摩擦期间还经常断绝供应，所以华北好几个根据地都有自己的小型兵工厂，晋西北有，萧锋所在的晋察冀其实也有，但是无论数量还是质量，它们都无法与晋东南相比。

萧锋向彭德怀提要求的时候，晋东南真正"造得不错"的枪其实还没有问世，直到百团大战爆发前，这种由八路军军工部独立研制的步枪才得以诞生。

新的步枪吸取了"三八式""中正式""汉阳造"等经典步枪的优点，重量轻，体积小，射击精度高，最重要的是刺刀特长，其枪身和刺刀的总长度甚至超过了日本的三八式步枪，非常适合与日军近战肉搏。

当兵工厂负责人拿着样枪到总部汇报时，在场所有见多识广的首长眼睛都亮了。

彭德怀首先拿起枪，翻来覆去地看，掂了又掂，高兴地说："不过两公斤，好枪、好枪！"刘伯承接着说："我想要的枪老要不到，今天见到了！"徐向前背起枪感叹道："红军时代如果人人有这样一支枪就好了。我当兵让我背这种枪，不吃饭也是高兴的。"左权索性拿起枪做起了刺杀动作。

当天是 8 月 1 日，彭德怀当即将枪命名为"八一式步马枪"，并下令军工部迅速组织批量生产。

军工部在晋东南拥有三个步枪制造所，仅在 1940 年第四季度，它们就制造出了 3300 余支"八一式步马枪"，足以装备一个师。

三个步枪制造所里面，又以军工部第一所规模最大，可月产四百余支"八一式"。一所位于黎城西北约 45 公里的水窑山里，内部有时也直称其为"水窑"。后来到了解放战争时期，部队缴获了阎锡山太原兵工厂所造的步枪，彭德怀拿来与"八一式"一比，说："还不如我们水窑的枪好！"

"水窑"厂区北面是黄崖洞，故又称黄崖洞兵工厂。其厂址系由左权和后勤部负责人亲自勘察，再报经朱德、彭德怀批准而定。朱德在回延安之前，一直视黄崖洞兵工厂为八路军的掌上明珠，他曾经说过，保住了兵工厂，就保住了总部。

到黄崖洞，必过上下赤峪。上下赤峪四周全是陡峻的悬崖峭壁，窄的地方仅有几十米，地形易守难攻，八路军中流传着一种说法：到黄崖洞领弹药简直比上西天取经还难。可以想见，如果最初的那两个连能够据险死守的话，冈崎支队想要突破进来还是挺费劲的。

危急关头，据守赤峪谷北面的三个连发现了冈崎支队，两军旋即在沟内发生激战。一开始疏忽大意的两个连也从侧翼追上来，对日军实施夹击。

这时以五个连的力量，也已经困不住冈崎支队。10 月 27 日，在铃木支队的右翼拥护下，冈崎支队已深入黄崖洞主阵地。冈崎支队在火力上拥有绝对优势，一挺重机枪就有多达 7200 发子弹，相比之下，八路军的子弹很少，而且作战时大多只能使用复装子弹。

搞军工的都知道，"造枪易，造弹难"，晋东南可以造出好枪，但没法造出好弹。军工部当时生产的复装子弹，其实就是在旧弹壳里填装黑火药并加装弹头的子弹，其射击精度很低，连日军的次品子弹质量都要比它高。

双方激战数小时，八路军伤亡惨重，担任主阵地守备的一个连打得仅剩下两个班，十几个人，并且人人负伤。

后来黎城民间流传一首民歌，其中唱道："两班人守黄崖洞，数千鬼子来进攻，大战坚持了好几天哪，两班拼了两千人……"

歌词内容在作战和伤亡人数上都有夸张之处，但八路军在黄崖洞拼掉了很多人是事实。

战至下午 1 点，守军不支撤退，主阵地失守。冈崎支队攻入兵工厂后进行了大肆破坏，将弹药、炸药及被服仓库——予以爆破，据说还缴获了两千枚手榴弹及一万发子弹。当然，对于这些手榴弹和子弹，日军是否能派上用场，就是另外一回事了。

好在兵工厂的所有人员及机器设备事先都已转移掉了，用来下蛋的母鸡无恙，碎了几个鸡蛋，损失尚不算太大。

10 月 28 日，冈崎支队继续推进，并用"毁灭扫荡"的方式烧毁了沿途的所有村庄。按照独混第四旅团设定的计划目的，其任务至此已经全部结束，可以班师回朝了。

让冈崎支队万万想不到的是，就在这个时候，有人对他们下达了必杀令。

打多大的仗就培养多大的能力

听到黄崖洞兵工厂失守的消息，彭德怀雷霆震怒："连长擅离职守，枪毙！"总部特务团立刻奉命将兵工厂担任警卫的连长予以正法。

接下来就轮到冈崎支队了，彭德怀大吼一声："截住冈崎，一个日本鬼子也不能叫他跑掉！谁放走敌人，以军法论处！"

自日军发起"第二期晋中作战"以来，彭德怀每巡视被日军屠杀过的村庄，眼里常噙满泪水。这位粗犷耿直的大将军，一辈子最见不得老百姓受祸害，战士摘老百姓两个柿子，尚且要严罚，冈崎支队在"毁灭扫荡"中做出了这么多伤天害理的恶行，又如何会不戳他的眼。

老彭的忍耐已经达到了极限，他要截住冈崎支队，然后老账新账一起算：前有紧追不放，直至破坏兵工厂之旧恨，后有屠杀村民，烧毁村庄之新仇。

如果抛开感情因素，仅就战场得失的角度来判断，彭德怀也认为有歼灭冈崎支队的必要。经过多次反扫荡的实践，他逐渐得出一个认识，即要想取得反扫荡的胜利，一般而言，就应当争取消灭日军一个大队，这样日军以后就只敢以联队为单位实施一路进攻，八路军闪转腾挪起来会比较方便。反之，若每次只能打掉一个中队，它就不会怕你，而日军若以大队为单位分兵的话，便可以分出几路、十几路乃至几十路，扫荡的时间间隔也会相应缩小，反扫荡的困难程度无疑就增大了许多。

在百团大战的前两个阶段，八路军每次歼敌的数量都不多，小至一个班，大到一个中队，即便被公认为组织得比较成功的榆社攻坚战，陈赓、周希汉的三八六旅费尽九牛二虎之力，也只歼灭了日军一个中队。

以前一次性歼灭日军大队以上的情况是有过的。现在基本没有，原因比较复杂，除了日军对八路军越来越重视，打伏击战等"便宜仗"的概率越来越小外，不得不说，与八路军本身战斗力的下降也有很大关联。

八路军里面，最有战斗力的官兵都是身经百战的老红军，但是随着战事频繁和部队扩编，他们或伤亡，或稀释进了新部队，而无论在经验还是作战技能上，新兵暂时都没法跟老兵相比。

在彭德怀看来，独混第四旅团各部能够在太行山大摇大摆，如入无人之境，就是没有吃到足够苦头的缘故。做个假设，如果八路军先前在双峰战斗中能够全歼永野支队，现在片山还敢以支队方式兵分几路吗？

显然，只有打掉大队以上规模的部队，才能对日军形成足够威慑，同时要让新兵尽快赶上老兵的水平，也应该在适当时候给他们提供打大仗的机会——打游击战培养的是打游击战的能力，打正规战培养的是打正规战的能力，打多大的仗就培养多大的能力，二者无法混淆。

随着彭德怀的一声令下，一二九师各部、决死第一纵队、总部特务团开始向冈崎支队所在的洪水镇附近聚拢过来，其中最早到达目的地的是一二九师的老团七七二团。

10 月 29 日，当冈崎支队离开宿营地，准备返回时，七七二团已经迫近，日军急忙占领洪水镇西方高地据守。

在与七七二团的短暂交火中，指挥官冈崎谦受中佐倍感吃惊，因为他发现对手使用了迫击炮攻击。在八路军中，地方部队和非主力部队都是没有迫击炮的，有迫击炮的都是主力。

反正任务已经完成，冈崎归心似箭，也实在是不想再碰硬茬，因此立刻夺路而逃。这时八路军各部全都从四面八方合围上来，冈崎不敢恋战，率部向南边打边走。当他们到达一个叫关家垴的地方时，其南面山地也被八路军占领。冈崎只得下令部队停下来，在关家垴就地构筑工事进行据守。

当天彭德怀从黎城赶到武乡县蟠龙镇石门村，亲自对关家垴一战进行部署。他发布命令，决定次日凌晨 4 点开始总攻，届时由刘邓指挥三八五旅、新十旅为右翼队，陈赓指挥三八六旅、决死一纵、总部特务团为左翼队，彭德怀亲自指挥山炮连。

在石门村的老爷庙，彭德怀还主持召开了战前动员会，主旨就是要不惜代价歼灭冈崎支队。

陈赓一听就明白了，关家垴围歼战是阵地攻击战，是没有任何退缩余地的硬仗和血仗。刘伯承有一个"砸核桃"还是"啃核桃"的说法，按照彭德怀的部署，关家垴肯定属于"啃核桃"，估计各部队的伤亡绝不会小。

在归陈赓指挥的部队里面，他最照顾的是决死一纵，不仅因为决死一纵是新部队，还因为这支部队里面知识分子很多，其中大中学生达到两千多名，士兵可称为学生兵，干部也多为青年知识分子。双峰战斗中牺牲的二十五团政委凌则之在参军前是清华大学社会系学生，乃"一二·九"运动的领导人之一。

说决死一纵是八路军中文化水平最高的部队，一点也不为过。陈赓最初接触这支学生军时，听到他们居然有这么多的大中学生时，曾惊得连舌头都伸了出来。

尽管陈赓竭力注意不让决死一纵承担过重任务，但打仗总是要死人的。从百团大战第一阶段到第二阶段，决死一纵负伤人员已达到1570余人，牺牲的也有500余人。

打榆辽战役时，陈赓到总部领受任务，就曾向彭德怀提出，免去决死一纵两个团的战斗任务，但是没有得到同意。他只好自行调节，亲自指挥决死一纵打沿壁和王景，而由周希汉指挥七七二团和十六团这两个老团去打榆社。

榆社是"特硬级的核桃"，不仅城池坚固，而且还驻有一个中队的老鬼子。沿壁和王景虽然距榆社不远，但都是小据点，据点里的日军也不多，少的一二十个，多的也只有三十多个，相对而言当然更好打。沿壁一仗，第二十五团仅伤亡了七个人，如果是拿去打榆社，岂会有这么好的事？

直至第三阶段的温庄一战，二十五团又受到了不小损失，不过那是为了保卫总部，没有办法。眼下，陈赓就怕决死一纵撑不过关家垴这一关，于是在会上再次斗胆向彭德怀求情："决死队干部绝大多数都是青年知识分子，很可爱。能否为了保存新军骨干，在这次战斗中免去决死队这两个团的任务？"

逆风仗

彭德怀的想法显然与陈赓又有所不同。

温庄一战，虽然二十五团已竭尽全力，也使总部转危为安，但部队本身战果不大，损失却不小，说明这支新军没有被完全锤炼出来，也还没有真正具备红军老部队那样的作战能力。

以彭德怀的经验来看，锻炼新部队的唯一途径就是让它多打仗，不光是能打顺风仗、便宜仗，还要多打硬仗。因为只有多打硬仗，才能培养出能攻善守的过硬本领，舍此再无他法。更何况现在正是用兵之时，决死一纵不上，就少掉了一份歼灭冈崎支队的把握。陈赓的请求因此遭到他的一口否决："这正是锻炼战斗作风的时候，怎么能不让他们参加战斗？"

彭德怀的最后一句话把与会众人的嘴全给堵上了："我的决心已定，要不惜任何代价，彻底消灭冈崎大队！哪个部队不上去，就取消它的番号！"

回到旅部，陈赓传达了会议精神及与彭德怀的对话。他硬着头皮给部下，重点是决死一纵的团干部们打气："部队要打仗，即使打得只剩下几个人，以后也能带一个营、一个团、一个师去打胜仗。"

二十五团长苏鲁遂起身表态："打吧，没有问题。部队在第一、二阶段已受过考验，怎么也不能让取消了番号吧。"

在总攻击发起之前，各部都已到达预定攻击位置，决死一纵负责的是柳树垴。

柳树垴位于关家垴北面，二者都是群山环抱的高岗，可互为犄角，而且柳树垴的地势比关家垴还要略高一些，可以用火力控制通往关家垴的小路。白天守备柳树垴的是二十五团，陈赓指示三十八团晚上再上去，接防部分防区。

10月30日，凌晨2点，在柳树垴西侧，有一支部队沿着一条平时只有山羊才能走的蜿蜒小道爬了上来。他们上来的地方是二十五团二营守备区域，也是说好与三十八团交防的地点。

二营在黑暗中看不清对方的衣着。如果是老部队，这时就会查问口令或番号，但二营没有经验，居然什么都不问，就想当然地交接了阵地。

那支部队进入阵地后，又往山顶进发。这时二营才嚷起来，说那里防守不归你们。

万万没想到，冲上来的并不是什么三十八团，而是冈崎派来的一个中队。他们二话不说，端起刺刀便向山顶发起冲锋。二营猝不及防，被冲了个七零八落。

关家垴围歼战还没正式打响，决死一纵不能在险恶情况下打逆风仗的弱点便暴露无遗——二营虽收拢部队发动反击，但部队缺乏顽强的作战意志，白刃格斗又不是日军的对手，没一会儿工夫就被从山上撵了下来。

这下子彭德怀的整个部署都被打乱了。接到报告，陈赓气得火冒三丈，他让二十五团参谋长李懋之接电话，在电话里劈头盖脸就是一顿臭骂。

"这样蠢猪式的营长该杀头！要他把阵地夺回来，收复不了就严办。这给全歼敌人带来多大的困难？你们团领导也有责任。"

说完后，陈赓怒气冲冲地挂了电话。想了一下，他感到还是不能蛮干，于是决定赶到二十五团察看情况。一看，学生兵们一个个耷拉着脑袋，面有愧色，好多人还满身血痕。陈赓改变了主意，新军毕竟不同于三八六旅的老部队，何况士气可鼓不可泄，以二十五团的这种状况，若马上硬赶着往上冲，全军覆灭都有可能。

他苦笑着对士兵们说："不要这样嘛，新军敢打反击了，不简单哪！"

为了让大家振作一点精神，陈赓拿自己的往事开起了玩笑："北伐时的黄埔生还没你们这么大的胆，打仗时一个个跑得比兔子还快，连长官都不要了。我们的蒋校长啊，腿肚子转筋，要不是我这个傻大胆把他背下来，他就得给阎王当总裁啰！"

陈赓向二十五团下令："下去休整一下，打了硬仗总结好经验，一定能成个好部队。"

摘他们的脑壳

柳树垴的提前丧失，给整个围歼战带来了极为不利的影响。得到柳树垴失守的报告后，彭德怀也专程跑来对决死一纵进行动员，声音震动山谷："你们决死队要向谁决死？"

决死一纵已经过短暂休息，指战员们摩拳擦掌，急欲一雪前耻。听到彭德怀一声大吼，众人更加感到热血沸腾："向日本鬼子！"

彭德怀指着关家垴方向说："前边有五百多名日本鬼子被包围了。我们根据地有一条规定，凡是没带路条的就不能让他走。这股敌人不仅没有路条，还在根据地杀害我们的父老乡亲，我们要摘他们的脑壳来偿还血债！"

凌晨4点，原定发起的总攻击临时改为夺回柳树垴的战斗。陈赓抽出三个营，用于进攻柳树垴。二十五团二营因有失守柳树垴之过，自然一马当先，冲在了最前面。他们冲到山下的第三层梯田，搭成人梯爬到阵地边缘，但日军已挖好工事，用机枪火力封锁了道路。

二营付出很大代价才冲进到第一层梯田，只是因地形不利和日军火力猛烈，双方厮杀至天明，突击队也未能登上山顶。

在关家垴一线，陈赓动用总部特务团实施了夜袭。特务团从东北方向悄悄接近前沿，通过突然袭击冲上了南坡，也就在这里，他们遇到了意想不到的麻烦。

关家垴三面都是断崖，只有南坡较平缓，但南坡山壁有一连串的窑洞。日军将这些窑洞全部挖通，每个窑洞口都构筑成机枪阵地，既可独立构成火力点，又可相互支援，形成交叉火力网。特务团每攻下其中一个窑洞，就会遭到其他窑洞的侧射火力，不仅如此，日军还可以通过挖通的窑洞反击夺回失守的窑洞。

　　手榴弹战本来也是夜袭和近战中的有力武器，然而日军在窑洞前挖了防弹壕，手榴弹扔过去大多掉进壕沟，无法伤及对方。

　　特务团与日军逐窑争夺，伤亡越来越多，只得暂停对山顶的进攻。在南坡的窑洞区，双方也是各占半排窑洞，形成互相对峙的局面。

　　经过一个晚上的交战，冈崎对自己的处境有了更深认识。他向片山旅团长发去电报，称八路军在四周集结了重兵，支队因伤患者和驮马较多而无法独立突围。片山听闻急忙调兵遣将，为冈崎支队解围。

　　天亮之后，八路军重新对两大高地展开进攻。彭德怀亲自为炮兵团指示目标，在他的直接指挥下，炮兵团第三营集中四门四一式山炮和一门晋造山炮，对日军前沿阵地进行猛烈射击，摧毁了日军的部分工事。

　　炮火一停，步兵即发起攻击。柳树垴上的日军急忙从棱线区域向后撤退，二十五团趁势搭人梯攀爬山顶，可是部队一露头就遭到杀伤，始终被压着上不去。

　　与此同时，更多的步兵被投入关家垴一线。新十旅率先从西向东实施攻击前进，但是部队很快就吃不消了，没过多久就转为预备队，被七七二团一营替换了下去。

　　三八五旅七六九团从西北方向攻击关家垴。彭德怀将炮兵团迫击炮队直接配置给七六九团，用于进行火力支援。迫击炮主任赵章成原为西北军的迫击炮手，有一手非常精湛的迫击炮操作和射击技术，早在红军时代就被毛泽东亲自授予了"神炮手"称号。他将迫击炮阵地设于七六九团第一梯队的攻击出发地，在距敌只有两百米处实施抵近射击。各炮以最快的速度，在一分钟内打出了二十五发炮弹，霎时间形成了一片密集火网。后来陈锡联遇到赵章成，还拍着肩膀连连夸赞："打得好！"

　　关家垴西北面是一座高达二十多米的陡崖，快到崖顶的地方还有一个壕坎，上面是一条三十多米长的陡坡，一直通到关家垴山顶。在迫击炮的掩护下，突击队借助攀登工具和陡崖上的野藤爬到了壕坎处，但是他们随即就被日军发现了。

突击队员们被压在壕坎处无法行动，而后续大部队又因地形的限制跟不上来。

彭德怀赶到七六九团阵地视察，要求部队无论如何都要把高地拿下来。情急之下，七六九团采取土工作业的办法，绕开正面，在侧面凿开一条小路，后续部队顺着小路到达了壕坎。

可是到了壕坎之后，被日军机枪一扫，部队还是一筹莫展。反而因为人员过于密集，又无处隐蔽，导致了更大伤亡。

好钢越打越硬

彭德怀把目光重又转向七七二团。陈赓的三八六旅曾被美国军事观察家卡尔逊誉为"中国最好的一个旅"，在三八六旅里面，七七二团又是装备最好，战斗力也最强的团，彭总自然有理由对这个团抱有更大期待。

然而正所谓希望越大，失望越大。炮兵团本来有一个排配合一营进攻，但七七二团能够参加这种步炮协同作战的机会极少，一营官兵又个个求战心切，还没等支援炮火暂停或延伸，他们就都嗷嗷叫着冲了上去。

结果自家炮火打到了自家人，柳树垴日军的侧射火力又集中过来，一营冲上棱线的一百多人瞬间全部都伤亡了。

彭德怀这次确实是把所有本钱都拿了出来，总部特务团也被交由陈赓指挥。虽然特务团已先于大部队攻上了关家垴的南坡，并在大部队实施攻击后继续发动了攻势，可是除了自身伤亡不断增加外，同样看不出有多少进展。

彭德怀不由怒火中烧，他气呼呼地给陈赓打去电话："你不把这股敌人消灭，要你的脑袋！"

陈赓是 1922 年的老党员，其党内资格比彭德怀都要老。他又是个极具幽默细胞的人，平时就他喜欢跟彭德怀开玩笑，一些别人不敢当着彭德怀面讲的话，他也敢讲，彭德怀一般都不会随便朝他发火，有时碍于陈赓的面子，还会难得地做出让步。

这次彭德怀一反常态，居然拿他陈赓的"脑袋"说事了。陈赓顿时也来了脾气，他没有像以往一样说声"是"，而是反问道："对于人数尚不多的八路军主力，不能这样消耗下去了吧？"

彭德怀显然没想到陈赓敢突然顶撞他，一时未予作答。陈赓又问："我们现在与敌人拼了，将来怎么办？"

彭德怀仍然没有回答。陈赓只好直截了当地说出想法："这样打，我不赞成！"

"你的意见可以保留，但命令必须执行！"彭德怀发话了，而且话里斩钉截铁，没有丝毫可以置疑或伸缩的余地。

陈赓唯有诺诺从命："是！"

通往关家垴山顶的那条不足一米宽的道路，几乎被日军火力完全封住了，加上柳树垴顶的侧射火力，其攻克难度和所要付出的伤亡代价可想而知。突击部队几乎每往前挪动一步，都要像被割韭菜一样割掉一大批。截至下午2点，七七二团一营基本全部打光，各连都只剩下几个人，多的也只有十来个人，而且大多负了伤。

柳树垴方面的决死一纵也是损失惨重，部队潮水一般地涌上去，又潮水一般地退下来。在他们的进攻之路上，形成了尸山血海的惨烈景象。

陈赓已经被打哭了，他含着眼泪给彭德怀打来电话："我的老二团（即七七二团）快没人了，决死队都是些学生娃娃，给这些部队留点骨血吧！"

彭德怀的回答毫不含糊："不行，部队就是要放在铁砧上砸，好钢越打越硬，铁渣越打越酥！"

"彭老总，我问你一个问题，这一仗是不是中国革命的最后一仗？如果是，赔上血本，我也打下去。"陈赓再次来了倔劲。

"冈崎手上沾满了老百姓的血，不把他消灭掉，以后一个中队的鬼子也敢到根据地来横冲直撞了。"彭德怀的火比他更大，且声如霹雳，"拿不下关家垴，我就要执行革命纪律！"

从将警备兵工厂的连长予以正法开始，彭德怀说要对谁执行纪律，都不是随口讲讲这么简单。若是他动了真格的，即便是身为旅长的陈赓，也不能不倒抽一口冷气。

见陈赓沉默不言，彭德怀又问他："七七二团究竟怎样？"

陈赓心情沉重地回答："七七二团，打是没有问题，只是没有兵了！"

"随后抓紧时间补充。"彭德怀说。

下午2点，彭德怀下令发起全线总攻击。陈赓用七七二团的三营替换已形同空壳的二营，同时在连队战斗兵员大量减少的情况下，又两度组织排以上干部和机关干部加入突击部队。

在柳树垴方面，二十五团组织七次强攻，三十八团、十六团也组织了四次强攻，柳树垴四周杀声震天，血流成河。最后三十八团已经快没有兵了，团长下狠心把干部集中起来冲，包括一名副营长在内的数十名干部都在随后的冲锋中牺牲了。黄昏时分，二十五团终于以两个连的密集队形冲上了山顶阵地。可是上去了也站不住脚，日军一个白刃战反冲击，他们又被压了下去。

一个下午，八路军共向关家垴、柳树垴发动了十八次连续攻击，但在付出重大伤亡之后，依然无法打开局面。

当天炮兵团发射了山炮弹、迫击炮弹两百余发，这在抗战中也是极为少见的。临近傍晚，在炮兵团担任营教导员的丁本淳奉命前去临时指挥所进行报告。

牛犄角的作战

临时指挥所实际上只是一个简易的野战工事，周围再插一些麻秆略作伪装。当丁本淳跑步赶到时，彭德怀正站在工事里，手持望远镜，昂首观察着前方战场的情况。

当时也在现场的战地记者徐肖冰急忙从侧面按动快门，拍下了这一珍贵的历史瞬间。

照片中的彭德怀身穿黑色皮夹克，打着整齐的绑腿。他背靠壕沟，一条腿蹬在工事前面的土壁上，大半个身子都暴露在工事的外面，但神情专注，对周围可能发生的危险更是不屑一顾——临时指挥所距关家垴山顶仅五百米，而日军三八大盖的最远射程可达一千米！

徐肖冰经常到第一线采访，他知道子弹从土里钻过的声音是噗噗的，站在彭德怀旁边他能听到这种声音，而且在拍照前他就观察到，彭德怀脚蹬着的工事土壁上，已经至少有了四五个弹眼。

就在他按下快门的过程中，正好又有两颗子弹从彭德怀耳边擦过，然而彭德怀毫不理会，脸上也没有一点受惊的表情。

在这硝烟弥漫、子弹纷飞的血肉战场上，彭德怀横刀立马、指挥若定的大勇形象，令徐肖冰和丁本淳肃然起敬，乃至终生难忘。

看到丁本淳跑来，彭德怀放下望远镜，听取了他的报告。彭德怀听完后告诉丁本淳："天快黑了，你们炮兵团已完成任务，可以撤出战斗，下去休息。"

彭德怀并不打算就此结束围歼战，但是战至10月31日晨，部队仍未能攻下两大高地的山顶。此时从武乡、辽县出动的日军援兵却已赶到外围，三八五旅和新十旅的阻援部队都投入了阻击战，新十旅旅长范子侠还负了伤，战斗打得非常激烈。

没过多久，彭德怀又得到报告，从黎城等地开来的日军也在向关家垴逼近，于是三八六旅再派出一个团前去实施阻击。

眼看情况不妙，刘伯承思虑再三，继陈赓之后，也给彭德怀打来电话："关家垴地势太险，不如开一个口子，把敌人放出去，在半路设伏。"

彭德怀没好气地说："救援的敌军已从武乡、辽县出动，到哪里去设伏击圈？

不要动摇，一鼓作气攻上去！"

在八路军帅一级的将领中，刘伯承可以被归类到谋战派之列，打仗从来都是千算万算，精打细算。在他身边工作过的参谋经常看到他一个人低着头，默默不语地统计着这样几个数字：我军干部和战士伤亡的比例；敌我双方伤亡的比例；使用何种战术，才能确保我军伤亡最少，敌人伤亡最大。

刘伯承的名言是："歼敌一千，自损八百。一个指挥员不但要负歼敌一千之责，而且也要负自损八百之责，我们不能随便多死一个人！"

用刘伯承的标准来看，这仗早就不能再打下去了。之所以一直忍着不说，也是为了维护彭德怀的指挥权威，可是在对方仍然一意孤行的情况下，他不得不把心里话都说全了。

"这是牛犄角的作战，我们赔不起！"

彭德怀一下子跳了起来："打不下关家垴，我撤了一二九师的番号，杀头不论大小！"说着，啪的一声摔了电话。

一二九师的番号是从国民党那里争取来的，岂能说撤就撤。刘伯承在红军时期的职务与彭德怀不相上下，在军中的威望甚高，自然也不是谁都能杀得了头的。彭德怀说的都是气话，但这气话真把一向宽宏大度的刘伯承给气坏了。

其实刘伯承、陈赓看得到，彭德怀也看到了，他不是缩在后方屋子里光靠地图指挥，也不是不知道战场上己方打得有多被动、多得不偿失，然而正如红军时代的赣州战役那样，越是这种时候，他的"石穿"性格反而越容易走向极端。换言之，彭德怀已经杀红了眼，似乎又变成了那个只顾挥着板斧猛砍的黑旋风李逵，吃了亏以及还要吃多大的亏之类似乎完全不在他的考虑范围之内了。

当然，彭德怀并不完全是在使性蛮干，就他的个人经验来说，应该可以判断得出，冈崎支队撑不了太久了。

的确，当天冈崎支队已耗尽了全部弹药，只能用刺刀进行肉搏。"神炮手"赵章成也再次大显身手，他亲自指挥一门迫击炮，以一分钟四十发炮弹的速度从山下向山上进行连续射击，发发命中目标。上午 10 点半，一颗迫击炮弹在日军指挥阵地旁爆炸，冈崎支队长、藤泽少尉和犬饲上等兵等人被当场炸死。

下午 1 点，在几名中队长的指挥下，冈崎支队逐步放弃大部分主阵地，缩小了战线。两个小时后，一部分八路军冲入了山顶阵地，残余日军已无力反击，他们的最后时刻即将到来。

就在这个时候，八路军开始全面撤退。

荣誉的标志

彭德怀不是不知道，只要他再多使一把劲，就可以夺下高地，将冈崎支队予以完全歼灭。可是时间已不属于他了，面对日军大批援兵的到来，他只能心有不甘地下达撤退命令。

关家垴一战，八路军统计歼敌四百多人，日方统计要少一些，总之是冈崎支队虽然遭受重创，还死了最高指挥官，但没有被全歼。

根据百团大战战报，八路军伤亡范子侠以下六百余人，对比战场的实际情况，这肯定不是一个完整的数字。

从最初的策划来看，彭德怀本意是要集中优势兵力，在运动中对冈崎支队实施围歼，但部队太过疲劳，行动比较迟缓，攻敌的速度也不快，从而失去了在运动中歼敌的可能，最后运动战变成了攻坚战。

自赣州战役后，这也又一次证明，打大规模的阵地攻坚战并非彭德怀所长。指挥这种战斗，他打得顺还好，打得不顺，就往往容易钻在牛角尖里出不来。

彭德怀要通过关家垴战斗来威慑日军，使日军从此不敢再以一个大队深入根据地，同时拉大扫荡的时间间隔的目标也没能够实现，顶多只是日军以大队规模扫荡的次数从此有所减少而已。

彭德怀后来在总结百团大战经验教训时也承认，自己当时的想法确实不太符合实际，尤其到了第三阶段，由于部队疲劳、战斗力减弱等原因，"一二九师伤亡多了一些"。这里主要指的就是关家垴战斗。

彭德怀有一个目的倒是达到了，那就是让大家打了一次印象特别深刻的硬仗和苦仗。陈锡联说，关家垴之战是三八五旅在历次反扫荡中打得最为艰苦惨烈的一次战斗。该旅第十三团有一名文化干事，原系东北大学学生，毕业于鲁艺。在关家垴战斗中，他受重伤阵亡。邓小平听了陈锡联的汇报后，当即追认其为模范党员。

像这样的大学生，决死一纵里有很多。关家垴之战结束后，第二十五团连机关人员在内，仅剩下五百余人，只能缩编成四个连。不过参战的两个团也真的打出来了，按照决死一纵队政委薄一波的说法，二十五团和三十八团成了"决死队战斗力最强的两个主力团"。

在华北战场上，有没有打过关家垴，就跟问一个红军有没有走过草地一样，是荣誉的标志。打过，就说明你是条不怕死、不皱眉头的硬汉子，比其他任何东西都更让人心服。

二十五团一营教导员吴效闵后来被调到别的团当政治部主任。别人见他戴一副近视眼镜、文质彬彬的书生样子，开始都有些不服气，接着打听到"吴主任（吴效闵）打过关家垴，冲过血阵"，又见他确实身手不凡，这才态度大变。

12月5日，八路军总部正式宣布结束百团大战。根据总部对外发表的数据，在这场历时105天的大战役中，八路军一共伤亡了17000余人，很多主力团元气大伤。华北方面军参谋部搜集的一份情报也显示，"（八路军）三年来惨淡经营积累的资财几乎全部耗尽，根据地的设施遭到破坏"，"要想恢复重建，绝非短时期内可以完成"。

1940年11月，重庆政府停发了八路军的所有薪饷和武器弹药供应。第二年年初的皖南事变，更将国共关系推到了破裂边缘，八路军在华北的困境进一步加剧。

根据过去十年内战和三年抗战的经验，彭德怀调整了军事策略，由过去偏重于对正规军的扩军整训，转而致力加强非正规军的建设。他还提出要建立正规军、地方军、民兵三结合的武装体制，这一体制得到了毛泽东的赞同，并在军内被普遍实施，一直到新中国成立后，它都是中共武装体制的基本形式。

百团大战给予日军打击之大，是毋庸置疑的。直到1942年秋季，华北方面军在其9月份的"战时月报"中还提到，要"警惕八路军可能再行发动第二次百团大战"。

在此情况下，日军不得不对八路军的力量和"华北治安状况"进行重新评估。

八路军有多少力量？刚到华北时，不过三万人之众，那时日本人虽然已吃过好几次亏，但并没有予以特别重视。后来的重视程度逐步升级，直到杉山元、多田实施"治安肃正"，确定"讨伐重点必须全面指向'共军'"。

一个百团大战在把日军惊得汗毛倒竖的同时，也令其大感意外。他们这才发现，就算是重视到这个份儿上，也还是不够，八路军"势力的显著增强"已经远超他们的想象。

"华北治安状况"如何？日军观察人员在向其大本营报告时，将中国占领区的"治安状况"按优劣排了个顺序，分别为内蒙古、长江三角地带、华中、华北，其中华北排在末位，是最差的。

12月26日，日本陆相东条英机与参谋总长杉山元在东京举行会谈，对侵华战略做出重大调整，其中居于首位的就是"彻底肃正华北治安"。

日军的在华兵力分布，原为华北25万人，华中29.6万人。按照东京会谈的要求，日军大本营在华中的江南地区进行了兵力收缩，以便抽出两个师团增援华北。

与此同时，多田和幕僚们也围绕着"痛苦经验"进行了检讨。他们得出的教训是，情报方面出了问题，导致对八路军的实际情况认识不足。日军在百团大战中之所以猝不及防，且受制于八路军，这是主要原因。

多田就此对参谋部的情报机构进行了力度很大的整顿，重点加强各部门对中共和八路军的情报活动，其中最引人注目的是在第二课新设了对共情报的专职参谋，以及建立了"黄城事务所"等专门针对八路军的情报组织。

1941年上半年，多田主要忙于指挥中条山战役，但也未放弃过研究如何对付八路军。他在内部的情况报告中自称，"已经逐渐掌握了'共党'及'共军'的真相"，在进攻八路军和根据地上"已有一定程度的自信"。

只是多田个人的"自信"已没有可能转化为行动，7月7日，他奉调回国。尽管名义上多田还被晋升为陆军大将，可是仅仅两个月后，他就被编入了预备役。百团大战以及"囚笼政策"的失败，被认为是导致他狼狈出局的主要原因。

在日军大本营的安排下，新的继任者即将到任，他不仅同样是一名中国通，而且比多田更为老练，手段也更为毒辣。

第五章 ╱ 搭起来再干

7月7日晚，住在东京的片山家来了一位使者。使者受对门将军的差遣，邀请片山前去作鸟鹭之战。

鸟鹭之战也就是下围棋。近一周来，片山眼见将军府人来人往，进出频繁，一直猜测将军又接受了某个重大使命。可是现在来邀他对弈，似乎又没那么回事。

片山来到将军府。将军像往常一样穿着和服，和片山打了声招呼后，便立即走向棋盘。

片山并不是第一次与将军对弈。上次他曾以输二子惨败，今天就一心想着要捞回来，于是在棋盘上使出浑身解数，尽力拼杀。不料越想赢越赢不了，他三战皆败，而且每局都输得很惨。

将军兴致很高，仍邀片山再来一局。片山见夜色已深，急忙告辞。这时将军微微欠身，一面收拾棋子，一面微笑着说："这次拜受华北最高指挥官之重任，将要再次踏上征程，后天就启程。请多关照！"

这位将军就是新任华北方面军司令官冈村宁次。冈村是日本早期陆军将领中的"三羽乌"，即三杰之一，担任过关东军副参谋长，有极其丰富的侵华战争经验。全面抗战爆发后，他曾以攻占武汉有功，而受到大本营的殊奖。大本营寄望于通过他来改变华北局面，因此欢送仪式十分隆重。陆相东条及其他陆海军将领、达官显贵等数百人前来送行，冈村胸佩彩色绶带，率众幕僚站立在东京车站的外廊上，其气势也已与弈棋时的谦恭随和迥然不同。

虽然多田不被东京认可，但前任的一些经验仍得到了冈村有选择的继承，包括多田的"囚笼政策"以及后期对情报部门的改进。当然，冈村要避免成为多田第二，他也必须清楚地知道，除了情报失误外，多田还走错过哪几步棋。

一箭双雕

在冈村的主持下，幕僚们展开了热议。比较一致的意见是，多田实施"囚笼政策"，是要将守势防御改为攻势防御，但弄到最后，其实还是变成了静止的消极防御。

有了"封锁沟""封锁墙"，日军主动对八路军扫荡的次数少了，乍一看，双方隔沟墙相对，大家也都"相安无事"，宛如签订了互不侵犯条约一样。可是在此期间，八路军却秘密积蓄力量，一旦时机成熟，便马上转入进攻。百团大战就是最好的例证。

显然，不主动实施进攻是不对的。实际上多田在离任之前也已经在酝酿发动"治安战"，对八路军和根据地进行一次大规模扫荡，但这又带来了一个问题：如果扫荡还是不能从根本上解决问题，该怎么办？

要知道，当初多田想靠"囚笼政策"来实现攻势防御，顾虑的就是这个。熟悉中共及八路军情况的参谋部第二课指出，中共具有惊人的实力。百团大战中后期，日军不是没有进行扫荡，但所实施的几次反击作战，连同两期晋中作战在内，都以徒劳无功结束。

除此之外，尽管大本营已从华中调来了两个师团，但用于扫荡的兵力还是觉得不够——华北地方实在太大，八路军又擅长游击及"敌进我退"战术，第二课为此毫不客气地预言了结果："以武装讨伐犹如驱赶苍蝇，收效极微。"

第二课主张扩大伪军，让伪军负责"治安"，日军只作后盾。第四课马上表示反对，认为伪军成事不足，败事有余，且有向八路军通风报信和变相输送武器之嫌，不宜重用。

第一课基本同意伪军不堪大用的说法，他们认为日军的长处在军事力量强，八路军的短处在于军事力量尚未充分成长起来，这时候还是应该用日军，而不是伪军去打击八路军。

在一一听取幕僚和情报参谋们的意见后，冈村做出了自己的裁断。他将华北分为三类地区。第一类是"治安区"，主要包括城市、交通线及其附近。这类地区日军能够完全进行控制，冈村决定采用"清乡"方式，用伪军和伪军组织来维持即可。

第二类是"准治安区"，也就是八路军的游击区。对此类双方相互争夺的地方，冈村的办法是逐步蚕食，一步步推行伪化和特务化，以防止八路军深入。

最后一类是"非治安区"，即抗日根据地，将动用日军大部队进行扫荡。

冈村说，古代的中国人擅于用城墙防御入侵，还建造出了长城。城墙和长城都是"隔离线"，多田在"囚笼政策"中使用的"封锁沟"和"封锁墙"也是"隔离线"。

运用"隔离线"的概念，冈村将三类地区都"隔离"开来，特别是在准治安区和非治安区的交界处，像多田所做过的那样，建立了隔离壕沟和岗楼、据点。冈村所谓的"第二次治安强化运动"由此出笼。

在实施"治安强化"的同时，冈村也积极准备运用中条山的作战经验，对根据地实施大扫荡，但因为受到"关特演"（关东军特别演习）的影响，时间上推迟了一个月。

8月中旬，日军出动重兵进攻晋察冀根据地。冈村称之为"百万大战"，意思是要对百团大战进行报复。彭德怀估计，此次扫荡的严重性"远非昔比"。

晋东南虽然并非当年日军扫荡的重点，但也面临着遭到扫荡的危险，而且地形上它比晋察冀更吃亏——晋察冀距离铁路线尚有一段距离，在日军发起扫荡后，部队和后方机关转移要从容一些，而晋东南的铁路线就在太行山的边上，转移时要困难得多。

彭德怀需要未雨绸缪。早在关家垴战斗刚刚结束时，他就下令总部特务团开赴黄崖洞，用于保护兵工厂。

当时三四四旅已开赴苏北，特务团是总部唯一一支能够直接指挥的机动部队，同时用这样一支精锐部队来守卫兵工厂，在不知内情的人看来，也难免会有大材小用之嫌。

彭德怀则自有考虑。黄崖洞所在的黄烟山与总部驻地后面的桐峪山相互呼应，在山上登高远眺，山下的山谷盆地皆一目了然。尤其南面山口高而狭长，部队只要往那里一堵，便大有一夫当关、万夫莫开之势。

彭德怀相信，特务团设防黄崖洞，可居高临下，御南北两面之敌，如此不仅能保卫住兵工厂，还能为总部安全提供保障，乃是一条一箭双雕的妙计。

冤家对头又要拼上了

彭德怀对特务团的要求是，立足黄崖洞，顶住一千乃至一万日军的进攻。

听到彭德怀在说这番话时语气很重，特务团团长欧致富即表示要不惜一切代价，坚决保住兵工厂。

然而彭德怀马上予以纠正："'不惜一切代价'的说法，我不赞成，必须要以小的代价换取大的胜利！"

显然，彭德怀已经意识到，目前条件下，他再不能不顾成本地去硬拼了，换句话说，黄崖洞绝不可以成为第二个关家垴。

关家垴战斗结束后，彭德怀曾专程上山视察，对日军的土工作业和防御体系赞叹不已。在黄崖洞防御阵地的部署上，他决定亲力亲为，不仅现场察看了特务团的所有阵地，而且从防御方向、阵地伪装，到火力配置都一一进行确定，就连一些工事的具体位置和射向也做了详细规定。

视察时，彭德怀看到南口西南侧的高地被作为防御要点，马上对欧致富说这样做不太理想。因为那块高地孤立而又陡峭，容易吃日军的炮弹，打起仗来比较被动。按照彭德怀指示，欧致富将要点改在了地形更为复杂，且既能打又能藏的南口。

至1941年7月底，经过前后八个月的苦干，特务团共构筑了坑道11节、各种堑壕9000米、掩蔽部和碉堡190个。各阵地都建起明堡暗碉群，既能相互支援，又能独立作战。

除了1月份日军曾对晋东南实施过一次扫荡外，2月至9月，太行地区都没有遭到过日军的大规模进攻。这给建筑防御体系提供了便利，同时也为特务团的训练补充创造了极佳条件。

特务团在关家垴战斗至少减员了七百到八百人，利用这段时间，部队添了许多新兵。特务团的征兵要比一般正规军严格，能挑选出来进特务团的，大多是身强体壮的棒小伙。他们本身就有较好的身体基础，再经过几次实地演练，军事素质亦有了很大提高。

10月5日晚，欧致富率部在上赤峪村休息。深夜12点，他突然被一阵急促的电话铃声惊醒了。电话是彭德怀打来的，他一开口就命令道："欧致富，你听着，所有预备队立即撤进黄崖洞。守备部队天亮前要全部进入阵地，做好一切战斗准备。"

彭德怀随后便挂上了电话。欧致富虽然还不知道敌情究竟怎样，但他仅凭彭德怀说话的口气，就知道有大仗要打了。

一个小时后，部队进入黄崖洞。这时欧致富又接到了彭德怀的电话，对方劈头就问："部队行动了吗？"

欧致富回答："已进入阵地。"

彭德怀一听缓了口气："冤家对头又要拼上了。对手是日军第三十六师团，去年在广志山吃过你们团的苦头，人家嫌不够，又找上门来了。怎么样，对付老对手能行吗？"

广志山曾是一二九师的后方医院。关家垴战斗之前，第三十六师团某部对广志山进行扫荡，总部特务团参加了反扫荡。他们在山上居高据守，成功击退日军的进攻，整个战斗仅伤亡了四十余人。

听说又是第三十六师团，欧致富立即答道："请首长放心，我们绝不会'亏待'他们的！"

见已激起部下打硬仗的劲头，彭德怀又说："人家老想进黄崖洞捡破烂，就让他进来看看。你说实话，能顶他多少天？"

"首长，你让我们顶多久，就能顶多久！"欧致富一时猜不透彭德怀的意思，只好习惯性地表决心。

彭总被他逗乐了："哈哈，你欧致富什么时候也学会了踢球这一套，又把球给我踢回来了。好吧，你听左权副参谋长的部署。"

"坚持五天怎么样？"左权接过了彭德怀手中的话筒。

欧致富不敢草率，他先征求了一下团参谋长和副团长的意见，然后加码表态："只要战局需要，两个五天也能顶住！"

"好！你们团就以五天为限，只准多，不准少。五天后再另做部署。"

即将塌下来的城墙

找上门来的日军系分别从长治、骆城、黎城抽出。编制上，他们原属第三十六师团，现在配属独混第四旅团。据侦察，该部日军数量接近一个大队，还配备有十一门火炮，所以号称"钢铁大队"。

"钢铁大队"自然绝不会是"飞行扫荡"，抓一把就走的角色，而是不来便罢，一来就想吃个大的。彭德怀的作战意图是，干脆让外围部队让开一条路，把"钢铁大队"先放进黄崖洞防区，然后由特务团在第一道防线顶两天，第二道防线再顶两天，在山顶再打一天，最后由外围部队对之实施反包围，从而形成内外夹击的有利态势。

10月8日拂晓，欧致富到各营守备区检查战备落实情况。当天下着小雪，整个山野都笼罩着一股凛然肃穆的气氛。侦察员跑来报告，说日军先头部队已迫近南口外一两公里的赤峪村。欧致富立即下令前沿连队布雷封锁通道，同时撤走吊桥，准备战斗。

接到消息时，由武乡、辽县出动的日军也正在对左会村实施合击。左会村原为八路军野战卫生部驻地，其位置在黄崖洞以西，特务团一营配置于西口，为的就是对这一方向进行警戒。

一个在西，一个在南，哪里才是日军主攻方向？彭德怀判断，日军是在声东击西，表面上看是要主攻左会，实质却是指向黄崖洞的南口。他要求特务团不要轻易动用西口的一营。

左权亲自赶到黄崖洞，除了将彭德怀的话转告给欧致富外，还特别叮嘱对方：鉴于日军配有十一门火炮，火力较猛，作战时首先要避过日军的炮火袭击，暗堡也万万不可过早暴露。

10月10日下午，日军开始炮击黄崖洞，但奇怪的是，他们不打阵地，不打纵深，却朝通道和南口两侧的空地轰了半天。过了一会儿，欧致富才领悟到，日军是想用炮弹扫雷！

前沿连队也看穿了日军的企图，在欧致富通知他们之前，就主动加强了设雷组。日军炮击一停，大家赶紧突击抢埋地雷。

日军停止炮击后，山上山下均显露出死一般的沉寂。到了傍晚，天阴沉沉的，大片大片的乌云压过来，把天空压得很低很低，就好像即将塌下来的城墙一样。

这一天日军没有贸然进攻，特务团也没有出击，但双方在精神上都高度紧张，谁也不敢松懈一下。

10月11日凌晨2点，日军先头部队利用夜色，向南口阵地前的槐树坪接近，但被特务团警戒分队发现，偷袭行动遭遇失败。

拂晓时分，日军再次集中所有火炮，按照先两侧再前沿的顺序进行轰击，半个小时后才展开了强攻。

用火炮引爆地雷并不能做到万无一失。日军驱赶了一百多只羊在前面踏雷。羊群后面是三百名步兵，步兵后面又跟着一百多名骑兵。

欧致富担心羊群会破坏前沿的地雷区，因此让七连赶紧集中火力打雷区。七连连长冀如明笑了："团长，你也被蒙住了！那一路埋的都是大踏雷，人踏马踩才响，羊才多重啊！"

连欧致富都差点沉不住气，日军当然会更容易上当。见羊群只碰响了几个绊雷，他们便把原来的一路队形变成两路，两路又分成四路，企图一举突进南口。

正往前走着，地雷突然在脚下炸响，日军顿时乱成一团，工兵想排雷，随即被两侧地堡里的机枪扫倒。

欧致富举起望远镜，看到雷区火光冲天，硝烟弥漫，石块、泥沙被炸得四处飞散。

中午 12 点，日军集中炮火向七连阵地进行报复性轰击，其中有两门炮被推至槐树坪两侧突出部，直接瞄准南口工事射击。炮火将南口左侧的工事削去一角，机枪手被压在石头底下，昏迷了过去。

见情况危急，欧致富拿起话筒，提高嗓门向总部报告，请求予以火炮还击。

百团大战结束后，八路军在华北的重火力大多被调往了延安，总部炮兵团原有山炮十四门，平射炮一门，最后只留下了四门。特务团总共配置了两门炮，十二发炮弹，就算打一发炮弹也得经过总部批准。

彭德怀回答得极其干脆，也出乎欧致富的意料："十二发全部打完，一发不剩，其中三四发打山炮阵地，其余的打集团目标。"

炮兵排早就对打击目标做了精确的瞄准。随着轰隆巨响，他们仅用两发炮弹，就把日军的一个山炮阵地连人带炮给掀翻了。余下十发炮弹也都准确无误地落到了敌群里，炸倒了一大片敌人。

尸梯

虽然炮火还击有效地杀伤了日军，但日军仍借助先前轰击的效果，向南口左侧推进了几百米，有近百名日本兵更是趁机冲进瓮坛廊。

瓮坛廊位于黄崖洞正面，它的两面皆为高达百余米的绝壁，中间是一条宽约十米、纵深五百余米的鹅卵石小道。这种地形对防守一方极为有利，尤其适合于单兵固守。七连司号员崔振芳一个人据守陡崖上的投弹所，便能用投掷马尾弹的方式阻敌。

马尾弹是黄崖洞兵工厂的自制手榴弹，它的弹体后面结着一根粗粗的麻绳，所以也称麻尾手榴弹。这种手榴弹的好处是不会在手里爆炸，而且只要你手上有劲，就可以飞得足够远。

崔振芳一气掷出 120 枚马尾弹，把身边的马尾弹全给扔光了。在他继续返回掩蔽部扛手榴弹箱时，一块被日军炮弹炸开的石块恰好飞来，崩断了他的喉管，这名年仅 17 岁的司号员不幸当场阵亡。

防御阵地上的班长王兴国也身负重伤，双目失明，但他仍躺在地上大喊："为国牺牲最光荣！一定要把敌人消灭在阵地前！"

战斗变得更为激烈。要从瓮坛廊登上黄崖洞，就必须通过一条名为"百梯栈"的石阶。百梯栈共有 120 余级石阶，分上下两段，用十余米长的活动吊桥相连接。彭德怀在视察时对此很是关注，曾经特别叮嘱欧致富："打仗时只要将桥收起来，就等于断了鬼子一条腿，我们的行动就更自由了。"

仗一打起来，特务团就收回了吊桥。日军冲到瓮坛廊尽头，才发现吊桥已被收起，可要他们返回又不甘心，急怒之下，竟然决定继续沿着十米高的绝壁往上攀爬。

守在断崖顶上和断桥头工事里的八路军看到后，在日军到达攀爬位置时突然一齐开火。一时间山沟里日军死伤枕藉，作为前导的"膏药旗"被鲜血所溅，成了"血花旗"。

日军指挥官也受了伤，他索性孤注一掷，挥着指挥刀，下令没有受伤和受轻伤的士兵，用尸体搭"尸梯"。

日军的尸体还不够多，达不到十米的高度，于是又把重伤员抢来垫，这些倒霉的重伤员被折腾得像屠宰场上待宰的猪一样嗷叫不已。

眼看日军就要踩尸攀登，八路军骨碌碌地滚下几颗大地雷。

日军几次进攻失利，只得重新实施炮击。特务团的炮弹已经全部打光，也无法还击，团指挥所到三营的电话线因此被炸断。

由于无法准确掌握前沿情况，欧致富冒着日军炮火，带着警卫员赶到了三营指挥所。

进了指挥所一看，三营营长钟玉山正对着话筒一个劲地呼叫他的代号，欧致富急忙喊道："面谈就行了，别那么大声。"

欧致富和钟玉山一起到前沿阵地进行观察，发现日军正在上赤峪到槐树坪之间重新集结兵力，集结了六七百人。欧致富给钟玉山下达命令，让各连调整前沿兵力，补充弹药，准备对付敌人的再次进攻。

话还没讲完，突然一发炮弹落在离他七八米远的地方。欧致富赶紧猫腰隐蔽，就见一团黄烟顺风卷来，怪味直呛鼻孔。他马上意识到，日军施放的是毒气弹，于是告诉钟玉山："通知前沿各连，立即戴防毒面具，没有的，撒泡尿浸湿毛巾，捂住鼻子……"话没说完，他自己已中毒昏了过去。

日军以为放了几十发毒气弹，就没事了，紧接着又发起进攻。未料特务团防护及时，全团只有十多人中毒，战斗力并未受到削弱。钟玉山虽然也中了毒，但症状较轻，仍能戴着防毒面具指挥战斗。

等欧致富苏醒过来时，部队已打退了敌人两次冲锋。见他醒来，钟玉山长舒了一口气："天哪，我还真怕你'那个'了！"

彭德怀知道欧致富一度中毒昏迷的情况后，也打来电话询问："欧致富，你怎么样，能坚持吗？如果不行……"

欧致富赶紧用斩钉截铁的语气回答："没有不行的事！首长，战士们纷纷要求打下山去，出这口闷气，早点收拾这群狗崽子。"

欧致富以为后面的这番激情表白能获得赞许，没想到彭德怀毫不客气地浇来一盆冷水："哼！你这股犟劲儿又来了。刚才不注意隐蔽，中了毒，我还没批评你哩！你是一团之长，要沉得住气，特别不要滥用兵力，随便出击。要冷静！"

"首长，我……"

"军令如山，没空磨牙！"还没等欧致富回过神来，彭德怀已经啪的一声挂上了电话。

料一料不到二

大家都知道彭德怀脾气大，爱发脾气，但也有很多人从他身上得到了完全不同的印象。比如当那些敌后情报人员回到根据地，前来给他做汇报时，彭德怀会盘腿坐在土炕上，少有地拿出个小本本认真做记录，不过小本本上的字往往只有他自己才能看得懂。其间，他还会不断地插话做指示。彭总是湖南人，湘音非常重，有的人便在下面笑着说听不懂他的话，他也从不生气。

在总部驻地，到了夏天，有的工作人员会从山上采一些五颜六色的野花，然后插在屋内的玻璃瓶里。彭总看到摆得漂亮，居然会跟个老顽童一样，趁人不注意，悄悄地将花瓶拿到自个儿的办公桌上。别人找花瓶，问到他，他倒也不赖："承认错误，原物奉还。"

也就是说，如果你是非军事干部或一般工作人员，平时跟他嘻嘻哈哈，没大没小都没事，可如果是军事干部，又正好归他指挥，那就惨了。

对待打仗这么卖力的欧致富，彭德怀的态度不说粗暴，也起码有过于简单生硬之嫌，在这方面，身为八路军副参谋长的左权常常能起到一定的弥补作用，他随后也直接打来电话，询问欧致富的情况，问是不是要到后方医院去治疗。

欧致富刚刚挨了彭德怀一顿突如其来的批评，一听就急了："根本不存在不行的问题，我冲锋不行，指挥还行！"

左权立即安慰了欧致富几句，同时表扬了前沿几个连队，说指战员们打出了八路军的威风。这些话顿时让欧致富感觉好受了许多。

接着左权又提醒欧致富，天快黑了，但日军要掩护收尸，所以还会打一阵子。

左权是非常有经验的。刚过 5 点，日军的炮火又闹腾起来，在炮火的掩护下，一大群步兵拼命往南口拥。奇怪的是，这些步兵一拥上来，就又各自散开，然后从地上拿了点什么东西，就猫着腰往回爬。

这是什么鬼战术？欧致富颇感疑惑，不过很快他就明白了：如同左权所预计的，日军在收尸呢。

这些步兵每人都揣了几条套马索，见到尸体就甩出来，套住腿的拖腿，套住头的拖头，拖着就跑。有的"尸体"还没有断气，实际上还是伤员，一拖就哇啦哇啦地乱叫。

八路军不顾日军炮火的轰击，纷纷将滚雷、手榴弹推到崖下，瓮坛廊里顿时又是一片血肉横飞的景象。

10 月 12 日，日军没有对黄崖洞发动新的进攻。晚上欧致富刚刚在指挥所入睡，电话铃就急促地响了起来。他忙将话筒拿起，一听便知道是彭德怀的声音："喂喂，欧致富同志吗？总部表扬了你，你们团打得不错！"

不知道是彭德怀自己后悔了，还是经过了左权的提醒，总之，彭德怀今天提出了表扬！

很多部下都怕彭德怀，因为在他手下做事，随时都可能被批，而被表扬的概率却极少极少。欧致富激动得一时竟然无语对答。

彭德怀话锋一转，进入正题："下一步敌人的主要突击方向，可能会改在你欧致富没有料到的地方——赤峪口东侧的那座悬崖上。"

进入黄崖洞的道路，除瓮坛廊外，尚有四条小路。这四条路全都是樵夫和药农踏出来的蹊径，知道的人并不多。彭德怀所指的，是从下赤峪村通往南口东面桃花寨的一条小路。

有四条路，为什么日军会单单选择桃花寨呢？欧致富确实有些不解。

彭德怀解释说，桃花寨的山崖又高又陡，很难上得去，防守者往往会麻痹大意。"鬼子吃尽了你们的苦头，也学得精乖了"，所以很可能将主攻方向选在那里。

按照彭德怀"以变应变"的指示，欧致富急忙调整了部署。

10月13日零时，日军果真集中所有火炮对桃花寨、跑马站实施了长时间的轰击。欧致富在桃花寨方面已有所准备，自然无事，有事的是跑马站。

跑马站是四条小路中的第二条。这是一条"之"字形的盘山小路，地面上都是核桃大小的石子，人稍有不慎就会摔倒，随石滚下，所以叫"送脚石"。人往山上走时，嘴巴几乎要吻着山坡，所以叫"亲嘴坡"。

在勘察防御阵地时，欧致富本想在"送脚石"上构筑一组地堡群，但考虑日军炮火一轰，石子会到处飞溅，人和地堡都立不住，后来只好把工事筑在靠后一点的"亲嘴坡"。

这样构筑的弱点是，无法凭借地堡火力对接近的日军进行打击。在火炮的掩护下，几十个日本兵用登山钩偷偷攀上了大断崖。

彭德怀料一料不到二。在跑马站方面，特务团不仅失去了居高临下的优势，而且日军在突破跑马站的前沿阵地后，还得以将山炮、重机枪拖上山来，反过来占有了火力优势。守卫跑马站的四连实施了反击，但反击战打得异常艰苦，派出去进行反击的两个班十八人，只有七个人未负伤，他们也未能将日军驱逐出去。

欧致富暗暗叫苦，他冒着炮火跑到二营指挥所仔细观察，这一观察他终于看出了道道。原来日军主要还是想争夺跑马站山下与桃花寨之间的深沟，以便借此路攻进特务团的核心阵地水窑口。

事情变得好办多了。欧致富当即命令八连配合四连，在从桃花寨到水窑口的路上埋设地雷——既然暂时挡不住，那就先放日军进沟，然后再吃他一顿"老虎食"。

拴牛鼻子

日军打了一个上午，在跑马站上推进了两百多米，在确认消除阻力后，突进了深沟。

欧致富预设的地雷阵奏效了——整整一个下午，沟里都响彻着地雷被踏响后的爆炸声。趁此机会，四连从左侧高地，八连从右侧山口，一个打屁股，一个打脸蛋，不停地从侧面进行射击。沟底的两百多名日本兵被打得抱头鼠窜，狼狈不堪。

为消除向水窑口进攻的侧翼威胁，10月14日，日军对四连所在高地发起进攻，双方大打手榴弹战和白刃战，驻守高地的四连一排伤亡过半。欧致富见状，即令一排剩余人员撤至四连防守主阵地，也就是一五六八高地。

日军未能攻下一五六八高地，只得重新按老战法对水窑口发动正面进攻，结果连攻两次都未能得逞。

15日，日军不仅加强兵力，还罕见地使用了燃烧弹，战场上出现了开战以来最激烈的场面。

在猛烈炮火掩护下，日军兵分两路，从东面和东南面夹击一五六八高地。经四次冲锋，高地于上午9点失守，南口至水窑口阵地由此被一剖为二。

接着，日军又从各个不同的方向，分别对南口断桥、水窑口阵地实施攻击。南口断桥阵地处于两面作战境地。扼守断桥的八连分兵抵抗，竭力使沟内之敌越不过断桥，两侧之敌也无法接近水窑口。激战中，连长、指导员相继负伤，但凭借天险，断桥仍牢牢掌握在八连手中。战士晁成一个人守断桥头阵地，衣服被日军发射的燃烧弹燃着了，他就索性扒下衣服，光着膀子继续战斗。

水窑口比南口更险，守军需与三面进攻之敌作战。其间他们一共击退了日军的十一次冲锋，阵地前遗尸累累。

傍晚，彭德怀给欧致富打来电话："欧致富同志，五天期限已满，怎么样？"

"首长，我们还能再坚持五天。"

"不必！不必！你们再拴它三天就行，这叫作'拴牛鼻子'。"

16日，日军用火焰喷射器向水窑口前沿阵地喷射火焰。八连八班工事燃烧起火，该班几乎全部阵亡，战士温德胜举着手榴弹冲向敌群，与敌同归于尽。

就在前沿阵地即将被日军突破的关键时刻，八连政治干事宋德海挺身而出，指挥九名战士在一座碉堡内坚守，使日军始终无法顺利进入水窑口。

这时敌情又变，攻上一五六八高地的日军向南压下，在原来三路进攻的基础上，形成了对水窑口的第四路进攻，战斗达到了白热化程度。所有阵地都进行反复争夺，枪炮声和手榴弹、滚雷的爆炸声响彻山谷，许多人的耳朵都被震聋了，说话得打手势。

面对险恶的战场形势，欧致富被迫将二营和团直属分队派上去，对八连进行全力支援，但最后水窑口前沿阵地仍未能守住。

彭德怀并没有因此责怪特务团，他给团政委郭林祥打来电话："你们坚守五天的期限已到，工厂机器也安全转移了，就让敌人爬进去参观好了，晚上所有部队可退至二线。"

彭德怀判断，日军的主要企图是捣毁工厂，抢夺机器。他指示特务团以静制动，找到机会再有效地杀伤敌人。

退一步海阔天空。特务团撤至二线阵地后，又重新占据了居高临下的地势。17日上午，当日军兵分两路，从水窑口向工厂区攻击时，欧致富便遵照彭德怀"稳"的要求，实施紧一阵松一阵的防御战法——日军往前攻了，二营就从一六五〇高地打它的屁股，日军要回头打二营，水窑山上的三营及团直属分队就予以追击，总之是使其顾头顾不到尾、顾尾顾不到头。

时近中午，特务团暂停射击，日军以为可以顺利进入工厂区，却没想到特务团布雷组早就在路上和崖边都埋了地雷，迎接日军的只有一桌桌"地雷餐"。

下午日军改变战术，转攻一六五〇高地，试图迂回进攻工厂区。驻守高地的二营五连打得非常顽强，排长王万年率六名战士坚守在一座由山洞改造的工事里，他们一共用完了六箱手榴弹，进攻高地的日军被炸得血肉横飞。

日军又攀崖偷袭。被发现后，战士李天光一人出来对付。这时八路军不仅有了适于近战肉搏的"八一式"步枪，而且已迅速学会了日军的拼刺技术，因此在与日军白刃拼杀时已不具明显劣势。如果是拼刺高手，那就更占便宜了。李天光恰恰是这样的高手，他一个人就用刺刀先后将十几名敌人挑下了山崖。战后被授予"刺杀好手"称号。

在让日军付出较大伤亡代价后，五连才撤出高地。日军沿高地进入厂区，但那里早已是空空如也，留给他们的只有一碰就炸的各种诱雷、绊雷和吊雷。

此时特务团仍控制左右两厢高地，掌握着战局的主动权。18日清晨，欧致富到驻守左会山垭口的一营进行部署，他刚到营指挥所，水窑口方向就响起了激烈的枪声。

狮鼠理论

欧致富立即打电话询问。原来日军不顾两侧高地的火力截击，开始分两路向左会山攻来。

因为彭德怀的特别交代，七天来，欧致富基本未调用一营的兵力。一营养精蓄锐，劲头十足，甫一接战，即以强大的火力压向日军。机枪连班长李昌标一口气射出480多发子弹，他的部下也不遑多让，机枪手帅保凭借有利地形，不断地变动射击方位，迫使日军组织了三门炮来对付他一挺机枪，可谓"一枪对三炮"。

欧致富沿着交通壕走到二连阵地。二连连长梁天发挽着衣袖，正一边指挥一挺机枪射击，一边亮着嗓门大喊："狠狠打！狠狠打！"

欧致富猛然想起彭德怀立足于稳的指示，赶紧走过去对梁天发说："稳住打！一营是特务团的预备队，要留足力量反击。"

欧致富的命令被传至各阵地：对日军要一个个地点名，不许过枪瘾。

午后日军一度突入二连阵地。二连战士边全功在日军冲到身边时，毫不犹豫地拉响了最后一颗手榴弹，与敌人同归于尽。随后二连趁日军立足未稳，一阵火力急袭，又将阵地夺了回来。

整个下午，一营先后打退了日军八次冲锋，敌人进攻的势头滞缓下来。入夜之后，二营、三营发起反击，一鼓作气地将日军赶出了水窑口。

特务团成功地完成了三天"拴牛鼻子"的任务。当天深夜，外围部队逐步朝黄烟山包抄过来，一二九师主力也进入了伏击地域，日军嗅觉很灵敏，连夜便组织了逃遁。

彭德怀下令欧致富在夜间紧咬住敌人，不使其后撤，但还是晚了一步，只有在桃花寨担任掩护的日军被包围歼灭掉了。

按照八路军总部的统计，在黄崖洞保卫战中，特务团以1500人抗击了3000多日军的进攻，鏖战八昼夜，歼敌700余人，特务团仅伤亡140余人，双方损失为五比一。

如果这一统计准确无误，黄崖洞保卫战便创造了抗战中敌我伤亡对比的最新纪录。毛泽东、朱德专门发来贺电，在贺电中号召全军学习特务团的作战经验。中央军委在1941年出版的《战役综合研究》一书中，也高度评价这次战斗为"1941年以来反扫荡的模范战斗"。

总部在战后专门召开了一次庆功大会，彭德怀在会上做了总结，提到手榴弹、地雷在黄崖洞保卫战中起到了特别大的作用，今后要更充分地加以利用。他还亲自授予特务团一面"保卫水窑立战功"的锦旗，称赞该团为"执行命令的模范"。

在打完这场漂亮仗的同时，晋察冀军区的秋季反扫荡也已结束。虽然东京电台吹嘘说，已在这次扫荡中"消灭边区'共军'"，但日军实际上并没有能够捕捉到晋察冀的领导机关及主力部队。在这方面，冈村倒还比较老实，他在北平对记者发表谈话，称那里的八路军还存在。

冈村是现实主义者，他没有愚蠢到以为一次扫荡就能完全解决问题，毕竟八路军的游击战术和生存能力，不是中条山的国民党军可比的。早在 8 月 20 日，即发起秋季大扫荡初期，冈村就在北平广播电台发表讲话，说想很快消灭'共军'是不容易做到的，但"治安"的恢复有可能。记者又问他，今后对付八路军有何良策。冈村回答得很有趣，他说八路军像老鼠，日军像狮子，狮子力大但不能捕鼠，要找猫来才行。

冈村把他的"狮鼠理论"也放到了对秋季大扫荡结果的评价上，认为这次扫荡，是"狮子扑鼠，效力不大"，也进一步证明，要肃清八路军绝非短期内所能奏效。

冈村将更多的希望放在了"猫"身上。何谓"猫"？冈村的原话是："这猫就是群众。"

通过观察，冈村发现八路军对军纪的要求极为严格。有一次在行军中，日军从路旁树上摘了一个梨子，扔给在押的八路军俘虏，结果俘虏拒绝接受，说农民的东西不能随便吃。这不是偶然现象，表明八路军官兵已经对此形成了习惯，即便在没有长官约束的情况下，也不肯破例。

同样是一名八路军俘虏。在审问时发现他曾经受过处分，而受处分的原因，仅仅是这名战士在某村庄宿营时，与一名妇女有过秘密谈话。

冈村当然了解他的部队和士兵是什么状况。他指挥过华中战场，现在又指挥华北战场，日本兵掠夺、强奸、放火的情况非常普遍，"骚扰当地居民的不轨行为"更是屡屡发生，所以八路军军纪之严，令他感到十分吃惊。

按照冈村功利化的思维，八路军这么做，当然只是纯粹为了获得民众的支持。冈村曾经派特务伪装成八路军潜入村庄，结果"妇女、儿童等毫不恐惧地与之接近"，他试了很多次，每一次都没什么差别。

冈村不是一般的日军将领，他非常清楚民众的敌对意味着什么。当他说出"这猫就是群众"时，实际上就已处心积虑地要与八路军争夺民心了。

最厉害的一个

冈村一向推崇"七分政治，三分军事"，在指挥日军进攻武汉时，就曾树起过一杆"讨蒋爱民"的旗号，如今他将其改头换面，来了个"灭共爱民"。接着又借用清军入侵明朝时的禁令，提出了"戒烧、戒淫、戒杀"的所谓"三戒标语"。遵照冈村的指令，据说日军在华北的各师团司令部每天至少在点名时都要列队高呼一次"三戒标语"。

冈村收买人心的举动，并不全都停留在口头上，也配合着一些实际举措。他自己在巡视华北前线时，对所在地日军军纪以及当地"治安情况"的好坏，有一个很直观的标准，那就是看街上能不能见到中国的年轻姑娘。若是踪影皆无，毫无疑问是因为惧怕日本兵，此谓"治安不好"。

能见到，且对他所乘的汽车感到好奇，敢于远远地从窗口眺望。此谓"治安稍好"。

如果不仅在窗口，而且还能够站在家门口眺望，甚至在日本兵往来的街道上，也能看到年轻女子在神态自若地行走，这就达到了冈村理想中的目标，即"治安良好"。

在冈村之前，多田就搞过"第一次治安强化运动"，可搞着搞着，好多地区就不知不觉地变成了抗日根据地。根据冈村上任之初的调查，截至 1941 年 7 月，八路军与日军在华北的势力范围竟然是基本相当的：日军占据主要城镇及交通干线，其面积约为百分之十，八路军的中心根据地面积也约占百分之十，剩下的百分之八十为双方势力交错的地带。

在冈村的"第二次治安强化运动"中，他所谓的"三戒"主要施行于城镇以及"治安区"。日军在华北的前线部队，不管是哪一支，基本都把这条命令当成耳边风，在对游击区和根据地进行扫荡作战时，极尽烧杀之能事，根据地军民因此总结为"烧光、杀光、抢光"的"三光政策"。

一方面是冈村在敌占区收买人心；另一方面是根据地军民处境艰险，特别是铁路两侧及其附近的居民，"真有活不下去的愤慨"。因生计所迫，一些老百姓偷偷地跑到敌占区，甚至干部中也有逃跑的。至10月，华北根据地已缩小了六分之一，仅余六座县城，其中太行区最多，也只剩下三座。根据地人口由1亿人锐减至1300万人，为历史上最低时期。

直到几年后，彭德怀仍对此念念不忘："他（冈村）的这一套极其残酷复杂的斗争形式、方法，我们都是一直不熟悉的，这套办法给我们造成的痛苦是很大的，也因此被动。"他在致电中央时承认，华北抗战从这时起就变得更加复杂和困难，其复杂困难的程度是红军时期想象不到的。

不仅是彭德怀，就连刘伯承、聂荣臻等富有经验的八路军将领也都注意到，自冈村上任以来，日军在战略思想上有了很大的发展。

应彭德怀的请求，中央军委从延安给总部派来了战略情报小组，由他直接领导，与此同时，彭德怀还要求各战略区加强对日军战略情报的收集研究。

在弄清"治安强化"的实际内容之后，彭德怀深感这一措施制定者手段的高超。他通过询问改造日俘等方式，对冈村进行了多方了解，重点掌握冈村的个性及其指挥作战的特点。他曾特别提到，"冈村这个家伙，是很厉害的一个人，他有许多地方也值得我们学习"。

在冈村之前，华北方面军及其前身华北驻屯军有过五任司令官，到他是第六任。彭德怀评价，冈村是"六个司令官里最厉害的一个"。

1941年11月1日，彭德怀在辽县下南会村主持召开北方局扩大会议。针对冈村的"治安强化"，他在会上拿出了一整套新策略，其中很重要的一点就是要发展"两面派"。

冈村的争取民心，只可能是刺刀与暴力胁迫下产生的暂时效果，华北民众根本不可能真正支持日本人，这是冈村自己也心知肚明的。他说"这猫就是群众"不过是一种粉饰，其实更主要指的还是伪军和伪组织。聂荣臻曾经一针见血地嘲弄冈村，说他要找的并不是猫，而是狗——汉奸走狗。

狗是永远不能捕捉老鼠的，但它也会跟你捣乱，而且捣乱时引起的麻烦还不会小。彭德怀主张对死心塌地的汉奸要坚决镇压，同时也要在"中国人不打中国人"的口号下，去争取那些尚有良知的人。考虑到在现有形势下，这些人还不敢明着跑到八路军这边来，所以暂时只能争取他们先成为"两面派"，也就是动摇于敌我之间，既敷衍敌人，又为八路军提供掩护和通风报信。

斗智斗勇

冈村是个绵里藏针型的敌将，其攻势一拨接着一拨，这里彭德怀刚刚拿出办法，他那里又使出了新攻略。北方局会议召开的当天，"第三次治安强化运动"接踵而来。

"第三次治安强化运动"主要是实施经济战，即对根据地实施彻底封锁，禁止任何物资流入根据地。

经济战的威胁并不亚于军事进攻，它一方面令根据地已经极端困难的经济状况雪上加霜，另一方面还使得很多必要的物资尤其是药品供应紧张。因缺少药品治疗，许多伤病员伤口恶化或病情加重。

1942年春天的一个上午，一二九师卫生处的军医萧战国正在看门诊，忽然听到门外有人气喘吁吁地喊了一声："报告！"

"请进。"萧战国抬头一看，推门进来的是彭德怀的警卫员。当时八路军总部距离一二九师师部驻地只有二十多里，彭德怀经常带着警卫员来师部，所以萧军医也没感到有什么奇怪。

不料警卫员却突然落下泪来："医生同志，彭总病得厉害，想请你去看看。"

萧战国听了大吃一惊。他只读过两年卫生学校，经验也不多，自嘲是个半拉子医生，但偏巧卫生处处长和其他老军医又都下部队去了，诊所就他一个人。

想到首长的病情耽误不得，萧战国急忙背上药包，跟着警卫员，三步并作两步地赶往师部。

进屋以后，他看到彭德怀正闭着眼睛躺在床上，脸色苍白，身体不停颤抖，额头上还挂着豆大的汗珠。

经过检查，彭德怀患的是疟疾，也就是民间俗称的打摆子。这种病在当时的太行山区非常流行，发病率也比较高。治疗疟疾，奎宁是主要的特效药，萧战国做完检查后，即从药包里取出一支奎宁要给彭德怀注射。

彭德怀见了，连忙朝萧战国摆了摆手："不要用奎宁了，我这点病用柴胡就可以了。"

柴胡是一味中药，其根茎也可治疟疾，太行山上比较容易找到。为了解决由于日军封锁，药品供应不足的困难，八路军总部药厂便自制了一批柴胡注射液，用以代替奎宁，但由于药厂技术差，设备简陋，柴胡注射液中所含杂质比较多，效果当然也比不上奎宁，有时还会出现化脓感染等问题。

萧战国恳切地劝说彭德怀："您是首长，应该用好一点的药，早一点恢复健康。"

"首长？首长就该用好药？"彭德怀不同意医生的说法，"我们现在这点好药是许多同志冒着危险，甚至用生命换来的，应该首先给重伤员用。"

萧战国还想说什么，彭德怀索性坐起身来："请给我换一支柴胡！"

实在拗他不过，萧战国只好换了一支柴胡。

萧战国说他那时见到的彭德怀：身着一套肥大的士兵服，头顶的军帽因为太小的缘故，后沿中间还剪开了一道口子。乍一看不像威风凛凛的大将，倒更像一名朴实而又倔强的老兵。

老兵是任何困难都吓不倒，也压不垮的。军医一支柴胡下去，没过几天，彭德怀就真的痊愈了。

身体一好，继续跟冈村斗智斗勇。冈村打经济战，他就打粮食战。

从小讨饭出身的彭德怀看准了，粮食才是农村的主要商品，也是战争中的主要战略物资，所谓"手中有粮，心中不慌"。从1942年起，他开始在根据地内统制粮食，也因此形成了独特的以粮食为本位的地方币制。在很长一段时间内，太行区的物价之低，都为其他地方所不及，与敌占区、国统区物价飞涨的情形更是形成鲜明对比。

为了打破敌人的经济封锁，老彭甚至学着做起了生意。他在根据地边界建立了关税制，实行对内贸易自由和对外统制贸易。

对内贸易自由，就是在根据地内允许商贩自由经营，且取消各种苛捐杂税，而对外统制贸易，则是使用税收杠杆——凡对根据地有利或急需的商品征以轻税，相反，对我利小、对敌利大的商品则课以重税，直至完全禁止进口。

彭德怀拨算盘珠子的能力可一点不比他拿枪杆子差。他一生不喜欢用笔记本，口袋里也从来不装干部通常都有的小本子，但他脑子里会装各种各样的经济数据，作报告时脱口而出，其精确程度，常常令专管财经工作的干部都感到吃惊不已。

黑五月

在北方局会议上，为反击冈村的"治安强化"，彭德怀除主张发展"两面派"外，还曾提出要派八路军和游击队到敌占区组织秘密武装，不过后者最初只是一个设想，他心中也一直未形成具体方案。

不久，冀中区报告说，他们那里有的侦察员依靠群众的掩护，可以在敌人警戒森严的保定城内一住就是好几天。彭德怀对此产生了兴趣，他想进一步了解一下：个别侦察员可以，若是人多了，能不能在敌占区活动得开来？

陈赓提供了答案。陈赓说，他的三八六旅有一个连在太谷敌占区活动了很久，从刺探情报到破坏交通，无所不为，搞出了不少名堂。

接着彭德怀又收到晋察冀军区的一份报告。该军区曾组织过一种由武装部队掩护的宣传队，名为武装宣传队。武装宣传队可深入敌人占优势的地方展开政治攻势，效果还不错。

越来越接近自己想要的那个东西了。在总结各地经验的基础上，彭德怀正式向各军区、军分区发出指示，规定每个军分区和每个旅都要建立一到两个武装工作队，然后到敌占区进行活动。这就是敌后武工队的由来。

1942年春天，冀南部分根据地被日军摧毁，但与此同时，其中的一部分村庄却在武工队的支持下得以继续公开存在。彭德怀对此感到十分兴奋，并从中认识到，武工队所能发挥的作用，绝不仅仅止于一般的抗日宣传、搜集情报和打击汉奸，这一新生事物还有其更为广阔的施展空间。

这时彭德怀正遇到一个新的挑战：在1942年的最初几个月里，华北根据地继续严重收缩，而更加令人感到不安的是，以上情况仍是在一种不知不觉的状态下发生的。

经过深入分析，彭德怀得出结论，根据地之所以还在不断收缩，其中百分之七八十的原因来自日军的"蚕食"。

"蚕食"是如何发生的？虽然看似模糊不清，但彭德怀敏锐地觉察到，其背后一定还隐藏着一套经过精心策划的方案，也就是"蚕食政策"，而"蚕食政策"的始作俑者不会是别人，准又是那个以计算周密著称的冈村。

跟冈村这种精细鬼打交道，确实很让习惯大刀阔斧的老彭头疼。和对付"治安强化运动"一样，如果不先弄清"蚕食政策"的具体策略和内容，暂时就找不到变被动为主动的有效办法。

彭德怀用了足足三个月的时间，通过对大量情报和各地经验的分析研究，才大致摸到"蚕食政策"的一般步骤及其破解之法。5月4日,由他授意,左权执笔,起草了反蚕食的重要指示,这就是著名的"五四指示"。在"五四指示"中,武工队第一次被作为反蚕食斗争的核心力量。

"五四指示"一出,即被各根据地认为是"一剂起死回生的对症药"。邓小平后来回顾道:"1942年5月以前,根据地还始终是退缩的,5月以后则完全改观。"

5月是个临界点,对华北的抗战军民来说,这是名副其实的"黑五月",此时反蚕食斗争尚未能够开花结果,新一轮空前残酷的大扫荡却已杀气腾腾地直扑而来。

5月1日,华北方面军集中五万多人,对冀中根据地实施"铁壁合围",史称"五一大扫荡"。冈村做事细致周密,每次策动军事进攻,都要做半年调查,重点就是收集八路军的情报资料,有针对性地革新自己的扫荡战法。在"五一大扫荡"中,他亲自坐镇指挥,采用了"纵横合击""对角清剿"等新战术,使冀中的八路军主力遭受了很大损失。

彭德怀对冀中形势感到分外担心,他不断下达命令,要求各部在平汉、正太线等方向出击,以牵制日军后方,减轻冀中的压力。他当时并没有想到,一个巨大的危险也正向他自己和总部一步步地逼近。

入斩队

5月15日,日军对晋东南也展开扫荡。陈赓的太岳军区首先遭到攻击,但由于太岳军区提前获得了情报,大部队已提前跳出了包围圈。扑空之后,日军随即转入第二阶段,对南部的太行军区进行扫荡。

5月22日,获悉大批日军乘坐汽车,连夜经太原向辽县、和顺方向开来,彭德怀意识到太行区也必须立即准备反扫荡作战,他和左权连夜商讨,决定立即转移。

第二天,彭德怀率总部及直属队从原驻地武军寺北移至郭家峪。这时日军增兵的情报不断传来，不到两个小时，附近都发现了数量不少的日军，表明这绝不是一次普通的中小型规模扫荡，而是堪比冀中的大扫荡，且各路日军的行动极其迅速。

以往在日军开始大扫荡的前两三天，八路军总部一般都可以准确侦知，但是此次总部事先却未能从中得到任何确切信息，显然这与日军有意采取了严格的保密措施有关。

事后查明，晋东南扫荡系按照冈村的指令，由第一军司令官岩松义雄指挥发动，所集中的日军主力达到三万余人。开始扫荡之前，部队全部重新进行了编组，他们以大队为单位编成支队，每个支队及其所属中队均配属了相当数量的伪军、翻译、宪兵、特务人员以及向导。装备方面则以轻装简从为原则，有的师团规定只带山炮，每个山炮中队仅携带两门山炮，没炮可开的炮手都另行配发步枪。这样就保证了当日军在大山区行动时，仍具备一定的机动速度和效率。

郭家峪，另外一些情报也引起了彭德怀的注意——

桐峪镇西北发现一支来路不明的武装队伍，身着便衣，携小型电台，约有一百人，后去向不明。

黎城、涉县发现一支自称是八路军新六旅的部队，每个人手上都有八路军首长的照片、简历和八路军的兵力部署图。

潞城发现一支部队，身着便衣，面涂褐色，脚穿草鞋，背大背包，不走大路，不生火做饭，不宿庄住店。

武安发现一支"八路军部队"，或分散，或潜伏于大道两侧的麦地、窑洞、山谷内，他们或捕捉八路军单个行走人员，以询问总部地址，或用小型电台侦察报告八路军动向。

…………

彭德怀由此判断，可能有一支或一支以上的日军小分队，正乔装打扮，在太行区展开秘密行动。

他的这一推测是正确的。与日军以往对晋东南实施的大扫荡不同，岩松这次扫荡的重点目标之一就是攻击八路军总部，这实际上也来自冈村的要求——冈村听取了一些与八路军打过多年交道的幕僚的意见："破坏中共组织和中枢机关乃为至要，应尽量逮捕其主要人物。"

为了更好地对八路军总部及其一二九师首脑机关进行"捕捉奇袭"，岩松从第三十六师团中抽出两个中队，组成了"特别挺进入斩队"。每支"入斩队"包括四名军官和一百名士兵，其中一支叫"益子队"，以益子重雄为队长，任务是破坏八路军总部，捕捉或刺杀彭德怀、左权等人；另外一支是"大川队"，以大川桃吉为队长，任务是破坏一二九师师部，捕捉或刺杀刘伯承、邓小平等人。

"入斩队"队员全部穿八路军服装、便衣或雨衣，打着与八路军一样的绑带，甚至使用同样的子弹带，并且随身携带电台、信鸽以及八路军首长的照片和履历。岩松对他们的要求是，尽可能捕捉或刺杀八路军首脑，如不得手，也要搅乱其指挥中枢或向大部队报告八路军主力撤退的方向。

在大部队发起扫荡之前，"入斩队"就以夜色为掩护，从警戒薄弱的地方偷偷地进入了太行根据地。他们一般不宿庄住店，万不得已时就穿上八路军服装，学着八路军打扫房屋，买物给钱，加上每队还配有二十名伪军骨干，可以与群众进行正常语言交流，所以一路上都未受阻挡，直至进入根据地的中心区。

早在 5 月 21 日晚，"大川队"就已对一二九师师部驻地进行了偷袭，虽然刘伯承已提前率师部转移，但一前一后，双方仅相差三个小时。

彭德怀深感情况严重，认为总部也有继续向北转移的必要。他指示各军区情报系统实施声东击西之技，通过散布各种假情报的方式，造成总部西撤武乡的假象，以便为总部转移提供掩护。

5 月 24 日晚，按照彭德怀的命令，总部、北方局、党校、后勤、报社的机关人员分路隐蔽转移，准备跳出日军的包围圈。

八路军反扫荡成败的诀窍，其实全在一个"跳"字，也就是在敌人合击的时候，把握时机，恰到好处地跳出包围圈。跳得太早或太晚都不好，太早了，日军会改变预定计划，再次合击你新的活动地域，奔忙半天，等于没有摆脱敌人的合围。太迟了，又会被日军包围住，脱不了身。最好的情况就是，选择日军合击圈已经形成而又未合拢的时候恰好跳出去，这时候敌人想改变部署也来不及了。

此前在这方面做得比较成功的是晋察冀军区。在1941年的秋季大扫荡中，聂荣臻利用电台对日军进行误导，率领总部机关一举跳出了包围圈。彭德怀也是想继续沿用类似办法，但是"入斩队"的出现，让这一招失灵了。

通过不断的搜索侦察，"入斩队"认定郭家峪一带是八路军总部所在地。当天早上，日机又飞临郭家峪上空，从空中给迂回进攻的日军进一步指示了方向。

总部还未离开郭家峪，日军大部队就已从四面合拢过来，总部因此失去了最佳的突围时机。

十字岭

从郭家峪走出的那天晚上，云幕低垂，星月无光。总部机关人员合计有两千多人，其中有许多是老人和妇女，后勤部门还有不少驮运辎重的骡马，要想摸黑在崎岖狭窄的山路上做到快速行军，并不是一件容易的事。

走了一夜，总部只走了二十多里路。由于行动缓慢，各部门均未能按原计划分路行进，第二天拂晓，他们同时进入了南艾铺、窑门口、偏城地区，而日军大部队根据"益子队"的报告，也对该地区构成了合围。

包括彭德怀、左权在内，几乎所有总部人员当时都没有意识到危险已经到来。在接近南艾铺村时，炊事员在村外山沟里支起大锅，煮起了小米稀饭。可是大家尚未来得及吃饭，几架飞机已从头上掠过，对地面实施了狂轰滥炸和扫射。

南艾铺一带方圆不过十余里，其间大山连绵，皆呈南北走向，又有一条山岭东西横架于众山之上，状如十字，故名十字岭。在日机发动突袭时，日军从东西两侧的十字岭上冲了下来。

总部被包围了！

总部警备连立即对身后之敌展开阻击。该连仅有两百多人，但连里百分之八十都是党员，百分之九十以上都是老红军，这在抗战中期极为少见。他们在天明时就已进入阵地，控制了附近两座山头，加上火力充足，接连打退了敌人的几次冲锋。

利用警备连争取来的时间，彭德怀和左权、罗瑞卿在南艾铺村外的树丛中开了个紧急碰头会。经过二十多分钟的商讨，确定了突围路线。

在口述完突围命令后，彭德怀纵身上马，挥手高喊："马上按指定方向突围！"他一手持枪，一手勒缰，亲率十余骑向北山口冲去。

彭德怀胯下是一匹从日军手中缴获的枣红色东洋马，目标特别明显，日军马上把火力都对准了他。警卫员赶紧在他身后呼喊："十一号（彭德怀的代号），下马！十一号，下马！"

彭德怀紧紧伏在马背上，头也不回。在众人屏声息气的观望中，他很快就率队冲出了十字岭。

"好了，好了，彭老总冲出去了，我们能冲出去了！"突围的人流纷纷向彭德怀冲出的方向涌去。

天近中午，从后面追上来的日军越来越多，人群又显慌乱。负责殿后指挥的左权站于半坡之上，对着人群高喊："冲啊，冲出山口就是胜利！"

警备连是总部用以突围的主要武装力量。左权让警卫员给连长唐万成送去他的一纸条令："总部正在转移，誓死保证安全。"

有那么一会儿，日军停止了进攻，唐万成凭借以往反扫荡的经验，还以为日军已经回撤。这时身后突然响起一声大喊："唐万成，敌人上来了！"

唐万成吃了一惊，猛地跳起来，发现"十四号"左权已站在了自己面前。顺着左权手指的方向，唐万成看到一群装扮成八路军模样的日军正钻茅草入丛林，从十字岭横插过来。

这股假八路军正是"益子队"。唐万成立即率部反击，防止了总部转移队伍被拦腰截断的危险。

日军更大的一个算计，是在佯装撤退的同时，悄悄分兵进行迂回。幸好处事机敏的左权也做了防范，他预先将野战政治部的警备连摆在山垭口前的一座山梁上，才使得总部向北转移的道路未被日军完全切断。

此时左权的断后指挥任务已基本完成。作为高级指挥员，他也应该迅速撤离战场，唐万成多次恳求左权跟他一起走，但都被左权拒绝了。

左权不肯走的直接原因是机要科的一部分人还没有能够冲出去，他生怕机要员落到敌人手里，从而导致总部的密码被破译。更深层次的原因，却是来自他身上所背负的沉重心理包袱。

突围

红军时代，高级将领中有两人被称为"年轻有为，文武双全"，其中一个是林彪，另一个就是左权。左权毕业于黄埔一期，还曾在苏联伏龙芝军事学院深造，本来前途远大，但就因为留苏时一顿饭没请王明，便被王明戴上了"托派嫌疑"的帽子，受到严格审查。之后他一直戴着这顶政治上的"金箍"，即便才华横溢，亦无法担当方面指挥的大任。

抗战期间，王明是苏联派来延安的钦差大臣，很长一段时间内都能在中央说上话，这使得左权在党内更无出头之日。共产党的干部，如果在党内无地位或遭到压制，军职再高也是枉然，左权为此"无时不处于极端的痛苦过程之中"。有一天晚上，他找到彭德怀，流着泪说："王明在中央，我永远也翻不了身了！"

彭德怀很是同情战友的遭遇，当年春天便以个人名义致电中央，为左权申诉冤情，建议中央正式给他摘帽子。不过由于延安方面未有回复，彭德怀并未把这件事情告诉左权。

在十字岭突围中，左权实际上把自己看成了一个正在被组织考验，时刻需要"在工作斗争中去表白自己"的人，而不只是一个具有宝贵价值的高级军官。他多次主动放弃了突围的机会，直到太阳偏西，才率最后一批突围人群冲至距十字岭顶峰十几米处。

正常情况下，他们只消几分钟就可以翻过山梁，到达安全地带。这时一发从南艾铺方向射来的炮弹突然在身边爆炸，飞溅的泥土扬了左权一身。左权久经战阵，知道紧接着就会有第二发炮弹射来，其下意识的动作应该是先卧倒，然后一个侧滚翻，但是他连腰都没有弯一下，仍然站在高地上大喊着指挥突围。

第二发炮弹紧跟着落下来，左权的左额、胸部、腿部均被弹片击中，鲜血淌了一地，阵亡时右手仍紧握着一把左轮手枪。

因情况紧急，左权的遗体被党校的几个学生临时掩藏在山坡的树丛中。日军撤退后，总部警备连悄悄地登上十字岭，找到遗体并予以就地掩埋。

不料，一二九师"左权阵亡"的电报被日军特务机关截获和破译。"益子队"奉命返回十字岭寻找，终于挖出了左权的棺木。他们打开棺木后给遗体照了相，相片登在了日伪报纸上，而左权的遗体则被暴尸荒野。

中国人讲究入土为安，日军此举不仅是对左权，也是对八路军的一个非常大的侮辱。

5 月 25 日晚，辽县小南山村集结了总部的第一批突围人员。彭德怀站在打麦场上逐个点名，周围喊"到"的一共只有几百人。至 27 日，其余突围人员才陆续来到小南山村集结。

情况显示，总部损失惨重。北方局秘书长张友清失踪，左权牺牲，新华社华北分社社长何云与四十多名记者牺牲，北方局调研室主任张衡宇和全室十余名工作人员牺牲……

张友清实际上是被俘了，后来牺牲于太原监狱。原北方局书记杨尚昆此时已回延安，他回顾这段经历时说，如果自己那时候还在太行前线，可能也跑不掉。

十字岭突围是抗战以来八路军所遭受的最大一次损失。彭德怀触景生情，他又想起了当年初上井冈山时，那句也许一辈子都忘不了的话。

"同志们，台坍了不要紧，搭起来再干！这是总司令说的。"彭德怀在打麦场上这样鼓舞所有突围人员，也激励他自己。

因总部通信科科长海凤阁亦在突围中牺牲，总部与延安的电台联络被迫暂时中断，直到5月29日，方得以恢复联络。彭德怀向中央报告了日军在扫荡中采用的"捕捉奇袭"等新战术，出于安全起见，毛泽东在复电中建议将总部转移至晋西北，但彭德怀仍坚持留在晋东南，他要带着大伙就近把坍掉的台子再搭起来。

总部遭袭令彭德怀异常愤慨，这一肚子火一定要先找个地方发泄掉才行。在他的命令下，一二九师新一旅"下山抱娃娃"，对长治机场发动突袭，烧掉了机场以及机场上停放的三架轰炸机，以示对该基地空袭总部的惩罚。

对"益子队"的追杀行动也随之展开。彭德怀亲自找总部特务团团长欧致富谈话，命令他务必干掉"益子队"。接受任务后，欧致富在特务团内精心挑选三十名干部战士，组成"暗杀队"，由特务团参谋处参谋刘满河负责训练，伺机展开行动。

与此同时，彭德怀还通过总部情报处，对太行各军分区发出电令，要求设法刺探"益子队"的情报，找到"益子队"的踪迹。

暗杀

冈村曾总结八路军的作战特点，认为八路军长于谍报，情报工作很厉害。

即便处于不利环境下，八路军情报系统仍保持着极高效率。新一旅突袭长治机场时，潜伏于敌占区的太南情报处便立了大功，他们通过内线，基本掌握了长治机场的地图和协防情况，这也是突袭行动能够取得成功的一个关键因素。

1942年腊月，太南情报处的特工再次从特务机关的内线那里得到情报：春节前后，"益子队"将有一个小队去祁县聚会。

当时负责祁县辖区的是太行第三军分区（三分区）情报处，太南情报处迅速将这一情报通报给了三分区。

祁县虽在三分区辖区之内，但当地情况非常复杂。在日伪军的频繁"扫荡"下，祁县县长、独立营营长、公安局局长、交通局局长等人都先后叛变投敌，原有的党政工作也遭到严重破坏。

三分区情报处在祁县已不掌握地下工作资源。所有留在县里的情报人员均由总部派遣，并分别与情报处一科科长林一保持单线联系。

三分区随即向总部汇报并请求支援。林一闻讯，决定起用情报人员。她马不停蹄地赶到祁县，召见潜伏特工刘秀峰。

刘秀峰很快就侦察到了"益子队"在祁县聚会的时间和地点，并按照林一交给他的三十一张照片，为"暗杀队"成员办好了"良民证"。

腊月二十八至二十九，"暗杀队"分期分批混入了祁县。他们进城时都不带武器，武器均由刘秀峰提供，以匕首为主。

大年三十晚上，刘满河率"暗杀队"大摇大摆地进入大德兴饭庄。大德兴饭庄正是"益子队"聚会吃饭的地方，暗杀队员们有的装成老友异地重逢，有的改扮成商人洽谈生意，有的做跑堂打扮忙前忙后，在"益子队"未加留意的情况下，他们人盯人地贴到了周围。

晚上10点，刘满河摔杯为号，队员们同时掏出匕首，向大多已喝得酩酊大醉的"益子队"扑了过去。

"益子队"的人也都是经过严格训练的特务，见情况不妙马上清醒过来。他们身上没带武器，只得拿起随手可以抄到的桌子、椅子、盘子进行反抗。整个饭店打成一团，狼藉遍地。

大家都是精选出来的，都受过训练，但是一个拿盘子，一个拿刀子，一个无准备，一个有准备，前者终究不是后者的对手。在部下接连被捅翻的情况下，日军特务小队长趁乱跑出饭店，想跳墙溜走。

眼看已爬上墙头，一名追上来的暗杀队员抱住了他的双腿。小队长挣脱不开，便朝着对面不远处的炮楼大喊求救。刘满河发现这一情况后，赶紧快步冲上前，从后面捅了他一刀。

这一刀没捅到要害，小队长叫得更厉害了。刘满河只好拔出手枪，结果了他的性命。

炮楼上的伪军听到动静，问这边究竟是怎么一回事。"暗杀队"里有会说日语的队员，他操着日语冲伪军骂了几句。伪军一听，还以为是这帮"皇军"在饭店撒酒疯，哪敢再过问。

自亮出匕首开始，只用了不到一袋烟的工夫，饭店里的日军特务便被宰了个一干二净，头颅也被全部割下来装入口袋。

时隔一天，长治、祁县、太原等地分别出现了"益子队"队员的人头，这引起了"益子队"其他队员的恐慌。为避免剩下的队员继续遭到追杀，经请示冈村同意，岩松下令解散了"益子队"。

祁县暗杀行动的成功，并不是一个完全孤立的事件。在此前后，敌后武工队逐渐在"反蚕食"中显示出了威力。

日军的大扫荡虽然气势汹汹，但所起作用只是暂时的，扫荡一结束，八路军主力便会由外线再返回根据地，用聂荣臻的话来说，无非是兜个圈子而已。另外，日军要组织一次大扫荡也不是一件容易的事，需要重新准备和部署，其间需要相当长的时间。冈村在发动"五一大扫荡"后，要再搞一次差不多规模的扫荡，就得是半年甚至是一年以后的事了。

冈村更看重的无疑是"蚕食政策"。"蚕食政策"有多个步骤，其中最关键的一步，是在预计要"蚕食"的三十至四十里范围内建立据点，然后依托据点，将被蚕食地区变成一个个方格，形成"格子网"。在格子网内，日伪军大肆捕捉抗日干部，并胁迫群众成立"维持会"，从而慢慢地把"非治安区"变成"准治安区"，直至"治安区"。

"蚕食"的效果无疑要比扫荡持久得多，而且由于其中相当一部分只需伪军和伪组织维持，日军亦可节省自身的人力物力，更好地达到其"以华制华"的目的。"五一大扫荡"之前，华北根据地之所以会不断缩小，主要就是因为冈村推出了"蚕食政策"。

"五一大扫荡"后，华北抗战形势更加恶化，最严重的是冀中根据地，主力部队基本无法在根据地立足而被迫撤往山区。在日军的"蚕食"下，冀中的七千多个村庄，有四千多个建立了伪政权组织。其他根据地的情况也大同小异，抗日政权多数无法在白天活动，有些甚至在夜间也无法工作。

为扭转这一不利局面，华北各军区、军分区根据彭德怀所发出的"五四指示"，改变了过去单纯以主力部队与日军周旋的战术，开始向"格子网"内成建制地派出武工队。武工队的数量也由最初每个军分区一个两个变成了三至五个，甚至更多。

文武双全

相比初期，彭德怀为武工队制定了更为成熟的方案，对武工队的数量、要求乃至活动方法也都有了明确规定。

武工队的人数以三十到五十人不等，绝大部分队员都是从八路军主力部队里挑选出来的班排干部，有的还是敌后作战经验丰富的老班长和连排长。队长和政委则要求至少是连级以上干部，大的武工队必须到团一级。

武工队皆着便衣，基本上人手一到两支短枪，其中最为人熟知的就是驳壳枪，也有配备马枪、卸掉了木托的冲锋枪（或称手提机枪）或掷弹筒的，但为了保证轻便，装备机枪的不多。这在当时的条件下，已足可称得上武器精良。

　　和先前八路军的"暗杀队"、日军的"益子队"相同，武工队已经具备现代小型特种部队的某些特征：深藏不露、短小精悍、快速敏捷、身手不凡。

　　与"暗杀队""益子队"不同的是，武工队执行的并不是刺杀等单项任务，其主要职责是在"格子网"内实施攻心战和宣传战。因此之故，武工队员必须做到"文武双全"，即在具备各种军事技能的同时，重点突出政治素质和宣传技能。

　　武工队的领导一般都是政工干部，由专职军事干部如团营连长担任领导的极其罕见。此外，队里还尽可能配备各种专门人才，有搞宣传的政工干部，有懂日语的敌工干部，有熟悉民情地理的当地干部，有的甚至吸收了改造日俘或者朝鲜义勇军的人参加。

　　以太行第二军分区（二分区）为例。该分区楔于正太、同蒲、白晋三大交通线之间，被称为太北的门户，是日军蚕食和扫荡最凶的地区之一。到1942年，该区纵横九个县境的根据地已被割裂成一条条一块块，完全变成了格子网。

　　二分区按照要求组织了五个武工队，并在同一个晚上越过封锁线，插入了格子网。

　　在他们进入之前，二分区的格子网已呈现出很明显的伪化趋势。不仅维持会的招牌都堂而皇之地挂了起来，而且门牌户口、身份证也都发到了各家各户，甚至传闻有的村开始全村合用一把菜刀。

　　这里每个村都有"棒棒队""肉电杆"。武工队每跳到一个村，"棒棒队"就呼啸鸣锣，并拿棒驱赶，而"肉电杆"则一村传一村地给日伪军报信。刚刚开始，武工队别说开展游击战，连立足都十分困难。

　　武工队有备而来，当然不是吃素的。他们马上展开锄奸行动，不断瞅空子打"棒棒队"、砍"肉电杆"，打完砍掉之后，便对群众展开宣传。

　　二分区已初步形成了一个相对完备的伪保甲系统。日军特务机关通过伪保甲警告村民，"谁家墙上有八路军的传单标语，就烧谁家的房子"，"谁参加八路军召开的会，听八路军宣传，一次割耳，两次断腿，三次杀头"。老百姓听到后很害怕。武工队进了村，明明看到窗口亮着灯光，一叫门，灯熄了，门也叫不开。

武工队的对策是继续寻找可以加以利用的空隙。老百姓墙上不让贴标语，就贴到伪政权机关的墙上、"皇军"的布告栏上去——你们舍得烧，就烧自己房子去吧。

另外，标语也用不着一定得贴墙上。武工队员可以像邮递员送信一样，挨门挨户直接塞进去。

不让群众开会的事情更好解决。晚上武工队找个村头高地，选个大嗓门的队员拿着喇叭筒，朝村里"广播"即可。

慢慢地，这种明暗相间的宣传战就不是日伪能挡得住的了。1942 年 8 月，一二九师展开了一次对敌政治攻势。据统计，太行、太岳两军区的武工队，共召开各种形式的群众大会 1200 余次，太行、太岳、冀南三军区的武工队，共散发宣传品 70 余万份，书写标语 5 万条。

红黑簿

在太行二分区，武工队已经不必再在荒山野地中风餐露宿了，他们可以住到老百姓温暖的窑洞里。伪保甲长也为武工队所控制，日伪军要他们每天往附近据点里送情报，他们就按照武工队的指点编造各种假情报。

这些假情报都是按路程、时间编排的八路军主力"行动图"，比如某时某刻，有多少八路军从哪一座村子经过。因为各个村子依据的都是同一版本，日军特务机关拿过去一查对，全能对得上，也便信以为真。

武工队并不承担军事任务，但可以为主力部队提供情报。这时各军区、军分区经过"精兵简政"，也将大部队拆分成若干小部队，武工队一提供情报，他们就跳过去打一仗，打完就走。

二分区所在地域的日军特务宪兵队的头目叫清水，早在"九一八"事变前就在北平从事特务活动，也称得上是个小"中国通"。在武工队成功打入格子网后，清水宪兵队不仅难以获得关于八路军的准确情报，而且还在一个月内遭到八路军主力部队的三次突袭。老百姓都悄悄议论："清水这个'中国通'通不过八路军！"

除了宣传和获得情报，武工队的另一个重大使命是对伪组织展开攻心战，从而实现彭德怀发展"两面派"的目标。

攻心战的对象主要集中于农村伪组织中的下层官兵。这些人多为当地人，他们和城市的中高级伪官不同，除个别死硬分子外，多数不过是把日本人当靠山混口饭吃。他们身上的薄弱点和突破口，很容易就能被武工队找到。

有的武工队把据点伪军的姓名、经历、家境、个性、嗜好全都调查得一清二楚，晚上就到炮楼下面点名，一个个地攻心。还有的武工队给伪军立了"红黑簿"，伪军给老百姓办了件好事，就在他名下点个红点，办了坏事，就点黑点。晚上点名时，便告诉炮楼上的伪军，你有多少个黑点了，以后就根据这个算总账。

在冀南景县，"红黑簿"的标准是"够五个黑点，就惩办"。宣布之后，据点里的伪军普遍发生动摇，有开小差的，有装病回家的，有拖枪投诚的，更多的则是开始和八路军拉关系，愿当八路军的"内线"。

有一次，敌工科的王荣轩突然碰上了一群伪军。被抓住后，他便对伪军们说："你们要是把我捆了送给日本人，那么你们每个人名下都将被点上一个黑点，我们的人会跟你们算账的。"

伪军小队长一听，赶紧和几个伪军嘀咕了一阵，然后走到王荣轩面前，低声说："不捆你了，你走吧。"

等王荣轩走出十几步，小队长又添上一句，说你一定得记住，我叫谁谁谁。看样子是想在自己名下多添个红点。

王荣轩脱险后，地下组织便趁热打铁，把这个伪军小队长也争取成了八路军的"内线"。

伪组织里的"两面派"越来越多。冀南景县的攻心战打了一个多月，差不多有一半伪军被武工队所掌握，成了八路军的"内线"。有的"维持会"从会长到一般成员，全是八路军的地下人员，有一名地方领导逗趣地说："这个'维持会'维持得不错，成了我们的干部招待所了！"

据冀南军区1942年10月的统计，在该军区范围内，武工队与伪军共建立关系1400余个，有的一个伪军小队甚至一个中队都是武工队的关系户。对此，日军也不是不知道，但他们并没有更好的办法。

从1942年下半年开始，太平洋战争的形势急剧变化，从中途岛战役到瓜岛战役，美军在海陆两方面都展开了卓有成效的反攻，特别是在瓜岛，日本陆军接连遭遇惨败。10月底，日军大本营决定将作战焦点集中于南太平洋，华北方面军成了"抽血"的重点。在这种情况下，即便日军明知伪军"身在曹营心在汉"也无可奈何，因为他们自身兵力不足，必须让伪军帮助维持，哪怕这种维持只是表面的。

1942年秋，武工队所创造的隐蔽根据地如同雨后秋笋般在华北敌后不断涌现，至冬季已相当普遍。

从这时候开始，日军所收集到的情报中越来越多地出现了"民怨沸腾""民心叛离"等让他们心惊肉跳的句子。华北方面军不得不承认，"华北治安战"开始"一蹶不振"，而八路军却逐渐扩大了势力，不仅地下活动继续深入，连表面活动也像"两年前那样活跃起来"。

刘伯承称武工队战术为"变敌进我退为敌进我进"。彭德怀迅速将这一口号推向全华北，"敌进我进""向敌后的敌后进军"为八路军冲破黎明前的黑暗吹响了号角。

黔驴技穷

冈村的"蚕食政策"已玩不转了，唯一能够让"华北治安"有所起色的就是"扫荡"。

1943年春，日军再次对太行区发动大规模"扫荡"，八路军总部驻地麻田村再次遭到突袭。只是这次彭德怀不仅有了先前的教训，而且所得到的情报准确及时，当日军包围麻田时，村子里早已空空如也。

这次"扫荡"没能扫着八路军，但是扫着了同在太行的国民党庞炳勋部队。在日军特工田中彻雄少尉的引诱下，已经山穷水尽的庞炳勋选择了投降。冈村闻讯喜出望外，亲自赶往开封，为田中颁发军功奖状。

自冈村就职华北方面军司令官后，就了解到自己辖区内没有国民党中央军，有的全是地方军。此类地方军多为过去的旧军阀，虽接受重庆政府给予的军饷，对蒋介石却并不一定忠诚。为节省兵力，冈村对庞炳勋等部向来都采取军事进攻与诱降相结合的办法，至1943年秋，除晋绥军外，几乎所有华北的国民党地方军都投降了日军。

冈村估计，到1945年，向日军投降的国民党地方军高达40万人，其中华北占到了30万人左右。

这些部队投日后，都摇身一变成了伪军，冈村希望他们"能在维持治安方面起到一定作用"。除了有讨好日本人的考虑外，先前因为争夺地盘等原因，庞炳勋等人与八路军就有宿怨，因此也摩拳擦掌。

庞炳勋曾对人夸口："八路军好比老鼠，日军好像狗，不管狗多厉害，对捕捉动作敏捷的老鼠也无能为力。我可以像猫一样，巧妙地捕捉老鼠！"

然而庹人就是庹人。话音刚落，庞炳勋所管辖的林县就遭到了八路军主力的猛攻，他手下的伪军一触即溃，被打得跟死猫死狗差不多。

1943年5月中旬，日军第六十三师团新任师团长野副昌德到达北平。在听取各种情况后，他在笔记中写道："最初的印象是民心叛离，日军虽占有点与线，但处处薄弱，宛如赤色海洋中漂浮的一串念珠，情况十分严重。"

野副所了解的还只是北平附近，华北其他地区的状况可以想见。8月中旬，在庞炳勋等大体量的"新伪军"都被八路军打得崩溃撤走后，日军第三十五师团不得不用两周时间，在林县对八路军进行扫荡，可是到了秋天，八路军破坏交通、通信线路等活动却更加激烈了。

1943年秋，武工队已完全在敌后打开了局面。在太行二分区，凡是有地下抗日政权的村庄都有了秘密的民兵武装，许多游击小组也发展成区游击队。

敌后游击战争再起。一夜之间，二分区两百多个村的维持会被全部摧毁，日军的一个特工组长也被老百姓用锄头砸死。当时日军宪兵头子清水正在开会讲话，得到消息后，气得在台上连话都讲不出了。与会的日伪"代表"更是个个被吓得目瞪口呆。

有个伪区长为稳定众人的情绪，故作镇静地说："大家安心开会，不要怕，我们有大军警戒，八路军不敢……"

话没说完，台下躲在人群中的武工队员"叭"的一枪，把他的礼帽给打飞了。

游击队将清水等人包围在开会的村子里，饿得他们整整吃了四天黑豆。

冈村案头也累积着这类日伪军遭袭击的报告。其中让他印象最深刻的一例，是说有一天日军碉堡前来了一队送葬的中国人。日军分队长不假思索让人放下吊桥，然后走出碉堡进行检查。

结果他们刚刚走到送葬人群旁边，这些送葬的人突然拔出短枪，许多短枪一齐射击。分队长等人被应声打倒，假装送葬的武工队员们冲入碉堡，将里面的残敌全部予以消灭。

武工队刚入格子网时主要是做政治宣传工作，一般不会轻易发动此类袭击，以免引起日伪军的注意。他们敢于端岗楼、拔据点、打游击，表明其斗争环境已有显著改善。

冈村显然知道外面在发生什么，但是知道是一回事，有没有办法去解决又是另外一回事。此时的冈村在华北已有黔驴技穷之感。

9月10日，彭德怀奉中央之命，从麻田八路军总部前往延安，参加正在那里举行的整风运动。参谋长滕代远留总部主持工作。

往前两个月，八路军总部剧团在麻田举行演出，里面有一场描绘晋察冀军区反"扫荡"的戏。戏中一员大将身披战袍，头戴雉翎，脚蹬高底靴，阔步雄视。

彭德怀当时也坐在人群中看戏，一听"大将"的道白，原来演员演的是聂荣臻。老彭顿时就咧着嘴乐了："我们的聂司令员是这副装扮哪！"

其实，1937年的延安戏台上，也曾经有过一位顶盔贯甲，名叫彭德怀的大将。

在即将离开华北之际，有一件事大概是这位大将军心中最感宽慰的，那就是在左权牺牲后的一年多时间里，他终于把曾经坍掉的台子重新搭了起来，与冈村的对决戏也已经有了一个可以预见胜果的结局。

第六章／谁都不怕

1943 年 10 月的一天上午，毛泽东的俄语翻译师哲在延安杨家岭遇到了一位陌生人。此人虽然未戴军帽，也没有佩戴八路军徽章，但一眼就可以看出是一位英武威严的军事将领。

　　这个人的雄姿与神采实在太容易引人注意了。在那一瞬间，师哲的脑海里甚至闪现出了古典戏曲中"武圣"关云长的形象。

　　经任弼时介绍，师哲才知道对方就是刚从前方回到延安的八路军副总司令彭德怀。初次见面，彭德怀说话不多，师哲能看出他虽然不太愿意多聊闲天，却能对事物进行深入思考。

　　此后师哲经常能够在任弼时的院子里见到彭德怀。那多半是午后休息时间，彭德怀和任弼时有时讨论问题，有时一道下棋。

　　彭德怀几乎没有什么其他业余爱好，就是喜欢下棋。他下棋非常专注，对每步棋路都会进行认真思考，吃子时的架势也和他的脾气一样吓人，通常都是砰的一声，把自己的棋子砸在对方的棋子上，然后再从棋子下面把吃掉的棋子弹出去，丢到一边。

　　彭德怀下棋的水平并不是太高，要确保赢棋，就要走捷径，也就是"悔棋"。为了"楚河汉界"上一兵一卒的得失，或一步棋子的失误，他常常会和任弼时争执个半天，好胜之心溢于言表。

　　彭德怀是个职业军人，打仗是他的职业，更是他一辈子最看重的事，所以不管是实地作战还是军事游戏，他都一样保持着一丝不苟的态度，然而这回让他惹上麻烦的却恰恰是打仗。

有口难辩

彭德怀回延安的时候，整风运动刚好进入高级干部总结历史经验教训的阶段。调他回延安，即与此有关。

回到延安，彭德怀即参加了王家坪八路军总部的整风。王家坪整风检查的是军事问题，主要就是围绕百团大战的是非问题进行讨论。

从这时候起，有人开始批评百团大战，说它暴露了八路军的力量，使敌人能够集中兵力来对付八路军，而减少了对国民党军队的压力，意思就是百团大战害了自己，帮了别人。

彭德怀当然不能同意这样的批评，他认为百团大战在军事上是打得好的，客观上如果不发动百团大战，当时也无法打破多田骏的"囚笼政策"。至于说日军的报复"扫荡"，用杨尚昆的话来说，打仗总会有牺牲，就是你不打日军，或者打日军打得不厉害，随着八路军力量的不断发展，日军也不可能听之任之，最后还是要进行"扫荡"。

冈村上任后有一段时间，由于处境极其困难，根据中央指示，八路军确实曾有意识地减少对日军主要交通线的威胁，以期减弱和缓和日军对根据地的过度压迫。

可是没有想到，日军的军事进攻却变本加厉，而己方反而因此滋长了麻痹退缩的情绪。彭德怀从那时候起更加认定，在敌后，"和敌人和平相处基本上是不可能的，我们应当叫敌人感到处处受威胁，有所顾忌！"

说百团大战减少了对国民党军队的压力同样很难让人认可。抗战不是内战，除相互摩擦之外，国民党军队和八路军就是友军，减轻友军的压力，对抗战本身是有利的，也是八路军对民族国家所做出的一份重要贡献。

现在有人提出批评，就需要当事者据理为自己辩护，但这并非彭德怀所长。他从小读书不多，不论是认识社会，还是体会其间的人情世故，都来自生活实践，他的志向、思想、感情也大多并不是从书本上得来的。毛泽东研究专家李锐分析，有可能是出于这方面的原因，彭德怀向来不太习惯，也不太善于为自己辩护。

长征时开会理会议就是这样，他本来对林彪写信的事一无所知，又波及最敏感的争夺军事指挥权问题，但在遭到毛泽东指责后，他居然"心想人的误会总是有的"，所以"采取了事久自然明的态度"，懵懵懂懂地准备"等他们（指林彪等人）将来自己去申明"。

不主动申明，别人就认准了你就是幕后指使者。后来 1959 年庐山会议，毛泽东果然又重提此事，当时还幸亏林彪站出来申明，说那封信与彭德怀无关，他写信彭也不知道，这才为彭德怀免去了一条特大罪状。

彭德怀不善舌战，但他起码做得到襟怀坦白。1945 年 2 月 1 日，延安召开华北地方军队同志座谈会（以下简称华北座谈会），彭德怀在作报告时，坦诚地总结了自己的经验教训，即在与冈村相持的初期，一直没能拿出好的应对办法，若是早一点想到武工队这一"敌进我进"的战略思路，就不会那么被动了。

可是这一态度诚恳的总结并没有换来理解。华北座谈会在讨论彭德怀的报告时，对百团大战已不仅仅是批评，而是上升到了批判，百团大战从根本上被否定了。

彭德怀个性刚烈耿直，不擅矫饰诏媚，但有时又失于过急，对同事甚至于上级的态度生硬，因此工作中不免要得罪人。杨尚昆回忆，百团大战之前，刘少奇从华中回延安，经过太行同彭德怀交谈时，曾批评太行发动群众不够。可能刘少奇批评得比较尖锐，彭德怀接受不了，二人发生了不愉快。

倒不是说刘少奇本人一定会记恨在心，对彭德怀怎样怎样。问题是连刘少奇都这样顶撞，其他人可想而知。

在华北座谈会的批判中，不少人发言时已明显缺乏实事求是的精神，都是攻其一点，不及其余。毛泽东也在座谈会上发言了，他并没有说百团大战不对，但他说抗战时期的问题要等抗战结束了才能做结论，现在不好做结论，实际上是把问题挂起来了。

本来开华北座谈会是为了总结工作，然而从批判百团大战开始，却发展到了集中对彭德怀进行批判，而且批判的热度还不断升高。

由于事先未打招呼，彭德怀对此毫无思想准备，他虽然很不高兴，可是又有口难辩。

志大才疏

1945 年 4 月 23 日，中国共产党第七次全国代表大会召开，华北座谈会暂时休会。彭德怀在七大上作了专题发言，再次检讨百团大战的得失，并做了自我批评。

应该说，他这次谈问题谈得更为深刻，既无矫揉造作之态，也无哗众取宠之心，而且说的都是心里话。与会的师哲还是第一次听到像彭德怀这样级别的领导干部做这样严厉的自我批评，他为之非常感动。

两天后，在从枣园到杨家岭的开会途中，师哲遇到了毛泽东，两人边走边谈。毛泽东首先问他："彭德怀那天在会上的发言你听了没有？有什么认识？有什么感想？"

师哲诚心诚意地回答道："他的发言我注意听了，觉得还好。谈到了实质性的问题，做了自我检讨，承认错误的态度也是诚恳的……"

话还没讲完，毛泽东就不高兴了，说："但他承认错误的态度十分勉强！也难说他是心悦诚服的。"

师哲一时语塞，不知道说什么好了。

毛泽东这一关过不了。党的七大一闭幕，华北座谈会又继续批判彭德怀。彭德怀不得不一而再，再而三地做检查，说自己入党以来带来了三个东西，即"旧军事观点、英雄主义、恩赐的群众观点"，这三个东西"十八年来未很好地清算过"。

彭德怀在延安总共被批了四十天，这四十天当然哪一天都不好熬，用彭德怀自己的话说，是整整"被骂了四十天娘"。

师哲曾担心，这样批法，会不会影响彭德怀的威信，但彭德怀在党内军内的影响力并没有因此消除，反而后期批他批得太过火，使彭德怀赢得了更多的同情和尊崇。毕竟打仗这件事大家都懂，如果百团大战前后不是彭德怀在华北主持，换个其他人去，不见得华北局面就会更好。一些人虽然在个人情感上对彭德怀有意见，但利用这个机会发泄完也就算了，没有必要穷追猛打。

当然更重要的是，战争期间，良将不可或缺。进入 1945 年，国际国内的局势都发生了急剧而重大的变化：先是德国宣布无条件投降，接着日本也宣布无条件投降，世界反法西斯战争胜利结束，但与此同时，国内的情况却更加紧张起来。

根据毛泽东的意见，中央请彭德怀搬往枣园，同书记处的其他人住在一处，书记处的会议这时也开始邀请彭德怀参加。此后随着国共紧张局势的加剧，中央又在枣园设立作战室，让彭德怀以中央军委参谋长的身份参与军事指挥。

1947 年 2 月 28 日，蒋介石将胡宗南召至南京，具体部署了突袭延安的行动计划。

抗战初期，胡宗南率部参加了淞沪会战，第一军几乎被打到光。此后他驻防陕甘地区，着力整军，部队规模又重新得到扩充。在 1944 年的灵宝战役中，冈村遣 3 万日军主力攻击潼关，关中进入了最危险的时刻，正是胡宗南所部发动反攻，才阻止了日军的西进企图。

胡宗南由此一步步到达了其声名的顶峰。周恩来在陕北接受美国记者斯诺采访时，称胡宗南是蒋介石手下最出色的指挥官，在军事上比同被蒋信任的陈诚还要出色一些。据说当时有人在洛阳掘出了一块古碑，上面刻有诗句"一轮古月照中华"，阿谀者便牵强附会地说"古月"就应在"胡"字上。

在红军时代，彭德怀与胡宗南多次交手，两人称得上是老相识了，只是从未见过面而已。抗战后，为了解决国共摩擦问题，彭德怀才到西安与胡宗南有过一次会谈。后来彭德怀回到太行，有人问他对胡宗南印象如何，彭德怀的回答是："此人志大才疏。"

常言道，闻名不如见面，见面不如闻名。胡宗南的个人形象远不如他在外的名声那么出众，他的身高据说还不超过一米六〇。大概彭德怀也想不到，这位在西安事变爆发前，甚至一度可以将他逼至绝境的对手，居然是个矮子！

除了不能排除胡宗南本身有形象失分的可能外，彭德怀这么说也自有其特殊背景——胡宗南驻军陕甘，不仅是要阻止日军西渡黄河，同时也是为了警戒甚至进攻延安。当时每逢国共关系紧张，八路军总部常能接到中央发来的急电，要求从华北抽调兵力支援和保卫延安，以应对来自胡宗南的威胁。

老彭最大的本事就是打仗，战场上他怕过谁？谁都不怕！他就是要告诉胡宗南，你虽有进攻延安之志，但还缺乏进攻延安之能。

定时炸弹

若单纯从军事实力上来看，胡宗南当然有进攻延安的条件，不然延安方面不会感到紧张，但延安也不是没有准备，他们早早就有了对付胡宗南的法宝，那就是谍战取胜。

"'共军'的确长于谍报（在其本国范围内），而且足智多谋"，这是冈村宁次在华北留下的感叹。在谍战方面，国共的差距其实相当大，几次长沙会战，国民党的密电大多遭到日军破译，作战指挥几无秘密可言，相反，日军却很少能够破译八路军的密电。

谍战的成功，与中共的高度重视有很大关系，别的不说，从八路军稍大一点的作战单位就设情报处（新四军也是如此）这一点，便可见一斑。国民党虽然也设有军统、中统，但体系杂乱、效率低下，且一般正规军人都看不起"特务"，导致其即使有谍报成果，也无法很好地运用于军事作战。

1943年7月，也就在彭德怀尚未离开太行的时候，蒋介石曾计划趁共产国际解散之机，让胡宗南派兵对"囊形地带"（指国民党所谓的延安越界地区）发动突袭。预定的进攻日期是7月9日，但7月4日朱德却明电胡宗南，直接把这件事给捅了出来。

当时胡宗南进攻延安只能偷偷进行，因为行动计划一旦公之于众，不仅日军会乘隙西渡，而且蒋介石也可能遭到盟国特别是美国的责难。朱德发出这么一份电报，让胡宗南前功尽弃。气急败坏之下，他问自己的机要秘书熊向晖该怎么办。熊向晖建议他秘密审查，一定要查出究竟是谁泄了密。

经过审查，胡宗南将两名"匪谍"嫌疑人送往了西安劳动营，然而他无论如何不会想到，真正的泄密者不是别人，就是他最为信任和倚重的熊向晖！

熊向晖是抗战初期便由周恩来亲自安插在胡宗南身边的地下党员。当年中共埋在胡宗南所部的"定时炸弹"远不止一个，在中共谍战史上，有龙潭三杰"后三杰"之说，这"后三杰"竟然全部都做过胡宗南的部下。在"后三杰"中，熊向晖名列首位，他是"后三杰"里隐藏最深、位置最关键、所起作用也最大的超级特工。

熊向晖不是没有受到过怀疑，有人曾举报他思想"左"倾或有"匪谍"嫌疑，但胡宗南却置若罔闻。其间的原因，据说是有一次胡宗南去会汤恩伯，中途夜宿村庄，无意中他发现熊向晖独自通宵警戒，由此便对熊向晖深信不疑。

也许胡宗南在练兵指挥方面没有太大问题，但他挑选考察部属的本事却着实不济，难怪彭德怀要对之不屑，用上一句"志大才疏"了。

1947年3月初，胡宗南按照蒋介石的指示，准备对延安发动突袭。为了保密，他是在部队集结完毕后才发布作战命令的，在此之前，军、师、旅长全不知情。

胡宗南以为布置得天衣无缝，但他的整套进攻计划实际上早就被熊向晖传到了延安。当然掌握了这些情报，也并不等于指挥者就一定能把仗打好。

仗刚打完，彭德怀就拍起了桌子："乱弹琴嘛！跟胡宗南这么拼下去，我们这点家当经得起几回拼？"拍完桌子，彭德怀仍余怒未消，又以总参谋长的身份当着面对有些指挥员斥责了一番。

毛泽东对西华池战斗非常关注，据说战斗打响的当天，他整夜都守着电报机未曾合眼。可是因为这场仗打得不好，全军上下意见很大，毛泽东也不得不临阵换将，调陈赓带队入陕保卫延安。

就在陈赓率部前往陕北的时候，胡宗南担心自己受到陈赓的侧击，便将他的整编第一师从陕北调回了黄河东岸。毛泽东由此认为，对延安更有效的防御，可能还是在胡宗南的侧后展开一系列作战，以迫使其回援，所以又给陈赓发去电报，取消了原先的决定。

陈赓不能来，有可能被委以重任的还有贺龙。若论历史渊源，陕甘宁的主力部队绝大部分来自红二方面军或一二〇师，不过贺龙当时正在晋绥，不在延安。

3月12日，在外围检查完部队和主阵地后，彭德怀回到延安，向毛泽东报告了设防情况。这时毛泽东仍没有直接说出要让彭德怀指挥的话，彭德怀见状便主动说，在贺龙来延安之前，"是否可由我暂时进行指挥？"

毛泽东马上点头同意："很好！"

杀鸡用牛刀

1947年3月16日，中央军委发布命令，任命彭德怀为西北野战兵团司令员兼政委，统一指挥陕甘宁所有部队。彭德怀随即离开中央军委，他要了两个手摇马达小电台，又调了参谋长、参谋、译电员，便组织起一个五六十人的小司令部。

当天，胡宗南部突破了防御部队的第一线阵地，延安处于敌军重兵压境之中，中央决定暂时撤出延安。

虽然情势看上去十分危急，但因为有了彭德怀领兵挂帅，所以中央高层都轻松了许多。一天晚上，当师哲骑马从枣园赶到王家坪时，他惊讶地发现毛泽东竟然还露出了笑容。毛泽东很自信地告诉师哲，撤出延安没有什么了不起，"你（指蒋介石）既然可以打到延安来，我一定可以打到南京去，来而不往非礼也！"

3月18日，胡宗南的军队逼近延安南郊，枪声也越来越近。黄昏时分，在彭德怀的再三催请下，毛泽东等一行人才决定撤离。临走时，他伸出一个指头对着彭德怀，说："你只要一个月能消灭敌人一个团，不用三年就可以收复延安。"

第二天，胡宗南部进占延安。胡宗南向蒋介石发电报捷，但他其实心里并不踏实，因为歼灭"陕北共军主力"的目标远未实现，这个还不能向蒋介石和外界说谎——一旦"陕北共军主力"突然出现，就不好交代了。

3月25日早晨，在熊向晖等人的陪同下，刚刚来到延安不久的胡宗南对王家坪、杨家岭、枣园进行了仔细察看。在枣园毛泽东住过的窑洞里，他从抽屉中取出一张字条，上面是毛泽东的手笔："胡宗南到延安，势成骑虎，进又不能进，退又退不得，奈何！奈何！"

胡宗南看了哈哈大笑。这是胡宗南的习惯，合乎他心意的，他哈哈大笑，道出他心病的，他也哈哈大笑。

在熊向晖的印象中，这是他最后一次听到胡宗南哈哈大笑。

早在担任军委参谋长时，彭德怀便通过对熊向晖情报的研究，完全掌握了胡部的兵力配备和具体部署。撤出延安后，野战兵团的电台又截获并破译了胡宗南发给侧翼第三十一旅的电报，在这份电报中，胡宗南下令该部进至青化砭筑工事据守。

彭德怀马上决定用伏击战歼灭第三十一旅。可是部队在青化砭埋伏了一天也没有等到敌军，众人不由疑惑起来，认为是不是走漏了消息，或者情报不准确，所以第三十一旅不来了。

彭德怀成竹在胸，他认为陕甘宁是老根据地，不会有老百姓去告密，情报更不可能出错。就军事常识而言，胡宗南需要派兵保护其侧翼，青化砭这一步棋是无论如何都要走的。

他判断第三十一旅暂时没有出现，可能是在待补粮食，补完之后一定还会继续前进。

事实正是如此。就在胡宗南看到毛泽东留下字条的那一天上午，第三十一旅终于出现在了青化砭附近。解放军"杀鸡用牛刀"，以优势兵力从东西两面实施夹击，使得第三十一旅尚未展开就完全失去了指挥。整个战斗只用了一个多小时，不仅全歼进入伏击圈的敌先遣部队，而且战场也被打扫得干干净净。

青化砭初战告捷，令西北野战兵团士气大振，毛泽东专门为此发布了嘉奖令。

青化砭在延安东北五十里处。胡宗南由此判断西北野战兵团主力也应在延安东北，遂决定集中两个兵团的重兵朝这一方向进行扫荡。4 月 2 日，毛泽东致电彭德怀，认为可以仿照青化砭一役，继续打胡宗南兵团的埋伏。

毛泽东及其中央虽一直都在陕北，但还不太了解敌人在战术上所做的改变。胡宗南这次扫荡，已吸取青化砭分兵被歼的教训，转而采用南京国防部制定的"方形战术"，即将两个兵团排成数十里宽的方阵，行则同行，宿则同宿。

西北野战兵团的主力部队仅有 26000 人，胡宗南的扫荡部队却多达 8 万，在挤成一团后，既难包围，也不易分割。彭德怀遂表示目前缺乏好的作战机会，只能继续寻打弱点再予以歼灭。

毛泽东对此深表赞许，认为彭德怀作为前线指挥员，有权根据情况的变化，独立做出判断。

彭德怀把"方形战术"叫作"小米碾子式的战法"。他决定用一种新的战术来对付"小米碾子"。这种战术实际上也是化自他最为擅长的运动战范畴，又汲取了抗战时期反扫荡的一些经验，毛泽东后来总结为"蘑菇战术"，彭德怀对此的概括简单明了："你大部队滚筒式地一跃再跃，我就让你在滚筒中推磨转圈，把你当小毛驴那样牵着走。"

胡宗南出兵扫荡之后，彭德怀只以小部队和民兵将之引向东北方面，大部队却开向相反方向隐蔽待机。

啃骨头

至4月10日，胡部八万人马在陕北的千沟万壑里已忙乎了十四天，先由西而东，再由东而西，几度往复，都无法找到西北野战兵团主力在哪里。

陕甘宁的坚壁清野做得非常彻底，国民党军每天只能爬山梁，睡野地，有时还要挨饿，部队被拖得精疲力竭，士兵开小差掉队的日渐增多。胡宗南在进攻延安之前，曾准备按照蒋介石"三分军事，七分政治"的指示，对延安实施"不要骂娘""比共产党还革命"的政治措施，这时候也无法再维持了，士兵们到处在村庄里搜集粮食，连老百姓的锅碗瓢勺都被打碎了，纪律之坏，不堪言状。

4月14日，彭德怀终于在不停地"推磨转圈"中找到战机。他在羊马河集中四个旅的优势兵力，对胡部一三五旅进行了伏击。

当天太阳偏西的时候，一名参谋向彭德怀报告："三号（彭德怀的代号），电话！"

彭德怀拿起电话耳机，声音平静而又缓慢："我，三号。"

耳机中低声传出这样的话："三号，我是王震。现在一三五旅全部被歼，活捉敌人代理旅长麦忠禹。"

彭德怀轻轻放下电话耳机，低声说："这会儿就不需要他代理了。"而后，他告诉身边的一名野司指挥员："把这个消息通知各部队。"

青化砭伏击战只歼灭敌军旅的先遣部队，羊马河则是创造了西北野战兵团首次歼敌一个整旅的先例，但从彭德怀的表情上看，这场胜利完全在他的意料之中。

羊马河之战使胡宗南部队的士气受到很大削弱，高级将领们虽然口头上还在高喊"剿共"，但内心里都已产生出惧怕解放军的心理，对胡宗南的指挥也逐渐失去信心。

胡宗南的幕僚建议他放弃延安，可是胡宗南又担心国内外的影响太大，蒋介石不会同意。经过反复商讨，他重新筹划了一个方案，打算仿效李鸿章当年"剿捻"的策略，南以主力守延安，北靠榆林据点，西借"青宁二马"，东以黄河为障，把一直掌握不住其位置的西北野战兵团主力给围起来。

胡宗南想在5月初专赴南京，当面向蒋介石提出这一方案，但内部还在筹划，中共中央和彭德怀就通过熊向晖掌握了它的具体内容。

彭德怀决定再给予胡宗南一次重击。攻击目标是延安东北的蟠龙镇，此地为胡宗南部队的补给基地，胡部各兵团在扫荡回来后都要在这里进行补给。

作为要害之地，蟠龙一遭攻击，胡部主力必然回援，但彭德怀分析，这些部队最快也要三四天才能赶回，有三四天时间，攻下蟠龙已经够用了。

蟠龙之战是攻坚战。彭德怀在战前就明确讲："如果说青化砭、羊马河两仗我们是吃了两块肥肉，那么蟠龙这一仗我们要准备啃骨头。"

5月2日，进攻蟠龙的战斗如期打响。由于缺少攻坚火炮，野战兵团只能主要靠土工和爆破作业来摧毁敌工事，因此进展较慢，从晚上打到第二天早上，也只夺取了前沿据点，无法越过外壕。

攻坚战向来不是彭德怀的强项，但这次他没有再犯指挥赣州、关家垴战斗时那样的毛病。硬骨头暂时啃不动，他便下令暂时停止进攻，一边巩固已得阵地，一边让各攻击部队召开连排班长会、战士会进行商议。

众人被发动起来后，纷纷献计献策。彭德怀最终确定用对壕作业来实施攻坚，蟠龙应声而下。

在解放战争初期，近迫式对壕作业的战法颇具首创精神，直到一年多后，它才在淮海战役中得到大规模运用。毛泽东对彭德怀以军事民主来寻找对策的做法给予了充分肯定，他后来曾对华东野战军司令员陈毅说："你们要好好学习西北部队的民主作风，特别是战斗指挥上的民主。"

蟠龙一战，负责防守的第一六七旅被全歼，所缴获的面粉、弹药堆积如山。这是西北战场上的第一次攻坚战，也是西北野战兵团第一次从战场上获得大量的物资补充。

三仗下来，彭德怀的军事指挥水平连对手都不得不叹服。胡宗南麾下大将刘戡对部下说："彭德怀有实战经验，指挥相当谨慎，又相当灵活。"

5月14日黄昏，陕甘宁边区在安塞县真武洞召开祝捷大会，以庆祝三战三捷。周恩来在会上露了面，并公开宣布了中共中央和毛泽东一直留在陕北的消息。

会是开给胡宗南看的。胡宗南得知后，两只眼睛顿时失去了光彩，他有好几天都不怎么说话，只是把手揣在裤袋里，一个人在延安的小院子里踱来踱去。

胡宗南本来按计划要保送熊向晖赴美读书，因为进攻延安才耽搁了下来。5月20日，他对熊向晖说："这里已经没有什么事了，你还是去美国吧，明天一早就走。"

熊向晖虽去美国，但陕北大局已定。几个月后，西北地下情报系统被军统破获，包括熊向晖在内，胡宗南有多名部下都被确定为是地下党。胡宗南气到脸色发青，不过即便如此，这个死要面子活受罪的国民党将军仍不敢对外声张，凡涉及他部下的案子都被他从军统要过去自行处理了，以后大多不了了之。也因此，身在美国的熊向晖竟然未受到丝毫牵连，连他自己都感到有些不可思议。

在国民党内，胡宗南尚称有作为有能力的将领，其愚如此，国民党不败，真是没天理了。

飞毛腿

西北战场上，胡宗南部队整天被牵着鼻子东奔西跑，他们几乎去过陕北的每个角落，有的地方还到过三四趟，官兵们为此怨声载道，叫苦不迭。

其实若单论跑的路，解放军比他们更多，不单单是多，还要快，否则就无法确保在运动中歼敌。可是在这种情况下，却很少有士兵埋怨，其中比较重要的一条就是官兵一致精神。

某次行军，一名领导干部骑着马，挥动着鞭子，朝士兵们不停喊："跟上！跟上！快跟上！"

彭德怀见到这一情景后很不满意。行军途中不好把部队叫停，等到了休息地点，他便把干部们找来谈话，说："带兵的人，都是从当兵的过来的嘛！应该懂得爱兵嘛！不爱兵，我们那几年的兵不是白当啦？那还能当好一个带兵的人吗？"

说到这里，他提高了声音："我今天给你们把话说破了，我们中间的个别同志就是不懂得爱兵！"

接着，彭德怀绘声绘色地把"快跟上"的场景描述了一下，最后他说："我看，这位同志应该和他的兵换个位置，让他的兵骑马奔跑，催他'快跟上'，看他是否能跟上，看他又有何感想。"

谈话结束，包括"快跟上"的那位干部在内，都放弃骑马，和士兵一样自觉地练起了"飞毛腿"。西北部队中逐渐开始流行一种说法：自己有一双"飞毛腿"，催促士兵快速行军才有发言权，也才能在没有马骑的时候，行起军来不掉队。

彭德怀时年已近 50 岁，他自己当然不可能再像年轻时候那样跟士兵一道徒步行军。因责任所系，主要指挥机构的人员也大多可以骑马，但在彭德怀的管束下，大家仍旧不敢有一点懈怠。

三战三捷后，部队在大热天连续行军，走得人困马乏。临时休息时，野司领导和机关的一些干部也打算休息一会儿，彭德怀就当场发了火："战士们背着几十斤重的东西步行，他们应该休息。我们是骑马的，为什么让我们骑马？是为了减少行军的疲劳，到了一个地方马上就能展开工作。"

他板着脸，背着手，一边说一边来回踱步："光顾睡觉，敌人这会儿也睡觉了吗？我们不立即进行工作，敌人搞什么鬼也不清楚，部队有什么情况也不知道，这哪像个打仗的样子！"

自此以后，部队行军每到一地，野司各科便忙开了，大家挂地图的挂地图，架电台的架电台，联络部队的联络部队，总之没一个人闲着或躲着。

6月16日，西北野战兵团攻占陇东的环县，守敌夺路突围。野战部队跟在后面一口气追了一百多里，被追上的国民党官兵一个个累得面如土色，口吐白沫，像死人一样躺在地上，束手就擒。

彭德怀很是高兴，他乐呵呵地赞扬参战部队："你们靠两条腿追垮敌人，是名副其实的'飞毛腿'！"

两条腿跑出了差距，胡部就此陷入"大部队打不上，小部队被吃掉"的窘境。胡宗南只得暂时把主力缩集一团，一边进行补充，一边继续搜寻西北野战兵团主力的踪迹。

进攻延安前，胡宗南曾从保密局调配了一个无线电分队，该分队拥有美国最新设备，可有效侦测无线电台的方向。8月中旬，电台侦测到西北野战兵团正向黄河以东"仓皇逃窜"，这使胡宗南喜出望外，于是立即命令刘戡、钟松两兵团南北合进，准备逼迫解放军在黄河以西与之决战。

他哪里能料到，这是彭德怀使的一计。通过熊向晖原先提供的情报，彭德怀早就知道胡宗南拥有最新的侦测电台，为了引蛇出洞，他特意指示西北局和各后方机关向黄河以东转移，并以一部兵力掩护，显示出大军将要过河的样子。

刘、钟两兵团之间，彭德怀要打的是钟。从钟松南下开始，他便下令对这支部队的行动方向进行严密监视。8月17日，根据钟松部队的前行情况，彭德怀断定其主力必然要经过沙家店，于是决心在钟松与刘戡靠拢会合之前，在沙家店予以歼灭。

钟松的整编第三十六师为胡部三大主力之一，拥有半美械化装备，歼灭的难度前所未有。在那几天，彭德怀睡眠很少，每天用手指在地图上估量着刘、钟相距的路程。他一言不发，参谋们也不敢说话，作战值班室里鸦雀无声。

8月20日，整编第三十六师在沙家店被包围歼灭，师长钟松化装潜逃，仅以身免。

这是扭转西北战局的关键一仗，整个陕北军事形势为之改观。8月23日，彭德怀召开西北野战军（即原西北野战兵团）旅以上干部会，毛泽东亲临讲话，他说："最困难的时期已经过去了，用我们湖南话来说，陕北战争已经过坳了。"

即俘即补

一个炎热的下午，一批被俘的国民党将校级军官在路旁休息。这时从西面走来两个人，前面是一个青年军人，背着短枪，牵着马，后面数十步外是一位50岁左右的中年人。只见这位中年人光着头，帽子抓在手里，脚上的布鞋已破得穿不住，只能用麻绳绑在脚面上，但走起路来稳健有力。

有一个挑水的农民当时正在树荫下休息。中年人便笑嘻嘻地走近农民问道："你给家里挑水啦？我想喝你几口水，行吗？"农民说你尽量喝吧。于是中年人就弯下身子，趴在桶沿喝了几大口水，然后他向农民道了谢，又继续向前走去。

农民应该不认得中年人，坐在一旁的俘虏也大多不识此君是谁。直到中年人离开，有人才恍然大悟似的指着说："他就是摧毁我们的那位西北战区的野战军司令员——彭德怀！"

俘虏们一下子都活跃起来，个个伸长脖子，朝彭德怀的背影张望。忽然一名战俘激动地站起来，大声说："完啦，我们完啦！看看人家，再看看我们自己吧，怎能不完蛋？国民党这回彻底完啦，完蛋啦！"

在解放战争初期，国民党将官大多经过这样一个心理过程，即从骄傲自负到感慨绝望。10月3日，彭德怀发起了清涧战役。清涧城防经过两个多月的准备，阵地坚固，粮弹充足，且地形易守难攻，因此守城的廖昂起初既不向胡宗南告急，也不讨救兵，只在电话中告诉胡宗南"万无一失"。

后来外围据点开始失守，救援的最佳时机已失，廖昂又害怕到不可自持，连主动出城突围都不敢,只会一个劲地给胡宗南发电报:"再不救援,唯死与降耳。"

10月9日,刘戡所率援兵距清涧已仅一日行程,而清涧外围据点尚未能够得到完全肃清,尤其是可以瞰制全城,被当地人称为"耙子山"的笔架山尚在廖昂之手。彭德怀很是着急,遂亲自跑到笔架山前沿阵地,观察地形以及敌军的火力点分布。他所站的堑壕在敌军机枪火力范围之内,陪同的三五八旅政委余秋里说:"彭总,这里危险,快换个地方!"彭德怀不但不听还来了气:"你们经常在这里观察都不怕,我怕什么!"

由于担心时间长了真出危险,余秋里等人只好上前把彭德怀硬架了下来。一行人刚刚离开堑壕,一梭子子弹就打在了彭德怀刚刚站着的位置。

从前沿回来后,彭德怀重新调整了部署。10月10日,野战部队一举攻下笔架山,清涧外围据点也全部得以肃清。第二天上午,守城敌军遭到全歼,师长廖昂、旅长张新等人尽皆被俘。

自撤出延安以来,西北野战军已连续作战七个月。七个月里,彭德怀都未补充解放区新兵,所损失兵员全部由解放战士(即俘虏兵)补充。这也成为解放战争时期的一个重要特征,即俘虏不再像红军时代那样直接予以释放,而是即俘即补。西北野战军各部的补充数量平均在百分之七十左右,有的连队更高达百分之八十。

"即俘即补"保证了西北野战军的兵员数量,但部队的战斗力也不可避免地会因此受到影响。冬季一到,彭德怀便对部队进行了整训,在整训过程中,他得到了一条从未有过的经验。

三五八旅有一个叫路新理的"罗克兵"(指落后战士),平时怪话非常多。见部队夜行军走山路,他就说:"钻山沟,走夜路,和土匪一样。"发了一顶解放军帽子,一看四周没人,他就扔到地上用脚踩。给他发的津贴是边区票子,他一转身就给撕了。战场上见到其他国民党部队垮得太快,路新理比老解放军还愤怒,骂他们:"你们手里拿的是枪,不是木棒,为什么不抵抗就跑了?"

路新理所在部队再三对他进行教育,他的态度稍好了一些,但还是说:"吃谁的粮，就给谁干。"打仗时，依旧畏缩不前，把头埋在地下，不瞄准就胡乱放枪。

冬季整训后的一天深夜，全连都睡熟了，路新理爬起来，抱着一包东西跑到了野外。前来查铺的连指挥员正好看见，以为路新理是想开小差，就悄悄地跟了上去。

路新理一直跑到后沟的一个土崖下，掏出一个纸牌，将之插在土坎上。接着又点燃带来的蜡烛和供香，跪下来磕过头之后便一边轻轻诉说一边痛哭起来。

钓大鱼

原来路新理出身于山东的一户逃难家庭。因病饿交加，父母亲早早就去世了，死的时候家里连吊孝的麻布都买不起。他在一家盐场打苦工，养活一个 9 岁的妹妹。有一天，国民党军队到盐场抓壮丁，就把他给抓来了，留下妹妹也不知现在到底是死是活。

路新理顾虑自己是俘虏兵，所以只好深更半夜偷偷地跑到野地，对着母亲的神位哭诉。

指挥员越听越感动，听到伤心处，忍不住走上前与路新理抱头痛哭。

第二天，全连召开诉苦大会，让路新理上台诉苦，"把仇恨记到敌人的账上"。诉苦大会的效果非常好，台上台下一片哭声，群情激愤。

彭德怀听说后，亲自到三五八旅进行调研，并参加了部队组织的诉苦大会。路新理等人的讲述也令他大受触动，因为这就是他们那一代穷人共同遭遇过的悲惨往事，可谓刻骨铭心，终生难忘。

彭德怀从中得到的体会是，俘虏兵和俘虏军官不同，他们大多出身底层，经历坎坷，只要方法得当，对之感化并不困难。回到野司后，他即通知各部队组织团营干部到三五八旅参观学习，在全军推动诉苦运动。

诉苦运动对部队战斗力的提高极为明显。有一次彭德怀问余秋里："部队情况怎样？"余秋里回答说："部队士气旺盛得很，完全可以跟敌人拼命。"

冬季整训之前，西北野战军的干部减员较多，特别是连、排、班长三级非常缺人。在诉苦运动后期，彭德怀便以"群众推荐、领导审查"的方式，从解放战士中提拔了一大批干部。这些干部后来被证明绝大多数是称职的，有的比上级内定的还要好。

彭德怀自己总结，说在红军和抗日时期，就是没有能够找到这么好的形式，如果早点找到，红军和八路军的发展要快得多，规模也要大得多。

西北野战军的冬季整训经验很快就得到了中央的高度重视和认可，毛泽东将之定名为"新式整军"，推广运用至解放战争的各个战场。

从1947年秋天开始，陈赓兵团由晋南渡河，挺进豫西。应蒋介石之命，胡宗南亲率主力增援中原战场，陕北战场上则处处分兵把守，战略方面转为被动。

根据胡宗南部队在陕北的兵力部署情况，彭德怀认为，西北野战军南下可以直接攻取的目标有二，一为延安，一为宜川。延安有两个旅的守军，且设防坚固，若攻得下来，取得的政治影响固然很大，可万一不能得手，就很容易被对方利用大肆宣传。宜川只有一个不满员的旅，不仅更易攻取，而且因为处于山脉之中，道路崎岖，更有利于设伏围歼援军。

胡宗南到豫西后，延安这一摊子全部由刘戡负责。刘戡毕业于黄埔一期，曾参加长城抗战，此人作战骁勇，因为一只眼睛被流弹所伤，人称"独眼龙将军"。相对于胡宗南，彭德怀反而更欣赏刘戡，一直说刘戡身上有一股"英雄气"。他估计，一旦宜川被围，刘戡绝不会坐视不顾，一定会带兵来援。

根据侦察，刘戡增援宜川可能走三条路线。彭德怀反复权衡，最后判断刘戡经瓦子街往宜川的可能性最大，他提出以瓦子街为重点，兼顾另外两条道路。

筹划已毕，彭德怀说："围城打援，就是要钓大鱼。我们钓刘戡，钓来钓不来有两种可能，但只要刘戡进来，他就别想出去！"

1948年2月24日，西北野战军完成了对宜川城的包围。胡宗南让刘戡派兵救援，刘戡果然立即出发，率兵向宜川开来。

与勇将打仗，双方以勇对勇，很容易就激起了彭德怀在战场上的兴奋点。在打援之前，他带上刚到职不久的副司令员赵寿山以及各纵队首长，亲自察看了瓦子街的地形。

瓦子街靠近洛宜公路（洛川到宜川），彭德怀认为刘戡最可能从这里走，就是因为这条公路便于大部队机动，增援速度快。洛宜公路两侧分布着东西走向的两条山脉，且山高坡陡，遍布林木，非常有利于野战部队隐蔽集结。

就像相过无数千里马的伯乐一样，彭德怀对这一地形十分满意，说："敌人如走这条路，足可打他个措手不及。"

尽管如此，直到深夜，他仍在对伏击方案进行反复推敲，检查是否有什么漏洞。其间他甚至还把熟睡中的赵寿山推醒，问："你看还有什么漏洞没有？"赵寿山回答说伏击方案基本上已经无懈可击，剩下的问题，"就看胡宗南肯不肯往里钻了"。

不出彭德怀所料，刘戡首选的路线确实是瓦子街，但他在陕北跟着解放军转了将近一年，对这一带地形很熟悉，因此走着走着，就开始怀疑起来。

在他的命令下，一个轻装营星夜前往公路北面的观亭进行火力搜索。谁知一去就陷入重围，混战之后，该营损失了大半。这样刘戡对观亭的情况就弄清楚了，他幕僚和部下们也均建议先集中力量打观亭，待解除侧翼威胁后，再解宜川之围。

刘戡深以为然，遂向胡宗南请示。胡宗南对彭德怀在新式整军中所取得的成果茫然无所知，他认为西北野战军在前期作战中伤亡很大，其力量不可能同时兼顾围城和打援，于是回电："宜川情况紧急，在时间上不允许先打观亭，必须按原定计划，不顾一切地兼程向东驰援。"他还鼓动刘戡，"以前找'共军'大部队找不到，现在到了你们面前，不打还行？"

大约因为打惯阵地战和正规战的缘故，国民党军在指挥方面向来都比较机械，早在抗战时，因无令撤退或赴援不及而遭处分的比比皆是，其中甚至有被处决的。时间一长，导致守城的、赴援的在一般情况下都不敢独自决策。刘戡先前因未来得及增援清涧，已被处分过一次。此时他即便明知胡宗南指挥有误，也只得硬着头皮继续率部东进。

打完了事

2月27日，除公路两侧山上偶有零星枪声外，两军并无大的接触，但刘戡内心反而更觉忐忑不安。当晚，部队在瓦子街以西宿营，他得到报告，解放军警戒部队在瓦子街以东出没，并有大部队加强工事。

刘戡对解放军在伏击战中惯用的口袋战术并不陌生，他马上意识到，瓦子街以东就是口袋底子所在，大战就在眼前，而既然上峰命令绝不可违，他面前的唯一出路，就只能是迅速击破当面主阵地后靠近宜川，与城内守军会师。

28日，刘戡部队通过瓦子街，随即遭到阻击，直至黄昏仍无法突破。

入夜，天气突变，风雪交加，不一会儿地上便积雪盈寸，攻击部队感到行动困难。这时刘戡又接到后方报告，说后方瓦子街已发现解放军，显然是从观亭方面跟踪过来的。

同一时间，刘戡所架设电台还收到了宜川守军的报告："围城之敌分别向西北及西南方向逃窜。"刘戡明白，"围城之敌"哪里是在"逃窜"，分明是来包围他们的。

有人建议，趁瓦子街尚未被解放军占领，赶快集中主力向西突围。刘戡起初采纳了这一建议，但他面临着一个问题，就是这样势必要损失惨重，突围出去后，谁向胡宗南交代。

刘戡的意思是由师以上指挥官集体负责，这样至少可以法不责众，可国民党这些将领大多不是省油的灯。整编第九十师师长严明坚持要刘戡下达正式命令，他才肯跟着撤。严明的参谋长更是不顾现实，牛皮哄哄："仗还没有打，就想跑，这种仗我们还没有打过。"

　　大家都不动，刘戡只好下令就地宿营，准备第二天再实施突围。

　　一夜大雪，使得彭德怀也不敢再有迟延，他致电中央军委："我无粮不能等待，故决向该敌围攻。"29日凌晨，由观亭出发的一纵攻占瓦子街，将后面的口袋扎了起来。刘戡前进的道路被堵死，后退的道路也被切断，已陷入解放军的包围之中。

　　原先扯皮的严明清醒过来，他主动让人转告刘戡，说如果强行突围的话，他手上尚有两个营的机动兵力可用。刘戡窝了一肚子气，他十分冲动地说："算了，打完了事！"

　　话是这么说，刘戡仍向公路以南的东南山调了一个旅，用以控制向南突围的道路。按照彭德怀的方案，东南山连同瓦子街以南的南山都由二纵控制，但因距离远，雪路难行，二纵未能及时予以占领。

　　相比于国民党军，解放军的指挥高度灵活，各基层部队皆有便宜处置权，这在很大程度上，也是长期打游击战、运动战所形成的习惯。一纵占领瓦子街后，发现二纵尚未到位，他们不待请示，便马上分兵将南山攻了下来，接着又向东南山扑去。

　　东南山成为双方争夺的焦点，战斗很快进入白热化状态。两边死伤人员都到达团级以上，团打成了营，营打成了连。

　　彭德怀"新式整军"的效果在这场山头争夺战中显露无遗。三五八旅在冲锋时，部队喊出了"为路新理的亲人报仇"的口号，路新理本人更是冲在了所在连的最前面。该旅在此战还涌现出了一名叫刘四虎的"特等战斗英雄"，以及一个打得只剩下六七个人的"硬骨头六连"。

　　3月1日拂晓，彭德怀下达总攻令。他在前线指挥所观察到，野战军对某山头的进攻受阻，但附近担任阻击的一个旅却没能见机行事，协同出击。

　　彭德怀马上给该旅的旅长打去电话，他批起下级来可不是一般的严厉。这名旅长哪敢再怠慢，赶紧带着一个团参加了冲锋。

放下电话，彭德怀亲自赶到这个旅的指挥所，一看，旅参谋长还在，便对他说，要防守阵地，只需把机枪布置好就行。在彭德怀的要求下，旅参谋长也带着部队向敌阵地冲去。

我个人没什么

至 3 月 3 日上午，宜川、瓦子街战役同时结束，国民党第二十九军的五个旅被歼，刘戡自杀，严明被击毙。

一次战役歼灭国民党军五个旅，这在西北战场乃至全国的解放战场上都是少见的，是一次空前大捷。同时，这五个旅都是战斗力较强的精锐部队，彭德怀在向中央军委报告战果时，专门指出"敌受反共教育甚深，当我合围时，经历了十余次反复猛冲"，他也承认，"若无冬季整训，难以全歼此顽敌"。

战斗结束，彭德怀的警卫员告诉余秋里："彭总这个人，从来不唱歌，全歼第二十九军的那个晚上，他哼起了湖南小调。"

要说还有什么让彭德怀不满意的，就是没能活捉那个有"英雄气"的刘戡。他不无失望地说："这次胜利的确是重大的，但我感到有美中不足之处，就是我们打死了刘戡，而没有把他活捉住。我原来是想活捉他的，遗憾！"又说，"在战场上只留下刘戡的一具死尸，这有多大的价值呢？"

彭德怀为此特别交代："要把尸体包裹好，在掩埋的地方做个标记。我们还要通知胡宗南和他的家属来认领咯！"

刘戡受优待，严明也从中沾了光，两人的尸体均被装入棺材运回西安。蒋介石闻讯悲叹不已，称："良将阵亡，全军覆没，悼痛悲哀，情何以堪。"

像彭德怀这样向来不苟言笑的人，偶尔换上笑容，并且哼哼湖南小调，肯定是极难见到的。所以当时对此留下深刻印象的，不光有警卫员，也有他身边的其他工作人员。野司三科科长刘克东回忆，彭德怀哼完小调后，突然停住脚步，把皮带往左手掌上一打，自言自语地说："彭德怀呀，可不敢骄傲哇，不敢骄傲哇！"

尽管彭德怀极力提醒自己，可骄傲这东西有时候是无孔不入的，并不是你不想它，它就不来。取得宜川大捷后，彭德怀在指挥思想上多多少少有了一点急躁轻敌的情绪，4月13日，他决定挥师挺进西府。

西府是古称，包括西安以西的咸阳、宝鸡一带。此处是胡宗南的战略后方，其中的宝鸡更是重要军事补给基地。彭德怀发动西府战役的目的有两个，一是调虎离山，迫使胡宗南撤出延安；二是实施以战养战，改善部队的装备给养，"减轻老区的负担"。

部队在打过苦仗硬仗后，其实应该像"新式整军"那样适当休整，同时对瓦子街俘虏的大批俘虏进行消化，而不该立即实施距离根据地那么远的作战。可是以老彭那样的霹雳火脾气以及一贯大刀阔斧、不容置疑的指挥风格，事前并没多少人敢于质疑。

在西北野战军长驱西府的第二天，即4月21日，胡宗南即被迫退出延安，彭德怀逼敌自撤的战略意图顺利实现。26日，西北野战军攻占宝鸡，整编七十六师师长徐保重伤被俘，后不治身亡。

也就从这时候开始，战场上的胜负手突然转变。胡宗南占领延安，对他本是一个极大的负担，被这么一逼，他反倒得以抽身。通过退出本来需要据守的城池，胡宗南一下子集中了包括马步芳骑兵部队在内的十一个旅，从东西两面对西北野战军进行合击。

彭德怀本来准备在运动中再歼敌几个旅，但东西两面的防御阵地都先后遭到突破。这使位于宝鸡的野战军主力迅速陷入背水侧地的被动地位，不仅无时间实施反击，也无法搬走城内的所有军用物资。

当时西北野战军缴获的战利品足够他们使用两年，可事已至此，也只得忍痛放弃。彭德怀决定撤出宝鸡，向陇东转移。

由于没有想到防御阵地这么快就遭到突破，部署上出现了混乱。彭德怀让电台叫通每一个纵队，亲自布置撤离的路线和集结地区，他还特别交代一、二纵队，要求集中一个团，就先撤一个团，集中一个旅，就先撤一个旅。

眼看天色渐黑，有一个部队的电台始终未能联络上，而从远处传来的枪炮声判断，敌人已经逼近野司指挥所。为防不测，警卫营紧急挖工事进行警戒，彭德怀自己也从警卫员手里要了一把左轮手枪，说："只要把部队撤出去，我个人没什么。（实在不行，）我还可以带警卫营打游击。"

直到紧急电报全部发完，彭德怀心里的一块石头才落了地，也才率野司人员进行转移。

应该砍脑壳

彭德怀把部队转向陇东，是因为看到胡宗南部队兵力集中，所以"避实击虚"，争取先摆脱胡部，然后伺机消灭马步芳部队，收复陇东。

没有想到的是，胡宗南部队一改过去密集推进的"方形战术"，实行数路并进，追得又快又急，而且在其所途经地区也不再留兵守备。

西北野战军因为不是在陕北老区，不占有地势之利，打运动战的难度大大增加。同时各部队在撤出宝鸡时就已疲惫不堪，战斗力也与宜川战役时相去甚远。彭德怀后来说，部队到了十分疲劳时，战斗力就会消失，这种情况非亲身经历很难体会，他也是在陇东才发现了问题的严重性。

东面追来的甩不掉，西面要打的也没有想象中那么容易对付。马步芳号称"青海王"（即"青马"），在西北马家军中实力居首。十年内战时期，连蒋介石的"中央军"都惹他不起，当年的西路军也正是惨败于马步芳之手。

从红军时代起，彭德怀虽曾多次打败过"宁马"，但与"青马"对阵时殊少胜绩。这主要还是因为"青马"比"宁夏二马"（即"宁马"）更为凶悍嗜血，而解放军也仍然缺乏在平原上和骑兵集团作战的经验。

与国民党军作战，解放军的刺刀和手榴弹为制胜利器，但当解放军端着刺刀发动冲锋时，预先埋伏的马家军骑兵会挥舞着马刀，突然出其不意地奔袭过来。这些骑兵个个精通刀法，砍杀凶狠犀利，相反，处于混战中的解放军却难以发挥步枪和手榴弹的作用。战场上往往听不到射击声、爆炸声，只见刀光闪烁，鲜血四溅。马踏刀砍之下，步战的解放军很快就会因死伤一地而崩溃。

马家军攻得快，撤得也快。一旦战场形势不利，立刻不约而同地拨转马头，夺路而逃。一些解放军战士会本能地扑上去，死死地抱住马头或揪住马尾巴，高喊："缴枪不杀，解放军优待俘虏！"话音刚落，马上屠夫们便毫不犹豫地手起刀落，将解放军战士砍杀于马下。

5月7日，西北野战军陷入了马家军的四面包围夹击，随一纵行动的彭德怀亦处于包围圈中。当时七一五团二营守卫路口，一股马家军骑兵向他们发起了冲击，而彭德怀带着参谋、秘书等五个人也正好朝二营走来，情况十分危急。幸好二营副营长张伯川是个老红军，有丰富的作战经验。在他的指挥下，部队使用轻重机枪齐射的方法，打得敌军骑兵纷纷落马，这才使得彭德怀一行化险为夷。

5月11日，西府战役临近结束。彭德怀来到七一六团，团长、政委知道他已四天四夜没有休息，也很少吃饭，便尽最大努力搞到几只鸡蛋，让炊事员炒好后送了过去。

据炊事员回来讲，彭德怀的确是太饿了，他就着馒头吃炒鸡蛋，吃得非常香。吃完炒鸡蛋后，又扯下一块馒头，将盘底的油擦了一遍再吃下去。

西北野战军随即召开了进行总结的土基会议。四纵负责在宝鸡以东防御胡宗南部队，对后来的被动局面负有一定的直接责任，彭德怀因此在会上对四纵训得很凶，说他们斗志不强，顶不住时又不请示报告，"应该砍脑壳"。四纵负责人在台下被训得连头都不敢抬，会议气氛很是紧张。

彭德怀自己揽下了主要责任，承认在西府战役中过急求成，并且感慨地说：

"一个人哪，（要做到）'悬崖勒马'是不容易的。"

吸取教训，彭德怀在 6 月、7 月对部队进行了集中整训，以后每打一次大战役，他也会主动停下来，尽量安排一个月的休整补充时间。

部队战斗力一回升，西北野战军在对阵胡宗南的过程中重又立于不败之地。从夏季到秋季，再到冬季，彭德怀在渭北发动的三次战役皆取得了胜绩。在秋季召开的一次前委扩大会议上，提到为什么在土基会议上要那么凶地训四纵时，彭德怀坦承自己是要"用猛火一烧以提高他们的警惕"，如果当时火力不够，便不足以"把这个纵队的士气和战斗意志鼓起来"。

彭德怀不是那种城府很深，擅于隐藏心事的人，而是想到什么便会说什么。就在这次开会期间，与会的各纵队领导提出来想看戏，正好从山西过来一个旧戏班子，里面还有名角，于是一纵负责人就让戏班子给大家演戏，并点了一出《玉堂春》。

晚上彭德怀也去看戏，当演到苏三和王三公子在关帝庙私会一场时，他低声说了句"乱弹琴"，就起身走了。第二天上午继续开会，他一到场就追问："昨天晚上是谁叫演的戏？"

原来彭德怀很不欣赏王三公子的情调。他说我不是不让大家看戏，但我们是带兵打仗的，应该多看些歌颂英雄的戏嘛。

在会议结束的晚会上，野政文工团演出了歌剧《刘胡兰》。彭德怀看了非常感动，他从头看到尾，一边看还一边轻轻地打着拍子，说："刘胡兰这样一个十几岁的伢妹子，在铡刀面前毫无惧色，为了保护别人，自己慷慨就义，真不简单！"

1949 年 2 月 1 日，西北野战军正式改称第一野战军（以下简称一野），同时纵队改称军，旅改称师。

一野兵力不多，无法独立解决西北战事。在 4 月底太原战役结束后，毛泽东将山西的两个兵团划归一野编制，使一野的总兵力由 15 万人迅速上升至 34 万人，加上地方武装，达到了 40 万人。

当时国民党军在西北的总兵力是 30 多万人。虽然兵力等方面已占据优势，但彭德怀这次没有急躁轻敌。他说，要消灭胡宗南和西北二马（马步芳、马鸿逵），不是一个战役就能解决的，必须"钳马打胡，先胡后马"，也就是先解决胡宗南，而后再打二马。

为阻止解放军西进，胡宗南被迫从西安等城市撤出，转而在渭河两岸进行布防。按照他的意图，这样不仅可以使兵力做到相对集中，而且能够实现南北呼应。

解放战争时期的胡宗南，很少能够在彭德怀身上占便宜，他的架子才刚刚摆出，就已经被对方看出了破绽。

鲜血把沟渠都染红了

胡宗南所露出的破绽，不是他看不到，而是出于不得已。首先是他没有战役预备队，作为主力的五个军全都摆在了渭河两岸；其次是渭河两岸没有供大部队渡河的设备，一旦解放军发起进攻，南北之敌无法相互增援。

利用这一破绽，彭德怀派第二兵团绕道隐蔽西进，由侧后进行迂回。在这一行动当中，表现最佳的是第四军，他们一昼夜前进 140 里，截断了敌军的西逃退路。

第四军就是在土基会议上被彭德怀狠狠训过的四纵。彭德怀立即发电慰勉，并且高兴地说："对啦，就是要这样！"

7 月 12 日，一野对胡宗南部队实施了包围。在西北战场上，胡宗南所部因多次遭到歼灭性打击，早已士气不振，战斗力也大为削弱。在极短的时间里，分布于渭河两岸的四个军就被解决掉了，仅一个军随胡宗南退守秦岭。得到战报，彭德怀把拳头往桌上一击，说："很好，这才叫全胜！"

胡宗南至此已经是泥菩萨过河，自身难保。西北二马成了下一个要打击的目标。7 月下旬至 8 月上旬，彭德怀发动了陇东追击战。

包括西府战役，一野已有多次在陇东与马家军作战的经历。他们在吃足苦头的同时，也练到了本事，基本掌握了打骑兵集团的办法。行军时，为防止马家军骑兵进行大规模突然袭击，各部队会指定观察人员，并组织三层火力网。

第一层，发现骑兵扬起的沙尘，用迫击炮和轻重机枪打。如果第一层被冲破，则端起轻机枪进行扫射。要是两层火力网都挡不住骑兵的冲击，步兵便上好刺刀，直接冲上去拼杀——马刀没有"八一式"步枪长，而且步兵还可以加上射击，近战肉搏时并不完全处于下风。

西北二马本身心就不齐，双方均想保存实力，见骑兵冲击战术失灵，便分别向兰州、宁夏撤退。8月4日，彭德怀发布了攻击兰州的预备命令，矛头集中对准"青马"，也就是老窝设在青海的马步芳。

彭德怀不怕马步芳守兰州，就怕对方不守。因为万一让马步芳逃回青海，解放军将被迫在辽阔的少数民族地区作战，那里人烟稀少，粮食短缺，作战的困难将会大大增加，解放大西北的时间也势必随之延长。

不过彭德怀料定，兰州系西北军事政治中心，马步芳不会舍弃兰州不管。他告诉部下们："如果他（马步芳）真的不跑，就到了我们把他消灭的时候了。"

由于陇东追击战较为顺利，从彭德怀开始，一野上下都不同程度地产生了麻痹轻敌的思想，表现在实战中就是急于求胜。部队抵达兰州外围的第二天，在准备不足的情况下，野司就下令对兰州外围阵地发起尝试性进攻。

对解放军而言，攻克兰州就基本上解决了西北问题。同样，马步芳也把兰州决战看成是自己生死存亡的关键，用来据守城区的全是马家军最精锐的部队，加上工事坚固，导致一野在外围打了一天，付出很大伤亡代价不说，连一个阵地都没能拿得下来。

彭德怀赶紧下令停止攻击，重新对地形和敌军的火力部署进行侦察。经过侦察，发现敌军主力在南山，而北面黄河铁桥则是其撤逃的唯一退路。

8月25日，在适当调整兵力部署后，彭德怀认为攻占兰州已有六七成把握，遂以南山为重点发起总攻。

战斗一开始就打得异常激烈。双方对山头进行逐个争夺，主攻狗娃山的第二十八团将团指挥所设于狗娃山上的一个小窑洞里，敌军的炮弹不断在窑洞周围落下，窑洞里经常尘土飞扬。有一次，一颗炮弹落在窑洞门口，正准备走出去的作战参谋赵国瑛被震得头晕目眩。他还以为自己被弹片击中了，从尘土中爬起后，才发现居然无恙。

两边先是拼子弹拼炮弹，子弹炮弹打完了，就拼刺刀。马家军士兵步战时仍然十分彪悍，在宗教精神等因素的支配下，他们光着膀子，举着马刀，一边大喊"天门开了"，一边漫山遍野地进行反冲击。

之前解放军与"青马"进行白刃战，很少能占便宜，有时眼看"青马"冲了过来，炮兵匆忙之下开炮，还伤了不少自己人。到了这场战斗，一野连红缨枪和大刀都准备好了。在狗娃山战斗中，甘肃人张保英一人用红缨枪刺杀十一名对手，战后被授予"特级战斗英雄"的称号，当时能拿到这个荣誉的解放军战士，全国也寥寥无几。

赵国瑛的遭遇则异常惊险。打白刃战时，他正好从指挥所里往外冲，一抬头就见一把大刀硬生生朝他劈来。当时要躲避根本就来不及，是身边的一位战友眼疾手快，用尽全身力气猛地一推，才让他侥幸躲过了致命一击。

这是西北战场上规模最大、战斗最激烈的一次攻坚战，也是一次名副其实的恶仗。第二十八团在此战中伤亡人数多达三百多人，其中仅连级以上干部就有六七人。狗娃山上，鲜血把沟渠都染红了。

实际上，狗娃山的战斗还只属于牵制性进攻。在南山的其他主阵地上，战斗更为惨烈。有的团建制上有1500余人，到战斗结束时仅剩几百人。

当天下午，解放军攻占了南山的大部分主阵地。指挥守城的马继援见大势已去，便从阵地上秘密撤走主力，趁夜幕降临之际，通过黄河铁桥撤往北岸。

经过一个白天的血战，一野各部队再次领教了"青马"的顽强凶悍，大家都在进行整顿和调整，准备第二天再战，没有人想到马家军会在这个时候抽身走人。

最早发现马家军要跑的是第三军。这个军被彭德怀作为总预备队，他们的任务是第二天投入作战。当天晚上10点，三军七师的几个侦察兵摸上狗娃山侦察，却发现敌阵地上已空无一人。经过继续深入，侦察兵们抓住了一个敌军逃兵，一审，才知道了敌人动向。

七师一边上报，一边急忙派出部队直插黄河铁桥。当部队赶到铁桥附近时，看到桥上车水马龙，敌军正蜂拥着过桥，他们立即开火，从而切断了敌军的这一退路。

26日中午，兰州城内的巷战结束。尽管马继援率一部分部队逃离了兰州，但"青马"主力基本上都被消灭掉了，此后随着王震率第一兵团解放西宁，"青马"被彻底解决。

"青马"完结，"宁马"更是独木难支。9月初，一野第十九兵团兵分三路向宁夏进军，"宁马"布置的三道防线全部遭到突破。9月23日，"宁马"残部被迫签订和平协议，第十九兵团顺利进驻宁夏。

此后一野在西北已无大的战事：新疆和平解放，胡宗南亦率残部逃往四川。

彭德怀也跳下战马，脱下征衣，以西北军政委员会主席的身份，为恢复和发展西北经济尽心尽力。

1950年10月的一天中午，彭德怀正在他位于西安的办公室内批阅文件。突然有两名干部走进办公室，他们向彭德怀举手报告，然后说："毛主席请您立即乘飞机去北京开会。"

彭德怀以为召他入京，是要汇报西北地区的经济恢复计划，但来人回答说他们也不清楚，只是周恩来亲自交代过，飞机一到西安，就马上接彭德怀入京，一刻也不能耽误，还要严格保密。

连夫人也来不及告别，彭德怀就匆匆登上了前来迎接他的飞机。临上机前，他还没有忘记让秘书把西北地区的经济规划方案、调查报告统统带上。

第七章 / 叱咤则风云变色

10 月 10 日，离朝鲜战争爆发三个多月，离美军成功登陆仁川半个多月。当天美军已越过"三八线"（朝韩临时分界线，以北纬 38 度为界），进入朝鲜北部。据周恩来的机要秘书康一民回忆，就在同一天，秘密访苏的周恩来、林彪一行在斯大林位于黑海边的休养所，与斯大林进行了会谈。

由于苏联也不愿意冒和美国直接交战的风险，斯大林估计，朝鲜在没有后援的情况下，至多只能维持一周，与其让朝鲜进行无望的抵抗，还不如早点主动撤退为好。这时，林彪插话说，朝鲜境内多山多森林，朝军完全可以继续留在朝鲜，凭借山沟森林与美军进行长期的游击战。

林彪所遵循的只是中国经验。斯大林很清楚美朝两军的实力对比，所以他对林彪的建议不感兴趣，不过他说，如果中国还愿意出动一定数量的兵力，苏联将会提供武器装备。

会谈的结果，是斯大林让中国立即转告朝鲜，要金日成不失时机地早日做好撤退准备。

第二天，访苏代表飞返莫斯科。康一民收到了毛泽东刚刚发来的电报。康一民看完后用双手抱着头，一言未发地坐到了沙发上。

担任翻译的师哲看完电报也大吃一惊，急忙转身向周恩来报告。周恩来不相信电报内容，认为他可能看错了。

康一民、师哲都没有看错，电报中的内容与他们几个小时前与斯大林谈话的要旨完全相反。因为电文的第一句就是："你们走后，我们继续开会，政治局同志多数人主张出兵。"

不服老

事实是，在周恩来、林彪离京后，毛泽东做了政治局委员们的工作。当时毛泽东在中共党内的威望极高，既然他下了决心，其他人自然也就没什么意见了。

出兵援朝需要有声望卓著、具有出众指挥才能且战绩彪炳的方面军大将挂帅。当时具备这一条件的人选并不多，主要集中在彭德怀、林彪、粟裕等几个人身上。

粟裕原先的知名度不高，在军内的地位也只与陈赓相仿，但是他在解放战争特别是淮海战役中的出色指挥，令其一跃进入了国内的顶尖名将行列。据说在考虑挂帅问题时，毛泽东第一个想到的就是粟裕，粟裕也已接受下来，不过他当时正在生病，难以正常理事，经疗养暂时也无好转迹象，毛泽东只得另择他人。

首批入朝志愿军系由东北边防军改编，全部出自四野，按道理由林彪挂帅是最合适的。毛泽东不用林彪，按照聂荣臻的说法，是林彪自己害怕了，"托词有病，硬是不肯去"。聂荣臻与林彪有多年共事的经历，他说他那时也感到奇怪得很，因为从来没有看到过林彪会害怕到这个程度。

当然这应该主要指的是林彪去苏联之前。当时他和绝大多数政治局委员的态度是一致的，就是都对出兵持保留态度。"文化大革命"中，被关押的彭德怀也曾回忆道："他（林彪）对抗美援朝不满，说中国和美国物资差别太大，不能打。"

不过在毛泽东拍板援朝之后，再说林彪"托词有病"不肯去朝鲜，就只能是见仁见智的事了，毕竟林彪的身体确实不好，密访苏联结束后，即留在了苏联进行疗养。

彭德怀当年52岁，比林彪、粟裕的岁数都要大得多，可以称得上是一员老将。难得的是他虽然同样身经百战，且多次濒临险境，但身体却一直硬朗得很，平时除了一点轻微的胃病、痔疮外，什么病都没有，连感冒也很少。他经常说，防病最好的方子是劳动和锻炼，治病最好的方子是多喝水。

从战将类型上来说，林、粟皆属谋战派，考虑一场仗能不能打，怎么打，都要翻来覆去地想很多遍。彭德怀是勇战派风格，指挥作战时更为大刀阔斧，一往无前，换句话说，也就是各种各样的顾虑要相对少一些。

在延安时，曾有一名外国记者对彭德怀说："美国在日本的广岛、长崎投下的两颗原子弹，威力简直是毁灭性的，给日本造成的损失太可怕了，实在无法形容。你听说了吗？"

彭德怀以极其轻蔑的口气反问道："有这桩事吗？不知道！"

记者没有领会彭德怀的意思，他惊讶起来："哎呀呀，你怎么这样闭塞，这样无知，连这么大的事都不知道？"

彭德怀微笑着说："不是我无知，而是你太愚蠢了。你的愚蠢，才是我真的不知道，甚至是没有料想到的……"

毛泽东从西安急召彭德怀入京，就是想让这位胆量奇大、无所畏惧的绝世勇将来指挥志愿军。

尽管彭德怀主观上并不惧怕美国人的原子弹，但战争毕竟不是儿戏，顾虑少也不等于就没顾虑。战场之上，即便是所谓的常胜将军，打过的胜仗和败仗也往往是一样多，因此在最终决定取舍之前，一个真正具备战争阅历的将领是决不会让"战"这个字轻易出口的。

起先在参加政治局会议时，彭德怀没有发表任何意见，但是毛泽东的一段话让他很受触动。毛泽东在肯定众人所说的困难后，讲了这样一段话："你们说的都有道理，但是别人处于国家危急时刻，我们站在旁边看，不论怎样说，心里也难过。"

彭德怀住在北京饭店。当天晚上他怎么也睡不着，开始以为是睡沙发床不习惯的缘故，于是又搬到地毯上睡，可还是睡不着。毛泽东的那段话，被他反复念了几十遍。

看到彭德怀在会上没有发言，第二天上午，毛泽东将其专门约到自己的办公室，再次阐述了自己援朝作战的决心，并且用探询的口气说："我们的意见，这担子，还得你来挑。你思想上没这个准备吧？"

彭德怀沉默了片刻，说："我服从中央的决定。"

毛泽东听后显然松了口气："这我就放心了。"

下午，中央政治局继续开会。彭德怀做了发言："出兵援朝是必要的，打烂了，等于解放战争晚胜利几年。如果让美军摆在鸭绿江和台湾，它要发动战争，随时都可以找到借口。"

散会后，有人跟彭德怀打趣："看来你还不服老哟！"

我现在真正成了光杆司令

在给志愿军师以上干部作动员报告时，彭德怀说了一句让人印象特别深刻，也记得最牢的话："大将不在，廖化当先。我彭德怀本事不大，确实是廖化当先锋啰。"

除了谦称"廖化"外，彭德怀还说："我们的敌人不是宋襄公，他们不会愚蠢到这种地步——等我们摆好了阵势才来打我们。他们是机械化，前进的速度是很快的，我们必须抢时间！"

为了解朝鲜战场的真实状况，同时与金日成会面，他决定在部队到达之前，自己首先进入朝鲜。10 月 19 日傍晚，彭德怀从安东出发，乘坐一辆苏制军用吉普，穿过鸭绿江铁桥，踏上了朝鲜国土。

走了没多远，他突然命令司机在一座小山冈上停车。下车后，他一言不发，默默地朝铁桥以北的祖国方向凝视了片刻，接着才又重新坐进车内，挥一下手，让司机继续朝南开。

吉普车顺着公路飞驰。公路两旁到处都是浓烟烈火和逃难的人群，以及被飞机击毁的汽车、牛车，显示朝鲜面临的局势已十分危急。看到这些情景，坐在前排座上的彭德怀皱着眉头骂了一句："娘卖皮。"

与朝方一接洽，才知道现实情况比想象中更加严重：当天平壤已经丢失，可是敌情到底怎样，朝军究竟又到了何种状况，对方也说不清楚。

彭德怀感慨地对身边参谋说："我带兵打仗几十年，还没有遇到过像今天这样既不明敌情，又不明友情和地形的被动情况。"

在彭德怀进入朝鲜的同一天晚上，志愿军的先头部队已开始按计划分三批秘密渡过鸭绿江。彭德怀最初的意图是让志愿军抢占平壤到元山的防线，但是按照现在这种情况，已不可能再进入原定防御地区。于是他通知部队做好打遭遇战，甚至用运动战的老办法歼敌的准备。

10月21日上午，彭德怀与金日成在一座叫作大洞的村庄进行了首次会晤。会晤时，大批敌机掠空而过，隆隆的炮声由远及近，彭德怀觉得有些不妙，就问金日成，敌军到了哪里。金日成回答："还在德川附近，离此约两百里。"

实际金日成未带电台，根本不了解前线的最新进展。彭德怀自己则因为急于同金日成见面，行色匆匆，原来跟在吉普车后面的电台车也掉了队。在上不通中央、下不联部队的情况下，他急得在茅屋内一个劲地踱来踱去，不知道怎么办才好。

后来彭德怀干脆跑到房后小山头上去瞭望，希望能看到志愿军的先头部队，可是眼前除了逃难人群，一个志愿军也没能看到。他只好重新回到屋内，气呼呼地坐在土炕上说："我现在真正成了光杆司令了！"

彭德怀当时还不知道，他和金日成所处境遇有多么惊险。敌军其实并不在德川附近，而是已进至大洞东北方向的桧木洞，其先头部队甚至绕到了大洞后面去了。幸运的是，两位首脑身边都只有几个参谋和警卫员，人少目标小，飞机和大部队都对他们不甚注意，这才得以避免了束手就擒的厄运。

下午，电台车终于赶到大洞。彭德怀跑到电台旁，看着电报员发出了他自入朝以来给毛泽东的第一封急电。

以后两天，位于大洞的志愿军指挥所内，除了已经离去的金日成外，只有彭德怀、一个参谋、两个警卫员和几名电台人员，再加上朝鲜代表带来的一个十余人的警卫班。

10月23日，东南温井方向炮声隆隆，而且由远渐近，情况变得更危险了，可是彭德怀仍然没有见到他想见的志愿军。

志愿军跨过鸭绿江之后，部队大多采取夜间徒步行军的方式，晚上即便要走，也尽量避开大路。这在有效地遮掩部队行动痕迹的同时，也使得各部不可能完全如预想中那么快到达目的地。

傍晚，志愿军四十军——八师终于前进至大洞。事前为了保证战役发起的突然性，军、师都按规定关闭了电台，所有命令或报告皆由步骑兵通信员送达，因此他们不明敌情、地形，更不知道怎么打仗，指挥员都非常着急。

师长邓岳在乘吉普车前进时，突然发现山沟内的几间茅草屋周围有朝军士兵站岗。正要上前打听情况，一直在屋外瞭望的中方参谋首先看到了他们，便急忙领着他们去见彭德怀。

彭德怀看到邓岳等人后非常激动，紧紧握着他们的手说："你们率部队来到这里太好了，太好了。"又问，"吃饭没有？"一边说，还一边亲自给他们让座、倒水。

邓岳是红小鬼出身，抗战时期他在太行山区常常能见到彭德怀。当年的八路军副总司令以严肃闻名，在邓岳的印象中，彭德怀几乎总是板着面孔，一副不苟言笑的样子，令人望而生畏。

彭德怀极为难得的兴奋和热情，反而让邓岳等人局促不安起来，他们不仅谎称已吃过了饭，而且连白开水都没有喝一口。

言归正传，邓岳担心地问道："彭总，敌人疯狂冒进，您在这里是否太靠前，太危险了？"

"你们来了，我还危险什么！"彭德怀挥了挥手，像赶开了讨厌的苍蝇，"你们四十军是先头部队，要打头阵。"

邓岳请彭德怀做出指示，他们应往哪个方向作战为好。彭德怀遂命令一一八师在温井以北占领有利地形，然后用口袋阵对敌军进行伏击，以便掩护主力部队集结展开。

困守大洞的这几天让彭德怀憋了一肚子的火，他告诉邓岳要在伏击战中"猛冲猛打，狠狠杀一下敌人的气焰"。

10月25日，南朝鲜军一支美式装备的先头部队由温井北进，正好一头闯入了一一八师在两水洞所设的口袋阵。一一八师拦头、截尾、斩腰，在不到两个小时内，就将敌军予以全部解决。这是志愿军出国后打的第一仗，以后便被定为志愿军抗美援朝的纪念日。

南朝鲜军对此没有任何准备，称一一八师"就像从地下钻出来的一样"，而志愿军"凶猛的近战"也令他们感到惊讶不已。

不过两水洞伏击战并没有能够引起麦克阿瑟的重视，因为他根本不相信中国军队会入朝参战。

豪赌

在彭德怀和志愿军跨过鸭绿江之前，朝鲜战场上最炫目的光环无疑应该属于麦克阿瑟。

麦克阿瑟时任以美国为首的"联合国军"总司令。他是"二战"英雄，也是"二战"时期美国在太平洋战场上资历最高、谋略最深、战绩最为突出的陆军名将。"二战"结束后，东条英机承认，麦克阿瑟的"蛙跳战术"是美国得以战胜日本的最关键要素之一。

在麦克阿瑟出手朝鲜之前，朝军已占领朝鲜半岛百分之九十的土地，美、南朝鲜军被朝军逼至釜山，下一步只能等着跳海了。

这时麦克阿瑟提出了仁川登陆计划。最初美方非常怀疑该计划能否成功，因为在朝鲜整个弯弯曲曲的海岸线上，再也找不到比仁川更难突击的地点了。由于难度实在太大，就连一些在"二战"中多次指挥过登陆战，拥有丰富登陆作战经验的老将都直摇头，称之为5000：1的赌博。

然而麦克阿瑟固执己见。他在"二战"中拥有的巨大声誉，最终使得美国参谋长联席会议（参联会）勉强同意了这一"豪赌"。

麦克阿瑟不出手便罢，一出手再次技惊四座。仁川登陆战的成功实施，让朝军措手不及，他们在战场上的地位也由几乎稳操胜券迅速滑落至满盘皆输的地步。

如果中苏都不直接介入朝鲜战争，这场战争的胜负本来已无任何悬念。美国总统杜鲁门多次提醒麦克阿瑟，不要因为对北朝鲜的进攻，而引起中国干涉。麦克阿瑟回答说，中国干涉不是完全没有可能，但是概率非常之小，并且即使中国真的决定入朝作战，不消陆军动手，美国空军就会"屠宰"他们。

眼看朝军已经陷入混乱无序的大溃退之中，面对唾手可得的胜利，麦克阿瑟哪里停得住手。他把完全占领北朝鲜的时间定在11月23日之前，并且向士兵们宣布，战争快结束了，"部队将在圣诞节回家"。

本来以美国为首的"联合国军"被禁止接近与中苏两国接壤的朝鲜最北端省份，以避免与中国军队发生冲突，只有南朝鲜军才被允许大胆向北追击。可是在未与参联会商议的情况下，麦克阿瑟即命令"联合国军"的指挥官们"充分利用一切条件，全速向北推进"。

尽管有许多高级指挥官表示反对，麦克阿瑟仍执意将部队分成两路，从朝鲜半岛东西两侧同时向北推进。北朝鲜中部全是险峻山地，这使得两路部队完全无法在宽大正面进行协同作战，而中间的山地既无公路，又无人防守。一一八师在两水洞一击成功，正是得此地势之利。

即便在美国军事教科书的案例上，这样部署也属于犯了基础性战术错误：不光是分兵削弱了自己的力量，还将易受攻击的侧翼暴露给了当面之敌。

麦克阿瑟年轻时就做过西点军校的校长，他又岂能不知。只是在仁川登陆之后，麦克阿瑟的声望已达到了空前的高度，无论美国国内还是在朝美军，"人们近乎迷信般地敬畏这个非同凡响的军界人物"。这种迷信更进一步助长了他的盲目自信，整个人都变得有些忘乎所以，开始想怎么来就怎么来了。

当然客观地说，如果"联合国军"所面对的对手一直仅限于临近崩溃的朝军，其实麦克阿瑟想怎样指挥都成，因为结果都只会是一个。倒霉的是，中国人来了。10 月 25 日，两水洞伏击战打响的同一天，四十军位于右翼的一二〇师实施云山阻击战，又成功击退装备有美式重型坦克的南朝鲜军。

两战几乎同时告捷，四十军军长温玉成想到应该趁热打铁，直取温井。于是他草拟了电报，让作战参谋吕效荣送往志司。

这时彭德怀已将指挥所移至大洞附近的大榆洞。大榆洞是个停产的金矿开采地，由于矿洞里积水潮湿，无法利用，彭德怀和指挥所人员都住在洞口附近的简易木板房里。

正好金日成也在指挥所里。抗日战争时期，他在东北打过游击，会说一口流利的东北话。听说四十军要打温井，金日成十分高兴，未等翻译，便直接用汉语表示赞成。

与金日成的喜形于色不同，彭德怀却皱着眉头，紧闭双唇，既没有看电报，也不发一言。

分途歼敌

看到彭德怀如此严肃，大家就都不好说什么了。室内安静得只能听见人们轻微的呼吸声，气氛十分尴尬。

吕效荣生平第一次见到这么高级的首长，本来心里就有些紧张。这一下更加手足无措，他弄不明白，为什么首战已经获胜，彭德怀却是如此心事重重。

最后还是志司参谋长解方打了圆场。他对吕效荣说："效荣同志，你先出去等一下，我们研究之后再做答复。"

解方原来是四十军的副军长，他的话让吕效荣如遇大赦。虽然还是初冬季节，但当吕效荣退出指挥所时额头已经冒汗了。

彭德怀的这一看似不近人情之处，显然与金日成的直接表态不无关系。朝军正处于溃退之中，金日成当然希望志愿军赶紧收复温井，而且越快越好，但现在指挥志愿军的是彭德怀，他承担着最重的责任，绝不能简单地点头或摇头。

现在彭德怀最伤脑筋的事，其实和金日成并没有两样，都是要制止敌军的疯狂冒进，关键就是怎样制止。从四十军初战的情况来看，南朝鲜军正处于骄傲狂妄、不可一世的状态，各部争功抢先，多路进攻，一个团甚至一个营，就敢开着坦克，坐着汽车横冲直撞，如入无人之境。

初战虽然把南朝鲜军的坦克和汽车都干翻了，然而如果来更多的坦克和汽车，未必就顶得过人家。毕竟，如果摆开阵势和美、南朝鲜军比钢铁，那是叫花子和龙王爷比宝，只能甘拜下风。

消极防御、分兵堵守是不行的，必须积极防御、主动进攻，也就是以攻为守。在这个意义上，彭德怀也赞同进攻温井，他所不赞同的只是草率行事，因为其中还有很多重要的细节需要推敲。

在志司制订的原计划中，曾预想要在温井、熙川地区歼灭南朝鲜军两到三个师，但是从现有情况来看，美、南朝鲜军分头冒进，战线拉得太长，要想通过一次战役歼灭南朝鲜军这么多人马，似乎已经做不到了。

还有，仗一打，志愿军与敌军有了正面接触，再要保密就会变得更为困难，所以下面的仗就必须打得干净利落，不能拖泥带水。

经过慎重考虑，彭德怀最终同意了四十军进攻温井的方案，但他更进一步，决定以此为契机，发动入朝以来的第一次战役。在第一次战役中，志愿军将采用

"分途歼敌"的办法，由各军、师分别歼敌一个到两个团，这样积少成多，以达到歼敌一两个师的目的。

为增加胜算，奉彭德怀之命，志司副司令员韩先楚亲临前线，直接指挥四十军进攻温井。韩先楚是四十军的老军长，对这个军很熟悉，指挥起来得心应手，四十军最后不仅如愿拿下了温井，还将南朝鲜军的两个营大部予以歼灭。

南朝鲜军第六师第七团本已到达了鸭绿江边的楚山镇。在朝鲜战争中，这是唯一一支进抵鸭绿江，并曾把炮弹打到中国境内的南朝鲜军部队。闻听温井发生激战，该部急忙从楚山撤退，但却在回途中被四十军一一八师击溃，余部不得不分散突围。南朝鲜战史哀叹："昨日善攻的精兵，今日却成了分散突围的决死之士，怎不怨老天无情！"

在四十军连续转战的同时，其他兄弟部队也陆续展开队形对南朝鲜军进行了分割包围，"分途歼敌"的目标正一步步得到实现。

如彭德怀所预计的，志愿军也越来越难以保守他们入朝参战的秘密，西方一些报刊上开始广为传播有两万中国军人进入朝鲜的消息。

华盛顿方面向"联合国军"总部求证这一消息是否可靠，得到的回应不是未经证实，就是说没有明显的迹象证明中国人会进行公开的干预。

直到 10 月 30 日，美、南朝鲜军中出现了志愿军战俘，"联合国军"总部才被迫承认确实有中国军人进入了朝鲜。不过麦克阿瑟依旧一口咬定，越过中朝边界的只是少数几个"志愿军"，而不是多达两万人的大部队。

不相信和不在乎

麦克阿瑟和他的部下倒不是故意要说假话。志愿军入朝之后，不仅尽可能实行无线电静默，而且昼伏夜行，战士全部携带干粮，以免做饭的火光暴露自己的位置。美军侦察机天天在朝鲜上空侦察，但从未能够捕捉到志愿军有任何大规模挺进的迹象，这在最大限度上对美军指挥层起到了蒙蔽作用。

对志愿军战俘的审讯，也并未能给麦克阿瑟的判断带去多大帮助——即使被俘者完整地供述出了志愿军的实力及其意图，美、南朝鲜情报部门的人员也以为对方是在危言耸听，因为"一个普通的士兵不可能知道这样高级的情报"。

"志愿军"这个称谓同样让美国人产生了误解。在他们看来，什么叫志愿军？那就是志愿者所组成的小规模队伍啊。这种现象在西方并不少见，甚至有时连政府看到都不管。

于是麦克阿瑟告诉华盛顿，"志愿军"只是中国派出的象征性部队，他们作为中国政府在外交棋盘上采取的一个小小步骤，不会马上对"联合国军"的行动产生影响。

不仅仅是麦克阿瑟，当时整个在朝美军甚至较低级的军人都对中国人的威胁掉以轻心，毫不在意。10 月底，当美国陆军第一骑兵师（骑一师）第八团进驻云山时，从好几个地方都传来了中国人在附近大规模集结的消息。第一军情报参谋汤姆森上校因此警告骑一师，认为他们可能碰上了中国的大部队，但是骑一师却采取了不相信和不在乎的态度。

不相信的理由，和麦克阿瑟相差无几。不在乎，则是骑一师根本不在乎自己的对手是谁，是朝鲜人还是中国人。

志司的情报资料曾称骑一师是"开国元勋师"，是华盛顿开国时就组建起来的美国王牌军。这一资料有正确的也有不正确的地方，不正确的是骑一师其实是在"一战"之后组建的，不是什么"开国元勋师"。正确的是骑一师确实是王牌军，他们过去是骑兵师，后来改成了步兵师，但为了保持其传统，仍沿用了骑兵师的番号。

骑一师没有一匹马，然而在全师的汽车、坦克上甚至每个官兵的肩上都带有马头标记。该师在"二战"中先后参加过莱特岛战役、马尼拉战役，是麦克阿瑟著名的"白杨树部队"的中坚力量，被称为"麦克阿瑟将军的宠儿""美国在太平洋的拳头"。

骑一师是首批入朝的美军，起初他们也经历了困顿，但仁川登陆之后便越打越顺，可谓是怎么打怎么有。在骑一师的印象里，朝军有组织的军事行动早就已经不复存在，至多不过是一些旨在阻滞美、南朝鲜军前进速度的零星抵抗而已。

骑一师指挥层的心理普遍和麦克阿瑟一样，唯一的兴趣就是加快挺进速度。面对汤姆森的警告，他们认为，云山附近就是有"志愿军"，至多也不过几千人。这几千人入朝的作用，或是向朝鲜运送军援物资，或是要通过小规模战斗给已丧失勇气的朝军打打气。反正一句话，就算是面对面地打，"志愿军"也绝不足以同他们这样的美国王牌军较量。

就在麦克阿瑟和美军昏昏然的时候，彭德怀走出了一步更大的棋。他决定扩大战果，以集中歼敌两三个整师为目标，组织三十八军、三十九军、四十军在西线发起总攻。

三十九军奉命围歼云山之敌。11 月 1 日上午，彭德怀亲自给三十九军军长吴信泉打去电话，告知了总攻预定时间：当天晚上 7 点半。

接到命令后，三十九军一一六师的指挥所却发现敌军有撤退的迹象，于是师长汪洋急忙向吴信泉报告，并建议提前发起总攻。

吴信泉果断下定决心，下午 4 点 40 分，他对三十九军下达了攻击令。炮兵部队立即使用火炮对敌阵地实施急速射击。炮弹出膛的嗖嗖声和落地爆炸的轰隆声顿时此起彼伏，面对如此急促而猛烈的攻击，对方炮兵半晌都无法还手。

炮为军之胆，云山外围高地上的南朝鲜军各师迅速崩溃，大量装备和辎重被抛弃，数千名惊恐万状的士兵开始向南方逃窜。

先前一一六师以为的"敌军撤退"，其实是南朝鲜军第一师与美军骑一师第八团（骑八团）进行换防。这么一换就把骑八团换到了云山阵地的最前沿。骑一师师长盖伊曾任巴顿的总参谋长，是个崇尚进攻、不习惯撤退的将领，这时也意识到骑八团处境危险，遂赶紧请求将该团撤出云山，可是却遭到了第一军司令部的拒绝。

等到盖伊匆匆忙忙地派骑五团前去增援时，一切都太晚了。增援部队发现志愿军已经在周围的小山上修筑了工事，并阻塞了通道，炮火和飞机都无法进行支援。随着夜幕降临，第八团陷入了三十九军的三面包围之中。

晚上 7 点，红、绿、白各色的信号弹交错着在黑暗的夜空闪耀，各种武器发射的声音汇成一片。四十军加入了总攻行列，他们负责在侧翼保障三十九军的安全，确保三十九军可以毫无顾忌地集中兵力围歼云山之敌。

中国式的葬礼

入朝之初，志愿军从上至下，对与美军作战采取了比较慎重的态度，不愿意在无把握的情况下轻易与之交战。就连毛泽东给志愿军的电令，也都是要求先歼灭前进中的伪军，然后再打美军。

三十八军之前进攻熙川就是一个典型的例子。按照志司通报，熙川驻有南朝鲜军一个营，可是当三十八军向朝军了解情况时，朝军却说那里不是南朝鲜军是美军，而且还是美军的一个黑人团。

营变成团还能接受，南朝鲜军变成了美军，二者之间相差就太大了。三十八军不敢冒失，一面报告志司，一面让各师做好准备，一来二去便耽误了时间。直到攻入熙川，他们才发现那里早已是空城一座，根本没什么黑人团，守城的南朝鲜军则早就趁机逃跑了。大家为之懊悔不已。

在志司下达的总攻计划中，彭德怀的目标是围歼云山的南朝鲜军第一师，志愿军各部也都以为自己打的全是南朝鲜军。当前线部队向指挥所报告，指出前面的敌人不是伪军（指南朝鲜军）而是美军时，军、师长们开始还都不相信，说："你们好好查一查。我们打的是伪一师（南朝鲜军第一师），怎么是美国人呢？"

查实对面之敌确实是美军，且已陷入包围之后，志愿军士气大振，其攻势也越发猛烈。

由于已经有很长一段时间未遇到强敌，云山上的美军骑八团早成骄兵，他们守山都不占领山头，只是在公路两边或者山下构筑一块又一块的方形工事。置身于方形工事之中，美军被志愿军锐利的攻势惊得目瞪口呆。因为他们从未经历过这样的战斗——黑暗中，志愿军利用夜幕的掩护，像猫一样地靠近他们的阵地，然后又以令人难以置信的速度，准确插入防线的薄弱环节。尽管美军也在用火力不断反击，可是"袭击者"全然不顾伤亡，仍然在冲锋号的指挥下不断地往上冲。

许多美国兵都是第一次听到中国军号的声音。在他们看来，这种铜号就像是足球比赛中巡边员用来表示犯规的哨声——尖厉而刺耳。当意识到对面之敌并非北朝鲜人，而是中国人后，一名士兵惊恐万状地呼喊道："上帝，这是一场中国式的葬礼。"

战斗持续了一整夜，其激烈程度是美军自入朝以来所没有遇到过的。第八团的通信指挥很快就遭到了破坏，指挥官们无法指挥，部队被完全击溃，力不从心的美军也像他们向来看不起的南朝鲜军一样四散奔逃。

一名美军少校惊诧于中国军队与众不同的近战、夜战战术，他在被俘后说："我在西点军校没有学过你们的打法。我参加过'二战'，可是在欧洲战场上也从来没有碰到过。"说着，他双手一摊，"你们中国军队这种奇奇怪怪的打法，我们实在无法对付哇！"

在云山战役中，第八团一共损失了600人，只有400人得以突围。损失的600人中有一半被俘，包括留在后面的重伤员。美军俘虏投降很痛快，毫无扭捏之态，他们会一边缴枪举手一边说："中国军队，OK！"

一名脸上长着雀斑，还戴着一副眼镜的矮个子美国兵甚至说："要不是不懂中国话，我们早该投降了。"中方翻译问为什么。这名美国兵解释说，美军只要具备四个先决条件，投降就合理合法。四个条件，一是子弹打光了，二是没有饭吃了，三是通信联络中断，四是被包围突不出去。美国兵说："我们完全符合这四个条件。"

与抗战时期习惯咬着牙将日本兵称为日本鬼子不同，非正式场合下，志愿军战士一般并不称美国兵为美国鬼子，而是叫他们"老美"。老美的投降逻辑让推崇宁死不降的中国军人很难理解，反过来，老美对志愿军的优待俘虏政策则是喜出望外。

南朝鲜军学的是"二战"时的日军，怎样对待俘虏就不用多说了。

只有中国军队的做法截然不同。他们对美、南朝鲜军战俘都采取了非常友善的态度，会同俘虏们分享仅有的一点食物，有时甚至俘虏吃得比普通中国士兵都好。

如果志愿军觉得某些美军重伤员无法进行医治，甚至还会把抬运这些重伤员的抬架放在公路上，而后再撤走。美军医护人员可以放心地开着卡车前来接运伤员，而不用担心会遭到攻击。

按照美军的理解，中国人这么做显然是攻心战的一部分，是为了让俘虏们深深感到，"生活在共产主义制度下，要比资本主义制度下好得多"。不过这也让美军对中国人的理解更深了一层，他们逐渐体会到，尽管中国士兵在战场上几乎个个都是"坚强而凶狠的斗士"，常常会不顾伤亡地发起进攻，但他们却是"文明的敌人"。

没有什么了不起的

云山围歼战的成功，导致美、南朝鲜军全线震动。美、南朝鲜军急忙停止北进，向清川江南岸收缩。与此同时，四十军在打垮准备驰援云山的南朝鲜军两个团之后，继续朝宁边方向穿插，准备断敌后路。

从在两水洞打响入朝作战的第一枪起，四十军已连续作战十昼夜，部队人困马乏，疲惫不堪，干部战士一边行军一边打瞌睡，稍一停顿，便有人撞到前面人的背包或枪管上。更为严重的是，每个志愿军随身携带的干粮都只能坚持四到五天，此时早就吃光了，只好就地向朝鲜老百姓筹借粮食，其实也就是把苞米粒子搓一搓，煮一煮，权为果腹。

在这种情况下，部队的前进速度和攻击力都毫无疑问要大打折扣，再加上阻击他们的南朝鲜军第六师，因此尽管四十军付出了极大的牺牲，但始终没能冲破阻挠，最后失去了包围宁边和切断敌军退路的机会。

四十军屡战乏力，又是从正面攻击，要达到包抄迂回的目的确实有些强人所难。这一点也在彭德怀的意料之中，他寄更多希望的其实是三十八军。三十八军一一二师的前身即为彭德怀指挥过的红三军团，该军后来成了四野主力。林彪曾总结出六个著名的战术原则，其中的"三猛战术"（猛打、猛冲、猛追）即来自三十八军。

彭德怀早就听说"三十八军过去在国内战如猛虎，很能打仗"，于是在让三十九军、四十军从正面攻击的同时，即部署三十八军实施大迂回。毛泽东也特别注意重用三十八军，他几次电示彭德怀，认为云山战役的关键就在三十八军身上，三十八军完成任务是"第一紧要事，其余都是第二位的"。

问题是三十八军的状态似乎仍停留在熙川。前进过程中，他们或者对敌人估计过高，不敢以大部队攻敌侧背，或者因小利而忘全局，路上见到敌人就眼红，非一个个打下不可。这使得他们行动缓慢，没能按时插到指定歼敌位置，以致影响了整个战局。

11月4日，西线敌军除小部分用以阻止志愿军进攻外，其主力已全部撤至清川江以南。

对精心部署的歼敌方案未能完全落实，彭德怀大为恼怒。毛泽东则还想再给三十八军机会，他在给彭德怀的电报中指示尽可能创造条件，让三十八军歼灭南朝鲜军的一至两个团，但彭德怀考虑到，部队所带粮弹消耗已尽，如继续渡过清川江追击，势必让己方陷入不利态势。

6日，彭德怀下令停止战役攻势，志愿军后撤休整。云山战役给美方甚至是整个西方都造成了极大震动，杜鲁门的女儿在回忆录上说："在朝鲜开始发生了惊人事件，第八骑兵团几乎溃不成军。"坐镇东京总部的麦克阿瑟也由此确认了中国军队成建制入朝参战的事实。

仅从军事指挥的角度来说，云山战役也是基本成功的。朝鲜战争结束后，日本陆上自卫队干部学校编写了一本《作战理论入门》，书中引用了许多世界战史上的著名战例，但是引用志愿军入朝作战的战例，只有"在朝鲜云山的包围战"。

11月13日，志司在大榆洞总部召开志愿军第一次党委会议。彭德怀在会上说，他一开始也担心志愿军会在与美军的作战中吃亏，经此一战就放心了，"看起来，美国军队没有什么了不起的，我们不只打了伪军，也打了美军骑一师嘛！"为此，他着重表扬了主攻云山的三十九军："今天美国王牌的骑一师吃了败仗嘛，败在了我们三十九军的手下了！"

四十军亦受到肯定，"打得很好"。就连在东线负责牵制，未直接参加云山战役的四十二军也被认为不辱使命："在东线打得很苦，立了功。"

说完这些，众人发现彭德怀一贯严肃的脸上露出了十分生气的表情，他提高嗓门问道："三十八军军长梁兴初来了没有？"

"到！"梁兴初从人群中站了起来。

彭德怀用刀子一样锋利的眼光狠狠瞪了梁兴初一眼，然后便连珠炮似的吼了起来："我问你，你三十八军为什么慢慢腾腾，我让你往熙川插，你为什么不插下去？你是怎么搞的？"

梁兴初本能地解释了两句："下面情况摸不准，我们也……"

还没容他把话说完，彭德怀就已经骂开了："让你们打熙川，告诉你们熙川敌人只有一个营，你们说熙川有黑人团。什么鸟黑人团？黑（通'赫'，湖南话中有吓的意思）了你们自己！这分明是临战怯阵，哪里是抗美援朝！人家都说你梁大牙（梁兴初的绰号）是一员虎将，我彭德怀没领教过。什么虎将，我看是鼠将！一个黑人团就把你给吓住了！"

梁兴初顿时脸色煞白。志司副司令员邓华见势不好，急忙解围道："三十八军还是主力嘛，来日方长，这一仗没打好，下一仗争取打好……"

"什么主力！"彭德怀大手一挥，毫不客气地打断了邓华的话。

清川江畔钓大鱼

梁兴初在四野不仅有虎将之誉，而且深得林彪的重用。三十八军副军长江拥辉如此说梁兴初：历来听到的都是表扬，从来没挨过上级的批评，要是别人（也包括林彪）批评，他就该跳起来了。

不过那是在林彪手下，谁都知道彭德怀的御将风格与林彪不同，对部将不满意，肯定是要大发脾气和骂人的。志司作战处处长丁甘如曾是梁兴初的部下，当时就坐在梁兴初旁边，在梁兴初挨骂时，他一直在旁边不停地示意老上级不要吭声和反驳。

梁兴初自己也知道三十八军入朝以来，确实没能充分体现出四野王牌军的风范，所以起先不管彭德怀怎么骂，他都竭力保持着冷静和克制的态度。可是彭德怀说的话实在太过厉害，梁兴初的两腿微微发抖，他不顾丁甘如的暗示，嘴角有些抽搐地回敬了彭德怀一句："不要骂人嘛！"

正在气头上的彭德怀犹如被火上浇油，只见他将右手重重地往桌案上一拍："不要骂？你梁兴初没有打好，就是要骂你！你延误战机，按律当斩，骂你算客气的！我彭德怀别的本事没有，斩马谡的本事还是有的！"

此话一出，整个会场顿时鸦雀无声，众人噤若寒蝉。梁兴初也低下头，不敢再吭声了。一位与会者回忆道："彭总的讲话，真有叱咤则风云变色的威力。"

过了一会儿，彭德怀的气才消了。除了首批入朝的四个主力军，随后入朝的六十六军也在会上遭到了批评，因为这个军同样没有抓住战机，未能及时把主力投到战场上去，以致放跑了敌人。

彭德怀长长地叹了口气："你们两个军哪……当然，这次战役打得很不理想，我彭德怀也有责任，不能把责任完全推到你们身上。"

尽管有六十六军"陪绑"，彭德怀自己也承担了责任，梁兴初还是没能回过神来，直到散会后，仍一个人坐在会场上发呆。丁甘如叫他去吃饭，梁兴初一听，站起来便往外走，一边走一边气哼哼地说："彭总要杀我的头，还吃什么饭？"

丁甘如见状急忙劝道："那是彭总说的气话，还真杀你的头哇？刚才彭总见到我，知道我来找你，便对我说，'你告诉他，会上我可能批评重了些，我彭德怀就是这个脾气，不要因为挨了批就泄了气，下一仗要打好！'"

丁甘如所传的关于彭德怀的话也不知到底是真是假，但梁兴初听后却更不服气了："泄气？我梁兴初是铁匠出身，三十八军也不是纸糊的，下一仗要是不打出三十八军的威风来，我就不是梁兴初！"

梁兴初吃完饭便匆匆赶回三十八军，为下一仗做准备去了。

第一次战役一结束，彭德怀便做出分析，认为第一次战役并没有把麦克阿瑟打痛，美军主力未受损失，同时麦克阿瑟对志愿军的兵力状况也还弄不清楚。因此，美、南朝鲜军肯定还要再次大举北攻。

从第一次战役的实战情况来看，志愿军虽然在兵力数量上占据绝对优势，但装备太差，若与敌军死打硬拼，往往都要吃亏。例如，向宁边方向穿插的四十军之所以无法冲破阻挠，除了部队较为疲惫外，火力拼不过人家也是一个重要因素。

彭德怀这次就决定"清川江畔钓大鱼"：在美、南朝鲜军进攻时，先故意示弱，后撤三十至五十公里，把敌军引进包围圈，然后再采用自己最为拿手的运动战战术，在运动中寻机歼敌。

打仗要想取胜，不仅要依靠自己的实力，还要善于制造敌人的错误。第一次战役能初步取胜，便是利用了美、南朝鲜军疯狂冒进的错误，彭德怀此番"钓大鱼"，则是要有意扩大对方的错误，以制造更为有利的战机。

这一作战方案在会前就得到了毛泽东的批准，所以大榆洞会议既是前期战役的总结批评会，也是对新的战役的动员部署会。

与会的金日成得知后，却对彭德怀的部署表示十分不解，并询问彭德怀为什么不仅不乘胜向清川江以南追击，反而还要后退几十公里。

彭德怀没有因为金日成的质疑而改变决策或发生动摇。他认为金日成"忽视了在武器装备上敌优我劣的具体条件"，如果以志愿军的现有装备与敌军进行阵地战，是极为不利的，甚至可能打败仗。

按照彭德怀的指令，各军在会后即从清川江以北撤出。撤退时，还有意识地沿路丢弃了一些枪弹衣物，装出溃不成军的样子。之后志愿军主力便悄悄地转移至山林，他们对自己的行踪进行了严密伪装，做到昼不冒烟，夜不露光。

尽管美军用尽了各种侦察手段，但始终不知志愿军的去向，"中国军队经过第一次血战已脱离接触，而且似乎重新钻到地下销声匿迹了。（沿途）看不到营火，雪地上没有足迹，公路上也没有补给品在运送……"

让鱼尝点甜头

接到前线的侦察报告，麦克阿瑟果然乐观起来。他开始相信，中国仍然只是象征性出兵，其目的不过是保卫边防以及鸭绿江水电站而已。

在麦克阿瑟下决心发动新的大规模进攻之前，"联合国军"从 11 月 7 日起，就已开始试探性进攻。接受过第一次战役中被围歼的教训，其前线部队表现得非常谨慎，进攻速度也十分缓慢，至 15 日，"联合国军"每天平均只走两三公里，迟迟未进入志愿军的预定歼敌地域。

发现这个情况后，彭德怀电令各军在北撤时干脆连小规模的阻击和反击也予以放弃，以诱敌大胆前进。与此同时，又集中释放了一百名受伤和有病的美军战俘。彭德怀的用意是一箭双雕，一方面通过战俘之口告诉美军，志愿军没有弹药和粮食，运输线也被切断，确实是准备收拾收拾回国了。另一方面也是为了让志愿军的优待俘虏政策广为人知，以便在接下来的第二次战役中，能够争取被围的美军主动缴械投降。

麦克阿瑟不出所料地出现了新的判断错误。他的情报机构曾提供数据说，中国拥有平均每月将二十万军队送过鸭绿江的能力，于是麦克阿瑟便下令空军轰炸所有鸭绿江上连接中朝的桥梁。

杜鲁门担心因此出现意外轰炸中国领土的情况，想撤销相关命令。麦克阿瑟却恐吓杜鲁门和参联会，说如果不炸桥，任由志愿军跨过鸭绿江，美军就有"被最终消灭的危险"。

杜鲁门听后颇感踌躇，轰炸行动一如既往。麦克阿瑟认为，正是这些轰炸行动产生了效果，从而迫使志愿军后续支援部队不能进入战场，按照他的估计，志愿军现有在朝兵力"最多不超过六七万人"。

志愿军为什么会继续撤退？那些释放回来的美军战俘都说了嘛，无非是"兵力不足，装备低劣"，这种情况下，不"怯战败退"，还能有什么其他更好的选择呢？

于是麦克阿瑟下令东西两路"联合国军"解除顾虑，全力猛攻。

真实的情况是，美军轰炸机并无能力炸掉鸭绿江上的全部桥梁，而且从11月中旬起，鸭绿江面就已经封冻，军队和后勤物资可以从厚厚的冰面上运输，根本用不着桥梁。至11月19日，志愿军的后续部队，即第九兵团全部渡过鸭绿江，到达东线战场。加上原有的第十三兵团，志愿军第一线作战部队已达到九个军三十多个师约四十万人，为"联合国军"一线部队的1.7倍，东西两线志愿军的地面兵力均超过了敌军。

"联合国军"对这一切完全蒙在鼓里，他们长驱直入，不断加快北进速度。21日，西线部队已进至"攻击开始线"，有一两名美军前线指挥官曾对这种盲目推进的做法表示怀疑，但上级和同事很快就向他们投来了不屑的目光："值得为几个中国'洗衣工'（麦克阿瑟曾嘲笑中国军人是'洗衣工'）惊慌吗？"

23日是美国的感恩节，美国人用飞机和火车将火鸡运至朝鲜。一名美军士兵在日记中写道："这是我们在朝鲜吃到的最好的一顿饭。"当天，除了享用传统的火鸡大餐外，一些士兵甚至还得到了洗热水澡和换一身衣服的优厚待遇。

第二天，即24日，美国陆军步兵第七师（步七师）的一支小部队到达了鸭绿江边的惠山镇。惠山与中国吉林省的白山仅一江之隔，从那里可以清楚地看到位于边境的中国村庄。

"联合国军"的"快速进展"令麦克阿瑟欣喜若狂，他得意扬扬地认为，"中国人似乎在全线撤退"，"最后的胜利即将到来"。

上午10点，麦克阿瑟向全世界发表公报："'联合国军'已开始发动结束朝鲜战争的总攻势。"随后他亲自乘坐飞机从东京飞至朝鲜上空，以便亲自侦察朝鲜北部的地形，以及寻找志愿军行动的迹象，但是除了乡野、山丘以及冰封的鸭绿江面，他什么也没有看到。

返回东京总部后，麦克阿瑟即对部队发布广播讲话，断言："中国人现在没有参战，战争在两个星期之内就会结束。要迅速打到鸭绿江，让孩子们（指美军士兵）回家过圣诞节。"他的这次攻势也因此被称为"圣诞节回国攻势"。

发现敌军正在上钩，彭德怀十分高兴。他胸有成竹地对司令部的其他人说："要钓鱼上钩，你就必须让鱼尝点甜头。麦克阿瑟吹嘘说他从没有打过败仗，那就看看这次战役谁能把谁吃掉。"

这儿有危险

志司要调兵遣将，收发的电报特别多，很难不引起美军的注意。实际上，在彭德怀将总部设在大榆洞后，这里已经多次遭到美军飞机的轰炸。中央也几次来电，要志司注意防空和安全。

负责总部防空的副司令员洪学智于是调来一个工兵连，在距离彭德怀所住木板房几十米的地方，挖了两个防空洞，以便紧急情况时让彭德怀进去隐蔽。

彭德怀认为挖防空洞这件事并无多大必要，又嫌工兵连放炮时太吵，他叫来洪学智，生气地说："我的防空，不用你管！"

洪学智不慌不忙，笑着回答："老总，你这么说就不对了。你的防空，是中央让管的，中央有命令啊！"

彭德怀一听就不吭气了。

就在 24 日下午，四架美军轰炸机在大榆洞上空转了几圈，空袭了两次，还炸坏了坡上的变电所。黄昏时，又飞来一架飞机，但只是转了几圈就飞走了。

洪学智觉得不对劲，怀疑美机还要来轰炸。出于安全需要，他主张第二天到防空洞里去开会，可彭德怀却不肯离开他所住的小房子，还说："我不怕美国飞机，也不躲，也不到别的地方开会。"

彭德怀有个习惯，就是喜欢一天到晚背着手站在作战地图面前，有事没事也老爱看地图。屋里一没有地图，他便会觉得难受。为了让彭德怀能够进防空洞，洪学智便趁他睡着以后，把他屋里的地图取下来，拿到防空洞里去了。

25 日，按照事先商定，志司的大部分机关人员在天亮之前就吃过早饭进洞了，只有彭德怀不肯去。警卫员和参谋催了几次都不管用，于是就决定志司首长中的一个人去做劝说工作。

志司的几个首长，包括邓华、解方在内，都怕彭德怀发火，他们一起怂恿洪学智："老洪爱和彭总开玩笑，还是老洪去劝劝彭总吧！"

对付性如烈火的彭德怀，洪学智也确实最有办法，乃是众所皆知的"灭火器"。当他走进彭德怀的房间时，彭德怀仍在生闷气，一见面就问："洪大个儿（洪学智身高一米八五），你把我的作战地图弄到哪儿去了？"

洪学智说明了情况，并劝道："老总，快走吧，这儿有危险。"

彭德怀的脾气倔得很，就是不肯挪步："你怕危险，你走。我不怕。我看这好得很，我就在这里。"

洪学智料定彭德怀离不开他那幅五万分之一的作战地图，便坚持说地图已经拿过去了，不会再拿回来，意思是彭德怀要是还待在原处，就没法再看地图。

彭德怀无计可施，他气呼呼地对洪学智说："哪个要你多管闲事？"洪学智不硬顶，只软磨："这不是闲事，我应该管的。"

彭德怀勉勉强强地被洪学智推着出了房门。在他们身后，很快发生了一件令人震惊的惨剧。

彭德怀的住处就是志司的作战指挥室。在这个指挥室里，参谋人员必须二十四小时值班，随时收发电文，当晚又是第二次战役的预定发起时间，稍一疏忽，就可能贻误战机，所以虽然彭德怀必须进洞，但指挥室里仍有一些参谋人员在坚守岗位。

毛泽东的长子毛岸英其时在总部担任俄语翻译。按照洪学智的回忆，毛岸英本来已经和大家一起上山疏散，可是后来不知道为什么也跑回指挥室里去了。

没过多久，大榆洞上空就出现了好几架美机。它们连圈儿都没转，就向作战指挥室猛扔凝固燃烧弹。凝固燃烧弹烧起来温度很高，即便铁板也能烧出窟窿，作战指挥室的薄铁皮屋顶更是不在话下。只一两分钟的时间，透过防空洞的洞口，洪学智等人看到的已是一片火海。

作战指挥室挨炸时，有跑出来的，有没跑出来的。没跑出来的人连尸体都烧焦了，其中就包括毛岸英！

奇袭

彭德怀整整一天都没有说话，一个人坐在防空洞里沉默不语。

直到傍晚，洪学智看到他仍站在防空洞口发呆，便走到他身边："彭总，该吃饭了。"

彭德怀激动地抓着洪学智的手,说:"洪大个儿,我看你这个人还是个好人哪!"

洪学智说:"我本来就是好人,不是坏人!"

彭德怀感叹着说:"今天不是你,老夫休矣。"他默默地陷入沉思,停了好半天,才说:"唉,为什么偏偏把岸英给炸死了呢?"

当天志司向北京发电,报告了总部遭遇空袭,毛岸英被烧死的情况。中央机要室收报后,首先送达周恩来。周恩来向毛泽东报告的事务,一般都不过夜,但由于怕毛泽东知道后精神上受不了,过了很长一段时间他才将此事告知毛泽东。

毛泽东听闻后并未过分失态,不过据说他伸手拿烟的时候,却两次都未能将烟从烟盒里抽出。

毛岸英之死,让彭德怀的情绪变得异常低落。好在指挥第二次战役这件事,转移了他大部分的注意力。

虽然三十八军在第一次战役中行动迟缓,表现不佳,但毛泽东仍对该军寄予厚望,彭德怀也想再考验他们一次,看看这个军到底行不行。于是,三十八军继续承担了西线迂回的重任。

与此同时,彭德怀也意识到必须加强对第一线迂回部队的指挥。继温井一战后,他再次让志司副司令员韩先楚组成志愿军前进指挥所,直接在西线指挥三十八军和四十二军作战。

韩先楚是志司首长,他一到三十八军指挥所,三十八军上下就预感到一场大战就要开始了。

自从上次在志司开完会回来后,军长梁兴初一直沉默寡言,甚至还曾痛心到流泪。在三十八军团以上干部会议上,韩先楚看到梁兴初一口接一口地吸着烟,显得心情郁闷,便沉着脸说:"我可要批评你们三十八军,第一战役你们没打好,彭总冲着你们这个主力说了气话,可你们第一仗的确没打好嘛!"

梁兴初一看韩先楚又在下级面前提及他的痛处，再也坐不住了。他赶紧站起来说："三十八军没打好，主要责任在我梁兴初。彭总的严格批评，当时我不服气，事后觉得还是批评得好……（我们要）拼出老命打好下一仗！"

三十八军的主要任务之一是占领德川，韩先楚对梁兴初说："你们军先打德川，整个战役将从你们这里开刀，所以拿下德川非常重要。听到没有，德川你们一定要打下来！"

为保险起见，韩先楚准备从四十二军里面调一个师过来助战，但被梁兴初拒绝了。梁兴初当着韩先楚的面发誓："打德川我们包了！"这时，彭德怀打电话过来询问部队的情况，韩先楚向彭德怀报告了梁兴初的决心，彭德怀在电话中说："梁兴初的口气不小嘛，可不能赶得敌人放了羊，我要的是聚歼！"

彭德怀的嗓门很大，周围的人都听到了。梁兴初立刻斩钉截铁地回答："军中无戏言！"

对包打德川，梁兴初已经构思出一个大胆而周密的作战方案。在战役打响之前，他提前派出了一支由三百多人组成的先遣队，用以切断德川之敌南逃的退路。

时值大雪封山，到处都是一片白茫茫的景象。为了隐蔽行踪，每个先遣队员的帽子上都包一条白毛巾，身上披白被单，与大地融为一色。除此以外，茶缸、枪背带环、小圆锹、十字镐也都用白布条缠紧，防止它们在碰撞时发出声响。

先遣队奇迹般地在敌后进行穿插，竟然沿途都未遇到强力拦阻，最后他们成功地渡过德川以南的大同江，炸掉了一人多高的武陵桥。这次漂亮的军事行动后来还被拍成了一部当时家喻户晓的电影，名字就叫"奇袭"。

11月25日，即志司总部遭到美机轰炸的那一天，三十八军从黄昏时分开始对德川发动进攻。为避免重蹈第一次战役的覆辙，所属各部队都接到死命令："遇到敌人用少数人顶住，大部队猛插过去，谁恋战谁负责！"

在武陵桥被炸后，驻防德川的南朝鲜军第七师成为瓮中之鳖。激战至26日下午5点，该师除少数逃窜外大部被歼。第七师的美军顾问团成员也全部被俘，当韩先楚进行询问时，他们非常感慨地说："真想不到，你们'共军'的反攻竟组织得如此巧妙而严密，简直是在梦中就当了俘虏！"

当天拂晓，四十二军攻占宁远，将南朝鲜军第八师大部歼灭。经过 26 日一天的战斗，南朝鲜军第二军团全军崩溃，"联合国军"的右翼就此被打开了一个战役缺口，志愿军开始转入全面反攻。

美第八集团军司令沃克负责直接指挥朝鲜战场。为堵塞被志愿军打开的战役缺口，他急调作为预备队的美军骑一师布防于大同江南岸，刚刚到达前线的土耳其旅也被派往德川方向，以救援溃败的南朝鲜军第二军团。

战斗至此已呈白热化，彭德怀立即命令三十八军抢占三所里。

按时走到就是胜利

三所里是位于第八集团军腹地的一座小村庄，其战略位置极为显要。如果志愿军予以控制，它就能够成为截断"联合国军"南逃北援的一道闸门。彭德怀告诉三十八军："这次行动关系到整个战役的成败。你们沿途可能会遇到小股敌人的纠缠，千万不要恋战，能避则避，不能避时就冲过去。总之，必须不顾一切地插到三所里，插到了，就是胜利。"

他还特地叮嘱韩先楚："你要亲自到前线指挥该军行动，如插不到指定位置，别回来见我！"

三十八军同时面临着从正面攻占戛日岭的任务。韩先楚对梁兴初等人说："三十八军下一步的任务是艰巨的。一要插向三所里，二要攻占戛日岭，但关键是插到三所里。"

"艰巨"和"关键"四个字被韩先楚咬得很重。情况也确实如此，三十八军在德川激战中已经两天两夜没有休息，部队相当疲劳。一名团长吃饭时一手端着稀饭，一手用筷子搅和，突然眼皮一沉就睡了过去，一碗稀饭全都泼到了桌子上。

部队如此疲惫，本来是应该好好休整一下的，但军情紧急，接到命令的一一三师还是放弃休息，开始了长途急行军，他们提出的口号是："按时走到就是胜利！"

从德川到三所里，沿途多为崎岖山道，又是在冰天雪地中行军，难度之大可想而知。一一三师于27日晚出发，跑了一晚上，到了后半夜，官兵们的体力消耗都已到达极限，打瞌睡的人越来越多，不少人走着走着就会停下来站立睡着，必须别人上前推醒。

接近拂晓，师指传来口令："部队原地靠边休息。"一听到命令，士兵们瞬间全体倒在路边，鼾声四起。

此时究竟是就地宿营，还是继续前进，指挥层有了不同意见。有人提出，志司只要求必须插到三所里，并没有说什么时候必须插到，而且白天行军也容易暴露穿插意图，不如借机休整，给部队做点饭吃，晚上再赶路。

有人则想起打辽沈战役时，有个部队就因为吃饭误了战机，受到过林彪的批评。副师长刘海清认为言之有理，他一句"不能重犯第一次战役的错误"引起了大家的共鸣。因为谁都知道，三十八军就是因为在第一次战役中跑得慢而错过了战机，梁兴初在志司总部挨的骂，不仅让他个人无地自容，也被三十八军全军引以为耻。

于是师长江潮下令继续前进。天亮后，官兵的体能又一次达到极限，队伍中不时有人蹲在路旁呕吐乃至于吐血。更麻烦的是，敌机不断飞来，而且总在头上盘来旋去。

一一三师本身有防空伪装，可"联合国军"却不用防空，敌机一看地面部队有伪装，就知道是志愿军。也因此飞机一临空，部队就必须吹号隐蔽，部队走走停停，前进速度越来越慢。

情急之下，刘海清索性下令将伪装全部去掉，像南朝鲜军那样大摇大摆地在路上走，飞机来了也不再躲闪。自古兵不厌诈，一一三师的军装没有明显标识，又是在美军大后方的大路上行走，敌机便真把他们当成了南朝鲜军。

一一三师既胆大又心细，考虑到美军的电台测向技术很先进，为预防被敌追踪，他们在出发之后就关闭所有电台，实施了无线电静默。也就是说，一一三师一路上都与军前指、志司总部没有联系。

关键的关键

就在一一三师去掉伪装进行强行军的时候，一一四师已占领戛日岭。沃克意识到重新占领德川的计划彻底失败，同时西线美军面临着被包围的危险，于是不得不将进攻转为后退。一时间，美军的卡车、坦克、大炮挤满了西海岸的公路，绵延长达八十公里。

在这种情况下，彭德怀深知，如果一一三师不能及时赶到三所里，这次战役又只能像第一次那样成为击溃战，而不是歼灭战。在他看来，志愿军哪怕只有一个营插到预定地点，也将是个令人兴奋的喜讯。

可是偏偏总部的所有无线电设备都接收不到一一三师的任何讯号，谁也弄不清一一三师究竟到了哪里。大榆洞的空气变得异常紧张，彭德怀心急如焚，一直在作战室里踱来踱去，不停地追问："这个一一三师怎么搞的，跑到哪儿去了？"

解方专门守着电台，作战处长、通信处长都亲自上机。解方还命令所有电台都集中联系一一三师和三十八军前指，连三十八军军部也置之不理。邓华、洪学智随后也赶了过去，大家都明白，一一三师能否插到位，乃是决定此次战役成败的关键的关键。

在三十八军前指，韩先楚、梁兴初等人也都如同热锅上的蚂蚁一般。他们事先并没有指示一一三师无线电静默，自然估计不到此类意外情况的发生。当志司总部来电询问时，他们只能答复说，他们实在不知道一一三师到了哪里，路上是否受阻。

从德川到三所里，行程长达 75 公里，美军骑一师距离三所里仅 25 公里，比一一三师要近三倍，然而后知后觉和掉以轻心，却让他们失去了先到的机会。

11月28日晨，一一三师三三八团到达三所里。团长朱月华举着望远镜朝公路上看过去，只见公路上烟尘滚滚，敌军正慌慌张张地向南撤退。

犹如长途赛跑临近终点时的冲刺一样，三三八团开始拔足狂奔。有人摔倒在地，便把身上的背包米袋全部扔掉，爬起来再跑，也有人摔倒后就再没能爬起来，三三八团前后一共有八名战士休克昏厥。

最终志愿军以五分钟之差，抢先一步占领阵地，从而关死了三所里的"闸门"。

到达三所里后，三三八团报务人员立刻架机发报。电报的几项内容都是出发前按规定编好的号码，只要发出几个暗号就行。五分钟之内，一一三师师指、三十八军前指和志司总部就都接到暗号："我部到达三所里"，"敌人企图经三所里向南撤退"，"请示我部任务"。

监听一一三师电台的志司数台电台同时收到了暗号。通信处长崔仑一对坐标，叫了一声："啊，到三所里了！"

最初大家着急的只是不知道一一三师究竟到了哪里，以及有没有遇到危险，对于他们已插到三所里这一点尚在意料之外。整个指挥部的空气都因此活跃起来，人人脸上都有了笑容，有人惊讶地说："想不到这么神速就到了三所里。"邓华高呼："一一三师真是好样的，创造了世界步兵攻击史上空前的纪录，真是奇迹！"

马上有人把消息送达作战室。一向严肃的彭德怀也有了笑容，他长出了一口气，说："哎呀，这下子可放心了，总算出来了，总算到了。"

彭德怀当即直接给三三八团回电："要不惜一切代价，像钢钉一样狠狠地钉在那里。没有我的命令，不准后退！"

三三八团占领阵地五分钟后，美军骑一师第五团即从北面向三所里发动进攻。

三十八军在经历德川激战后，原本面临粮弹接济不上的困境，但德川城内堆积如山的战略物资和战场上缴获的枪械，却使得他们大受其益。一一三师的部队多数已换上了美式武器，每班都配备了两支美式汤姆森冲锋枪，外加一挺轻机枪。三三八团就用这些武器阻击来敌，并且越战越勇，始终未让敌军前进一步。

随着圣诞节回家的希望宣告破灭，美军士气急剧下降，其速度比"寒暑表的降落还要快"。再加上骑五团属于典型的美国陆军打法，在打攻坚战时没有炮兵配合便使不上劲，因此他们冲了几次都没法冲上山冈。

从中午起，第八集团军的大批后撤部队陆续到达三所里。实际上，三三八团在三所里一打开发报机，美军马上就侦测到了。沃克知道志愿军要抄他的后路，他赶紧集中这些人马对三所里发动进攻。三三八团阵地遭到饱和式轰击，山头阵地上腾起数丈高的烟柱，弹片、石头满天飞舞。

三三八团也是杀红了眼：一线部队打光，预备队上，预备队打光，后勤人员上。战至下午4点，因攻击部队伤亡过大，沃克被迫下令停止了进攻。

像雄狮一样地猛扑

在三三八团拼死阻击之时，三三九团奉令炸掉了大同江上的一座公路桥，"联合国军"从三所里逃跑的退路被完全切断。

这时三十八军前指电告一一三师，说三所里西北面另有一个龙源里，也可以作为敌军的南逃退路。

一一三师立即决定分兵抢占这一要地。可是大概由于过于匆促之故，军前指在电报上却把"龙源里"误打成了"龙泉里"。

众人在地图上怎么也找不到"龙泉里"这个地方，倒是发现确实有一条道路可以通往南面。兵贵神速，师指来不及再请示，即在28日黄昏派三三七团向这条路疾进，后来发现那里正是龙源里。

29日凌晨4点，三三七团完全控制龙源里，第八集团军南逃的最后一条道路也被封死了。受彭德怀委托，解方向一一三师师部打去电话："彭总得知你们到了三所里和龙源里，很高兴。他希望你们坚决守住，不让敌人从那里逃走！"

彭德怀电令三十八军前指，让一一四师、一一二师往三所里北面的军隅里插，通过插到敌军退兵的背后，把敌军插乱的方式，来减轻三所里、龙源里的压力。此外，正面的几个军也奉命继续前压，以抓住敌人。

至29日，西线第八集团军的整个防线都被撕碎，各部在中国军队的猛烈进攻下损失惨重。一名美军上校惊讶于中国军人的顽强和勇猛："虽然没有空军和炮兵的配合，他们仍像雄狮一样地猛扑。在这块可怕的土地上，我们军显得十分胆怯和渺小。"

即便原先气壮如牛的麦克阿瑟也被迫承认，"圣诞节回国攻势"已经流产，"联合国军"正面临着巨大的危险。他向华盛顿发去了紧急电报，这份电报的部分内容随即出现在当晚世界各大报刊的头版："整军、整师编制的中国正规军，总兵力约在二十万以上，正在北朝鲜各地同'联合国军'交战。我们正面临着一场全新的战争！"

当时虽然还不是半导体时代，但装干电池的收音机在每个陆军消费合作社均有出售，许多美国兵都拥有自己的收音机，并且可以收听到这一消息，他们为此更加恐惧不安。一名年轻的美军士兵说："我们已经成了俎上之肉，只能任人宰割了。"

29日白天，"联合国军"西线部队开始全线撤退，龙源里不出意外地被他们作为三所里被堵后南逃的第二个选择。在飞机的引导下，数百辆汽车组成的庞大车队沿着公路穿越龙源里，与此同时，位于平壤的英军第二十九旅则沿公路向北接应。

敌军大批涌向龙源里，战斗异常激烈。下午1点，一一三师前指的无线电报话机响起急促的讯号，师政委于敬山拿起话筒，才知道与他拉关系的是志司的工作人员，对方问道："你是哪一位？彭总很想知道你们现在在哪个地点。"

原来志司始终不清楚一一三师的所在位置，焦急不安之下，彭德怀决定直接与一一三师通话。于敬山随即就听到一个湖南口音很浓的人大声对他说："我是彭德怀，你们那里的情况怎么样？现在向南逃跑的敌人已全部涌向你们那里去了，你们到底卡得住卡不住？"

听到彭德怀亲自来电询问，于敬山心情很激动，在简略地汇报情况后，他大声说："报告彭总，我们虽然伤亡很大，但完全有信心把敌人卡死在这里！"

电话里传来满意的声音："很好啰，要告诉战士们，你们打得蛮好！主力部队正向你们靠拢。你们要加把劲，坚决把美国人卡住！"

三三七团的猛烈阻击，使得龙源里成了美军车队的绊马坑——前面的车子被打着了汽油箱，燃烧着瘫倒在了路上，后面的车子既过不去，也退不出，车上的士兵便只能弃车逃命。这些侥幸逃生的士兵以后只要一提起龙源里的那条公路，便个个不寒而栗。

北上接应的英军第二十九旅多次猛攻山头，企图打开一条与南下车队会合的通道，但由于缺乏坦克大炮的配合，他们发动的一次次冲锋都被志愿军击溃了。南突北援之敌相距不过一公里，却始终可望而不可即，无法顺利会合。

至夜幕降临，英军反而还被反攻过来的志愿军包围了，要不是在大同江巡逻的澳大利亚团出手相助，自己也差一点遭遇灭顶之灾。

最早被堵在三所里、龙源里的"联合国军"，主要是美军骑一师、第二十五师、南朝鲜军第一师以及土耳其旅残部。他们北面被穷追猛打，南面又突围无望，各部队已经处于被分割的混乱状态，时刻有被围歼的可能。

美军的作战原则是将人作为第一珍贵资源。他们向来宁丢装备不丢人，装备再好再多，丢了也不心疼，人却是万万不能多损失的，更不用说被围歼了。第八集团军司令沃克当即命令被困部队扔下所有装备辎重，轻装疾驰安州，并通过安州绕道退向肃州和平壤方向。

在敌军绕道撤退的过程中，四十二军一二六师的一个营曾与美军骑一师七团发生激战。营长发现敌人越来越多，反击越来越猛，便赶紧上报师指请求增援。

师指不明敌情，答复说："没有军里的指示，不能打！"等大家明白过来，敌军已经大批地从安州撤出，一个极好的阻敌歼敌良机因此错过。

许多鱼都从网里漏掉了，然而却还有自己跳进网里来的，这条倒霉的鱼，就是美军第二师（美二师）。

夹击岭

美二师撤得较晚。部分原因是该师师长凯泽曾坐飞机进行侦察，他也看到了当时正在向三所里潜行的志愿军一一三师，不过他认为那不是一支军队，而是一群带着家私的朝鲜难民———一一三师跑了一夜，战士们疲惫至极，能勉强支撑着不摔倒就不错了，哪里还有什么军容。官兵们的军服更是早已破烂不堪，从高空往下一看，的确跟难民无异。

一般情况下，难民潮总是出现在军队之前。凯泽根据一一三师这支"难民队伍"推断，便想当然地认为中国军队还没有到来。等师部遭到攻击时，他们才回过神来，开始向美军第二十五师等部靠拢。

凯泽是参加过"二战"的老兵，但他却不能适应志愿军的战术打法，更无法应用军事教科书上的那些作战原则。和部下一样，他已经被弄得晕头转向，精神也变得高度紧张。

最让凯泽感到难以忍受的是，他几乎每时每刻都要面临一些艰难的选择。比如眼下，摆在他面前的就有两条退路，一条是步第二十五师的后尘，撤往安州。这是最保险的退路。可是凯泽得到报告，说志愿军已经在他们所要经过的军隅里以西设下了埋伏。

其实凯泽所得到的报告不过是个谣传。第二十五师正沿着军隅里以西撤退，也没有遇到志愿军的埋伏。本来凯泽只要和第二十五师联系一下，就能知道事情的真相，不巧的是，美二师的发报机出了故障，无法与之取得联系。

另外一条退路，就是自军隅里经山区直接南行，渡过大同江后退往顺川。这是被其他"联合国军"证明了的绝路，但同样因为发报机出现故障，凯泽并不知道此路已被志愿军完全截断。

凯泽在地图前权衡再三，最终还是觉得直接退往顺川要安全一些。除此之外，他还犯了另外一个大错。由于他不知道其他美军车队折戟龙源里的事，所以他一厢情愿地认为，就算顺川公路两边都有人把守，以步枪为武器的中国人也挡不住快速移动的汽车和坦克。为此，美二师的前卫部队被分拆开来，士兵们有的搭附在坦克上，有的挤进卡车里。临出发时，坦克的次序又被打乱，平均每隔十到十二辆卡车间就夹一辆坦克。

进入顺川公路后，美二师果然遭到了公路两边志愿军的阻击，这倒也不是凯泽完全预料不到的，他想不到的是，道路阻塞的情况会那么严重，部队的行进速度因此变得很慢，官兵的士气十分低落。

凯泽的"快速移动法"也就在这时候开始出现问题：担负掩护任务的第三十八团和第九团被分割得七零八落，无法按命令行事。

凯泽越走心里越发虚，但也只能硬着头皮继续前行。美二师就这样边打边走，一共向前推进了八公里，直至到达顺川公路的海拔最高点，此处名唤松骨峰，美国人则叫它"夹击岭"。

顺川公路在松骨峰要慢转弯，是个便于伏击歼敌的好地形。早在美二师往松骨峰方向撤退的时候，三十八军前指就已决定调兵扼守松骨峰，但各师各团追的追、堵的堵，一个萝卜一个坑，都再也分不出多余兵力。幸运的是，一一二师有一个三三五团，该团原先执行诱敌深入任务，此时正好撵上来，并及时填补了防守松骨峰的空缺。

入朝以来，志愿军对阻击美军汽车和坦克早已积累了经验。当美二师的第一辆卡车转弯减速时，与之相距不过二十多米的一名志愿军机枪射手便扣动了扳机，一梭子子弹打出去，这辆卡车立即腾起大火。接着志愿军的火箭筒射手又击中了坦克。短时间内，顺川公路就被打毁的汽车和坦克堵死了。

所有没有坦克掩护而急等排除路障的卡车，又纷纷成为志愿军机枪手射击的目标，其中一些被迫击炮或火箭筒击中，瘫在路上，造成了更大的阻碍和混乱。

凯泽下车步行赶到松骨峰，他决心组织部队打开缺口。美机随即对松骨峰展开狂轰滥炸，美二师也用一切重武器进行攻击，枪炮声震耳欲聋，炸弹、汽油弹、燃烧弹被扔得满山都是。

松骨峰听名字好像是个布满松树的山峰，但其实不过是个光秃秃的小山包，志愿军登上山后也没有来得及修筑工事，只能靠弹坑进行掩护。面对一次比一次激烈的战斗，三三五团很快就出现了较大伤亡，其中尤以三连伤亡最重，炊事员、通信员都参加了战斗，最后该连阵地上仅剩下七个人。

危急情况下，一一二师师长杨大易无兵可援，便把手中仅有的一个警卫连也调到松骨峰。在三三五团的拼死力战下，凯泽组织的五次反击均告失败，不得不暂时中断进攻。

松骨峰战斗结束后，作家魏巍随杨大易等人去三连阵地视察。在那里，魏巍看到了被整个打翻的山顶、被火焰烧红的阵地，也看到了牺牲前仍摆着各种各样战斗姿势的三连战士。

正是以这次"朝鲜战场上最壮烈的战斗"为素材，魏巍写下了广为人知的通讯作品《谁是最可爱的人》。

万岁军

每一个后来得以从"夹击岭"逃生的美国士兵，都永远忘不了当年那可怕一幕——沟渠里躺满了死尸和伤兵，残存的士兵们瑟缩成一团，大家自顾不暇，很多人连师长凯泽的命令也不加理会。这支成立于"一战"期间的美国陆军王牌部队，由于疲劳、饥饿、睡眠不足以及连续受困，已经成了一盘散沙。

凯泽苦思突围之策，趁天色未黑，他下令呼叫更多的飞机，以协助步兵向两旁的山头发动进攻。与此同时，两辆水陆两用的坦克奉命迅速冲上前去，将堆在公路上的报废车辆全部推入沟壑。

天黑之后，美二师终于打开了一个缺口，逃出了可怕的"夹击岭"。

向顺川撤退，使得美二师在短短一个下午的时间，便付出了高达3000余人的伤亡代价，一半大炮和大部分车辆也都损失掉了。若不是第二十三步兵团等部自行选择了被凯泽所否定的西撤路线，该师的损失恐怕还远不止于此。

由于损失过于严重，美二师在11月底宣布失去了战斗力，不得不撤到南朝鲜进行整编补充，一个月后这支部队才得以重新投入作战。

凌晨，枪炮声渐息。东线绵延数十里的公路、山冈、草地和丛林中，到处都是被"联合国军"遗弃的汽车、大炮、枪支、弹药、吃的、用的，各种物资遍地皆是。其中仅全新完好的汽车就有1500多辆，从行程表上看，它们刚刚才开了一两百公里，崭新的油漆在夜色中闪闪发光。

可惜的是，志愿军的前线部队里缺乏司机，后来从俘虏中找来一些会开车的，才转移了两百多辆，剩下的汽车在天亮后都被敌机击毁了。志司从中吸取教训，以后每次战役都让大量司机跟进，以便战斗结束时能够及时把缴获的汽车开下战场。

自发起第二次战役起，连续六个昼夜，彭德怀都没怎么能合眼，或在作战室了解前线情况，或召集幕僚们制定作战方案。其过人的精力，连身边年轻的工作人员都自叹弗如。

12月1日，当邓华、洪学智进入彭德怀办公室时，彭德怀正在看前方战报，他一边看，一边笑着点头："打得好！"见邓华等人走了进来，他又把战报递给了洪学智。

洪学智一看，是韩先楚报来的三十八军情况。洪学智看完又递给了邓华，邓华看了对彭德怀说："他们是主力嘛，是很有战斗力的部队嘛！"

洪学智接着说："上次他们没打好，受到了老总的批评，这次憋足了劲儿，要打出个样子来。这支部队是老部队，有不服输的作风。"

彭德怀显得非常兴奋："不错，是支好部队，要通令嘉奖他们。"说完他便坐下来，拿起毛笔亲自写嘉奖令。写完之后，他递给邓华、洪学智："你们看看，写得怎么样？"

邓、洪都说可以，彭德怀便让参谋拿去作为电报稿发送。参谋刚刚转身，他稍一思索，又把电报稿要了回来，在电报稿最后的夹缝内加写了"三十八军万岁"几个字。

称一个军"万岁"，在解放军的历史上还是第一次。彭德怀一写完，旁边就有人劝说道："在我军历史上还没有喊哪一个部队万岁的，这样写不好吧？"

彭德怀并无迟疑："这次战役胜利，三十八军起了关键作用，打得好，就可以喊万岁嘛！"

他随后问邓、洪："怎么样？"邓、洪没有吱声。

彭德怀入朝后所用的幕僚是第十三兵团的老班子，邓、洪都是原第十三兵团的首长，三十八军过去就是归他们指挥的。以他们的本意，只是想通过这一战帮三十八军正名，绝没想到彭德怀会给这个军如此高的评价。再者，"三十八军万岁"这样的话，让彭德怀讲没有问题，他们就不能随声附和了。

彭德怀见邓、洪都不吭气，便笑着说："不表态，就是同意了。"他把电报稿递给参谋："拿去发了，通报全军，上报军委。"

写完电报，彭德怀意犹未尽，又兴冲冲地提出在三十八军开现场会。这次现场会由邓华代表彭德怀到会，西线各军的军长也都参加了。

赴会前，军长们都看到了彭德怀所发电报。在梁兴初介绍完经验后，他们都争着和梁兴初开玩笑，说："老梁，祝贺你们当了万岁军哪！"

"梁大牙"乐得嘴都合不拢，一边客气"实在不敢当，不敢当"，一边把缴获的饼干、糖果，甚至是威士忌等美国货都拿出来，让众人饱餐了一顿。有人开玩笑说："第一次品尝了这么丰盛的美国东西，还真得感谢'联合国军'总司令麦克阿瑟哩！"

玩笑归玩笑，大家都曾亲眼看到过彭德怀骂梁兴初的情景，那种雷霆万钧，没有人不怕。现在"三十八军万岁"口号的提出，又带来了另外一种前所未有的震撼——这就是彭德怀的治军风格，在他指挥下作战，你敢马虎，能马虎吗？

最大也最可怕的敌人

东线战场是第二次战役的一个独立方向。在这个方向作战的第九兵团由华东的三野构成，作战指挥也主要由第九兵团具体负责，彭德怀没有直接插手。

按照志司的原计划，东西线应在 11 月 25 日同时发动进攻。第九兵团司令员宋时轮向彭德怀请示，表示 25 日发动不了，要求推迟两天。彭德怀考虑虽然同属一个战役，但东线是独立方向，也就点头同意了。

两天的差距，足以改变战争的走向。早在 26 日，当南朝鲜军第二军团陷于崩溃时，西线的第八集团军就已被迫开始撤退，这时候东线的第十军应该有所警觉才是，然而第十军军长阿尔蒙德却仍然依照麦克阿瑟"圣诞节回国攻势"的命令，以一种"与沃克比赛，看谁能更快地到达鸭绿江边"的心态，不断催促地面部队向前推进。

27 日夜，第十军在长津湖遭到志愿军第九兵团的攻击。长津湖以东的美军特遣队被包围后，指挥官麦克利恩受伤被俘，几天后死于战俘营，所部 3200 人，仅有约 1000 人逃出包围圈。

长津湖以西的英美军也同时遭到围困，但他们的运气要比特遣队好得多，这在很大程度上则要归功于美国海军陆战队第一师（陆战一师）。

作为"二战"期间发展壮大的新兵种，美国海军陆战队无论训练方法还是实战理念，都与陆军有很大区别，两大兵种之间也经常发生激烈的内部冲突。在长津湖一役中，虽然陆战一师属阿尔蒙德指挥，但阿尔蒙德出身于陆军，陆战一师对他的那一套并不完全听从。早在志愿军发起攻击之前，陆战一师师长史密斯便不顾阿尔蒙德的催促甚至嘲讽，下令部队谨慎向前推进，同时在前进道路上沿途贮存补给物资。他还坚持在长津湖南端的下碣隅里修建简易机场，这些都为部队的成功突围提供了条件。

最终，陆战一师的损失被控制在了五分之一以下，全部伤员和所有重武器也都被带了出来。史密斯和陆战一师由此被美国人奉为英雄主义的典型，史密斯更是连撤退都不承认，他怒气冲冲地说："撤退？妈的！我们并不是撤退，而是向另一个方向前进！"

史密斯指挥下的部队有 4500 人失去战斗力，其中相当大一部分并不是被志愿军打伤，而是冻伤的。当时朝鲜东北部下了大雪，天气非常冷，陆战队白天作战时，必须凿下迫击炮上的冰层才能开炮。到了晚上，气温更降至零下 20 多度，为了保证枪支不堵塞，陆战队员们在睡觉时不得不把步枪紧贴着身体，所有野战食品罐头和淡水也必须用明火解冻以后才能食用。许多陆战队员的手脚都有冻疮，当一名脚被冻坏的士兵脱下袜子时，一层皮也被扯了下来……

可是美军的遭遇对于东线的志愿军而言，已经犹如天堂。第九兵团的部队都来自华东，从没有见识过如此严寒的气候，因为出发仓促和准备不足，他们中大部分人连棉衣、棉帽都没有，就那样拿着枪上了战场。

酷寒代替美军，成了志愿军最大也最可怕的敌人。第九兵团投入长津湖作战的第二十、第二十六、第二十七军过去皆为三野主力，但是在极度寒冷的折磨下，各部队的战斗力越来越弱，有的连自保都成了问题。陆战一师撤退时，经常看到一些志愿军部队在远处缓慢移动，但这些部队却都无法发动进攻，有的志愿军战士爬出雪地，四肢已被严重冻伤。一名美军陆战队员注意到，这些志愿军都穿着单薄的胶鞋，脚被冻到发胀，胀得"像足球一样大"。

得知第九兵团遇到了严重困难并损失巨大，彭德怀除采取一切办法加强运输补给，包括将冬装抢运前线外，同时立即致电宋时轮，下令取消原定的围敌打援计划。

第九兵团随即奉命撤出战斗，南进至较为暖和的咸兴地区过冬。按照计划，他们将在咸兴休整两个月，也就是说，在这两个月内，第九兵团都无法再参加战斗。

尽管志愿军在西线取得了意想不到的大捷，但是东线所遇到的困境还是引起了彭德怀的高度重视，也使得他在接下来的战役指挥中变得更为清醒务实。

第八章

不到长城非好汉

由于中方进行了严格的保密，所以在很长一段时间内，西方都未掌握志愿军及其指挥者的准确信息。即便在抗美援朝战争结束之后，仍有一些西方历史学家固执地认为，在入朝初期，是林彪指挥了志愿军，彭德怀只是到1951年才从林彪手中接过了指挥权。

之所以产生这一错觉，除了信息不畅外，有一部分原因，不能不说是彭德怀指挥得实在太漂亮了。美方通过资料对彭德怀形成的认识是："体格魁梧，粗犷而勇猛"，也就是说，美国人对彭德怀的了解，同样仅仅定位于勇猛二字。

可是彭德怀在朝鲜战场上的指挥风格却远远超出了这一范畴的限定。从第一次战役到第二次战役，美军都曾动用空中和地面的各种现代化手段进行侦察，可是竟然从没有能够发现志愿军几十万人马的踪迹，其策划之精巧、行动之周密、突袭之果敢，大大出乎"联合国军"总部包括麦克阿瑟本人的意料。李奇微在战后感叹："这在当代战争史上也可以称为是一个奇迹。"

发动如此大规模的攻略，且行动前完全不为敌方所知，这在彭德怀的军事生涯中并非无迹可循。往前追溯，很容易让人想到抗战时期的百团大战，只不过"新百团大战"是在更难和更宽阔的战场上做了一次更为完美的呈现。

或许美方对彭德怀的另一个评价可作为注解，"（彭德怀）在对日本和对国民党军队的战争中积累了极为丰富的实战经验"。如果让中国人来诠释，就叫作"宝剑锋从磨砺出"。正是岁月的积淀，使彭德怀的军事造诣得到不断锤炼和升华。他在两次战役中的指挥已经达到智勇兼备的水准，乃至于评论家很难再用勇战或谋战中的任何一个概念单独加以概括。

最丢脸的失败

不能不说，彭德怀的成功，在很大程度上也是被对手的自高自大和一再失误所成就。正是在麦克阿瑟的错误指挥下，原本装备优良、战斗力极强的"联合国军"沦落到一溃千里和不可收拾的地步。

在"联合国军"阵营，犯错的远不止麦克阿瑟一人。东线的阿尔蒙德不用说了，西线的沃克曾是巴顿的得力战将，打仗极其悍勇，有"斗牛犬"之称，但到第二次战役后期也因完全丧失斗志而水准大失。

就沃克所指挥的西线形势来看，志愿军仅靠两条腿走路，行军很慢，其实并未能充分发挥出其迂回包抄的特长。第八集团军完全可以稳住阵脚，在平壤至元山一带重新建立防线，然而沃克却过于慌乱，他很快就决定放弃整个北朝鲜，第八集团军的撤退也由此变成了名副其实的大溃退。

12月5日，第八集团军退出平壤，一些巨大的补给仓库被付之一炬，数以百计的车辆被抛于身后。美国一家权威报纸发表评论："这是美国陆军史上最大的失败。"美联社则称之为"美国建军史上最丢脸的失败"。

就这样，"联合国军"仍未能彻底摆脱志愿军的追击，各部队"有的被包围，有的被渗透到背后的中国人截断了退路……在这里已分不清哪里是前线，好像到处都有中国人"。

美军电台惊呼："成千上万的中国军队吹着'凄厉的号角'，冲过了鸭绿江。"如此夸张渲染的广播，令一般听众也心惊胆战，美国国内民众迅速陷入了极大的恐慌之中。

在世界范围内，任何大的战争都不可避免地包含着深刻的历史和文化背景。"联合国军"实际上是以西方国家为主组建的联合武装力量，而自近代以来，在东西方军事冲突中，西方始终占据着压倒性的优势。这次吃了这么大的亏，还是吃在以往军事力量被认为不值一提的中国人手上，让西方社会深感震惊。有人预言："中国军队马上就会席卷整个朝鲜半岛。"

华盛顿开始拟订撤回釜山防御圈，甚至完全撤离朝鲜半岛的紧张预案。在一次记者招待会上，杜鲁门甚至说出了要在朝鲜使用原子弹，"迫使敌人回到石器时代"这样的话，让对此毫无心理准备的英国吓出了一身冷汗。

杜鲁门当然不会真的这么冒失，但他当时确实担心战争失控会走到那一步。他在日记中写道："（目前的形势似乎）第三次世界大战已经到来。"

对第二次战役取得如此大的胜利，中、苏、朝三方高层原先也都没有想到，这种被推高的期望值，又反过来要求彭德怀指挥志愿军继续一鼓作气地实施"南进"。

此时志愿军不仅因连续作战，各部普遍非常疲劳，而且减员也相当严重。彭德怀算了一下，第二次战役结束后，东西线需补新兵65000人。

还有一个至为关键的问题，就是后勤始终无法得到很好保障。美军每天要出动近千架飞机对志愿军后勤供给线进行轰炸，白天车辆无法通行，粮、弹、被装几乎全靠夜间抢运。志愿军西线部队虽然没有像东线部队那样被大量冻死冻伤，但在前两次战役中就已经出现了后勤供应不上的问题。第二次战役期间，韩先楚从前线回到志司时，在一次开会时曾直言不讳地说前线部队对后勤供应很有意见。

对这些问题，彭德怀都清楚。他也想了不少办法，比如请朝鲜政府就地借粮，又比如将炒面定为志愿军的主要野战口粮等。在他的要求下，东北地区还以削弱自身城市交通为代价，尽可能把卡车、小汽车乃至于公共汽车都调往朝鲜，以缓解运输紧张的状况。

可是与这些临时措施相比，志愿军在朝鲜遇到的客观困难实在太多、太大了，无法从根本上得到解决，而且部队越往南攻，运输线就会拉得越长，供应也就越成问题。

彭德怀就此认为，志愿军急需休整一段时间，最好是能等到第二年春季再进行新的战役。12月8日，他致电毛泽东，建议在"三八线"以北数十里停止进兵，以便来年再战，但这一想法并没有得到毛泽东的认同。

专找南朝鲜军打

第二次战役结束后，中苏朝各方高层都不同程度地存在速胜情绪，毛泽东对战局研判也表现得相当乐观。在给彭德怀的复电中，他坚持要求志愿军越过"三八线"，并在离汉城不远的地区继续寻歼"联合国军"。

彭德怀对前线敌我情况是非常清楚的。他判断，"联合国军"虽然溃退逃跑，但其主力被歼灭得并不多，之所以撤得那么快，除了要保存实力外，还有着战略战术上更深的考虑。

"三八线"以北到平壤以南皆为无险可守的平原，"联合国军"在这一区域事先未筑防线。眼下天寒地冻，要临时构筑防线会很困难，而在"三八线"以南，却有南朝鲜军以前所筑的现成防线，"联合国军"撤过去后，既可以直接加以利用，又能利用与志愿军暂时脱离接触的机会，对严重受损后的部队进行补充整顿。

也就是说，"联合国军"急于撤退，有抢占既有阵地的重要意图。志愿军在这种情况下发动进攻，就不可能再像前两次战役那样进行侧翼迂回，而只能从正面突破。对火力相对较弱的志愿军来说，采取这种打法的难度不言而喻。

讲军事，彭德怀很难被说服，但讲政治就不一样了。毛泽东认为，如果志愿军从12月初起，整个冬季都在休整，而没有动作，"必然引起资本主义各国过多的揣测，民主战线各国（指当时的社会主义国家，主要指苏、朝）亦必有人不以为然，发生许多议论"。

从军事上考虑马上打不好，从政治上考虑马上打好，战场上的情况和政治上的要求出现了明显差距，而且差距还不小。该怎么办？彭德怀从来不是一个优柔寡断的人，然而此番拍板却让他倍感纠结。经过反复考虑，他还是决定服从中央命令，放弃原定的过冬休整计划，发动第三次战役。

在服从命令的前提下，为减少部队损失，他还是向毛泽东大胆直谏，说出了自己的担忧："（第三次战役）如无意外变故，打败仗是不会有的，但攻击受阻或胜利不大的可能性是存在的。"

敲了警钟之后，他建议要缩小战役目标，具体来说就是限定于突破"三八线"和重点消灭伪军（南朝鲜军）。他的想法是，既然政治上要求突破"三八线"，那就以突破"三八线"为准，突破就是胜利，暂时不能打得太远太深。歼敌方面，英美军主要集中于汉城，不利于攻击，所以应专找南朝鲜军打。

毛泽东是枪杆子里面打出来的统帅，相对而言，在军事问题上，他还是比较能听得进不同意见的。彭德怀的这些看法和部署最终都得到了同意。

这时志司所驻的大榆洞距离前线已经太远了，彭德怀要求靠前指挥，将司令部移往平壤以北。作战处处长丁甘如等人分乘四辆汽车，沿着他所指定的方向，对地图上预定的每个地点都进行了实地察看，并通过电台及时向志司报告沿途勘察的结果。

彭德怀很快回电指示，要丁甘如在第三个位置上进行驻地安排，并说他将立即率总部机关向那里开进。

进行驻地安排并不是一件容易的事，因为志司的核心部门和其他部门不能在一起，十几部电台也必须分散在几公里外的山洞里。更让丁甘如想不到的是，就在他忙得满头大汗的时候，彭德怀突然说来就来了。

一见到丁甘如，彭德怀就板着脸对他说："你这么犹豫呀，这里不行，那里不行。我彭德怀死了，不要你负责！"

丁甘如一急，不由脱口而出："彭总，你的安全不是你个人的问题！"

见丁甘如忘了不能顶撞彭德怀的"禁忌"，在场的邓华、洪学智等人赶紧暗示，让他不要再说下去了。

大榆洞遇袭那件事显然给彭德怀留下了极深印象。听了丁甘如的话，他不仅没有表现出不高兴，反而就此"软"了下来："好吧，机关和电台都布置好了吗？"

这是平壤通往德川铁路线上的一个小火车站，彭德怀办公的地方就在离车站两百多米的一条铁路隧道里。尽管看上去很隐蔽，但是第二天新的总部驻地还是遭到了空袭，从南北两个方向飞来的几架敌机像穿梭一样向隧道内发射了火箭弹，有一枚火箭弹就在洞口爆炸了。包括彭德怀在内，所有人员都被迫紧缩在隧道中央。

遭到空袭尚在其次，主要是彭德怀认为志司离前线还是不够近，他要求继续前移。

新年前夜

洪学智找到了君子里，此处又名君子洞，是个矿山洞，便于防空。可彭德怀还是觉得不满意，他对洪学智说："不能在这儿，离前线太远，还得再往前挪。"

洪学智回答："老总，还怎么靠前？指挥太靠前了，情况一旦发生变化，会影响指挥的稳定性。"

听洪学智这么一说，彭德怀不吭气了。洪学智接着说："我认为君子里这地方位置比较适中。现在敌人还在运动，这儿已经很靠前了，不能再往前去了。"

彭德怀听了点点头："好吧。那就先在这儿，看情况再定吧。"

在发起第三次战役之前，彭德怀尽一切可能修补志愿军的短板：从国内补充两千台汽车，以提高部队的运输能力；命令工兵团、铁道兵桥梁团入朝，以抢修公路桥梁；与朝鲜政府商定，就地筹措三万吨粮食，以解决南下作战的粮食困难。

善用兵者，就是要最大限度地扬长避短。敌军的优势之一是一直掌握着制空权，白天可以实施非常厉害的轰炸。根据前两次战役的经验，一旦战役发起，志愿军便只能主要依靠晚上打仗。

不过擅长夜战也正是志愿军的长处，尤其在有月亮照耀的晚上，更有利于志愿军夜战。重点只是该如何选择好发起攻击的时间节点——打仗当然最好要选在月圆之夜，但发起攻击的时间，则不能选在月亮正圆时。道理很简单，从志愿军的后勤承受能力来看，一次战役一般都只能维持在七天左右，第三次战役也不例外。如果月圆时发起攻击，在接下来的六天里，月亮就会逐渐变小、变暗。

对照阴阳历，阳历的 12 月底、1 月初，为阴历的十一月中旬，那时是月圆期，阳历的 12 月 31 日，则是月圆的前几天。要是从这个日子开始攻击，当战役进行到最高潮时，月亮正好最圆、最亮，而倘若错过这段时间，一直到来年的 1 月上中旬，便全都是月亏期，要过一个月后，月亮才能再圆。

彭德怀还注意到，12 月 31 日是阳历的新年前一天，"联合国军"有过新年元旦的惯例，心理上容易放松警惕。此时发动攻势，可以更好地起到攻其不备、出其不意的效果。

这样彭德怀便把战役发起时间定在了 12 月 31 日夜里。

战争就是这样，不管指挥者之前考虑怎样精细，不到战斗打响的那一刻，都无法知道自己对战役部署究竟是否得当。31 日当天，君子里内格外紧张忙碌，接电话的呼喊声、收发报机的电键声几乎一分一秒也没有停止过。彭德怀本人也始终守在作战指挥室，等待前线传来报告。

时针指向下午 5 点，志愿军炮兵部队按照预定计划开始了猛烈的急速射击，炮声震耳欲聋，相隔十几里都能清晰听见。接到炮兵实施火力准备的报告，知道头开得不错，彭德怀的脸上露出了难以抑制的笑容，还站起来在室内走了几步。

经过 30 分钟的炮火准备，早已潜伏在出发地域的中朝联军发动全线猛攻。这又是一个非常紧张的时刻，因为谁也不知道各部队到底能否突破敌军的防线。

朝军总部与志司相隔不远，为庆祝除夕夜，他们那边特地准备了具有朝鲜风味的晚宴，并邀请彭德怀等人赴宴。可是彭德怀哪里肯在这个关键时候离开作战指挥室和电话，吃饭的时间到了，朝方也来电话催了几次，彭德怀的回答总是一句话："请他们等等。不突破'三八线'，我不能离开。"

人们都传说彭德怀有"怪脾气"，但说怪不怪，无非两样，一是看不顺眼，他要骂人；二是只要战幕拉开，他就有一股子不到长城非好汉的劲头！

一个小时后，各主要突击方向的部队陆续报告，敌军防御阵地已被突破，他们正在向敌军纵深发展。彭德怀拍了一下大腿，终于起身离开电话机："走，吃饭去。"

宴会在一间简陋的草房内举行。这里没有餐桌，大家全都席地而坐，因为地炕烧得很热，彭德怀有时还蹲在炕上吃。

彭德怀平时很少开玩笑，有时甚至让别人有过于拘束之感，但大概是因为特别高兴的缘故，当晚他一反常态，谈笑风生，特别放得开。当朝鲜的几名女工作人员向彭德怀敬酒时，他连喝了好几杯。过后他还主动向对方祝酒，有的工作人员推说自己不会喝酒，彭德怀说，今晚的酒你一定得喝。

丁甘如从入朝以来就一直追随在彭德怀身边，他说他从来没有看到过彭德怀像那天夜里那样兴奋。

回到志司驻地，洪学智以为彭德怀酒喝多了，需要休息一下。可是彭德怀仍毫无睡意，他对洪学智说："洪大个儿，拿棋来，咱们杀两盘！"

发动第三次战役的困难程度和结果难以预测，没有人比彭德怀更清楚。他高兴就高兴在，这场战役他已胜券在握。

老子不上你的当

"联合国军"在防御上呈梯次纵深配置，摆在第一线的全是南朝鲜军。经过前两次战役，这些南朝鲜军已经被打怕了，几乎是一看到志愿军就跑。志愿军也抓住对手的这一弱点，专找南朝鲜军打，而且打得很顺利。

第三次战役前夕，沃克已因车祸身亡，接替他的是美国陆军副参谋长李奇微。李奇微虽然名义上只是第八集团军总司令，但他的权限比沃克要大得多，实际上麦克阿瑟已将在朝的"联合国军"全部放手交给他指挥。

1951年1月1日上午，李奇微驱车由北面出汉城。他的本意是要组织南朝鲜军进行反突击，结果却见到了一幅令他深感沮丧的景象。只见南朝鲜军士兵乘着一辆辆卡车，川流不息地向南涌去。士兵们没有秩序，无人指挥，甚至手里也没有武器——大到火炮、迫击炮、机枪，小到步枪、手枪，全被他们扔掉了。所有人的念头似乎都只有一个，那就是拼命跑，跑得离可怕的中国军队越远越好。

毫无疑问，这不是撤退，是溃退。在南朝鲜军率先崩溃之后，二线的美军也受到影响，有一个步兵营已经卷入了这种无秩序的溃退之中。李奇微意识到情况严重，"联合国军"的处境非常危险，徒劳地守卫汉城已无意义。自1月3日下午3点起，"联合国军"开始奉命撤出汉城，李奇微本人则亲临汉江大桥的桥头指挥撤退。

当天下午，志司的情报参谋通过监听美军的无线电报话机，听到了对方要撤离汉城的对话。彭德怀对第三次战役的"保底想法"就是越过"三八线"，虽然他也预料李奇微在压力之下可能会放弃汉城，但绝不曾想到放弃得这么快。得到报告后，他立即下令志愿军向汉城进击。

1月4日中午，中朝联军右翼集团占领汉城。第二天，主力渡过汉江，抢占了汉江南岸滩头阵地。

这时"联合国军"还在继续撤退，其撤退之快之远，均出乎志司意料，但彭德怀发现敌人已不再忙乱，毫无秩序的溃退也变成了有秩序的撤退。

这是一个足以让人警醒的信号。彭德怀觉察到，李奇微在自身阵脚未乱的情况下仍不断后退，显然是想引诱志愿军继续南进，然后或效仿仁川登陆，从侧后实施夹击，或在"联合国军"可控制的火力圈内，发挥其火力密集的优势。

再过一段时间，汉江上的冰冻将开始融化，到时前出汉江以南的志愿军将被迫背水作战，如果"联合国军"趁机在侧后登陆，志愿军将腹背受敌，其结果是灾难性的。

看穿李奇微的用意后，彭德怀说："老子不上你的当。"1 月 8 日，当中朝联军到达"三七线"（北纬 37 度线）附近时，他们奉命停止追击，第三次战役就此结束。

事实上，即便不考虑敌军侧后登陆的因素，志愿军当时要继续南进也面临着巨大的困难。在入朝后不到三个月的时间里，志愿军已连续经历三次大的战役，官兵疲惫至极，兵员上更是出现了严重不足——东西线志愿军的战斗和非战斗减员达到 91000 人，已接近志愿军原有兵力的一半，而这些损失掉的兵员又大部分都是经过国内战争锤炼出来的老兵，他们的位置不是新兵马上就能替代的。

除此之外，当然还有要命的后勤补给，严寒季节，志愿军仍穿不上棉鞋，许多人被冻伤了。如果继续南进，运输线势必还要进一步延伸，在美国空军的日夜轰炸下，南进作战部队的后勤补给根本无法得到充分保障。

彭德怀停止追击的决策无疑是正确的，却引起了朝苏两方面的不同看法。他们质问志司：（第三次战役前）你们说不能打了，怎么一打又打大胜仗了？现在敌人望风而逃，汉城也收复了，你们为什么不追击？为什么要结束第三次战役？应该一鼓作气，把美国人从朝鲜半岛赶下海去！

彭德怀认为这些看法很不实际。他说："一气呵成行吗？不行。要把那么多装备精良的敌人一下子赶下海，能赶得下去吗？不可能嘛，敌人也不会让我们赶下去呀！"

在提意见的人中，以苏联驻朝大使拉佐瓦耶夫的态度最为恶劣。他指名道姓地指责彭德怀："哪有打了胜仗不追击敌人的？哪有这样的司令呢？"

彭德怀置之不理，对身边的工作人员说："不要管他，我对人民负责，错了我承担责任！"

11 日，美国向中方提出停战谈判的建议，并表示可以由英、美、苏、中四国讨论解决远东问题。

美国的战略重点仍在欧洲，它不愿也无力再向朝鲜投入更多兵力。同时这一建议也在很大程度上抬高了中国的国际地位，表明美国已不得不把中国作为一个军事强国来认真对待。应该说，如果这个时候就接受美国的建议，直接展开和谈，在政治上中国将占据非常主动的位置。

彭德怀作为中方战场统帅，既明了敌人的虚实，也知道志愿军的情况。美国一放出和谈信号，他就认为此时谈判是个极好时机，不仅政治上对中方有利，而且还可以减少志愿军的牺牲。他把这些情况和自己的想法都向中央做了汇报。

毛泽东则有自己的考虑，在当时志愿军三战三捷的情况下，他不想谈。西方有一种观点认为："如同麦克阿瑟将军在仁川登陆以后一样，中国领导人也被局势所迷惑，认为不久后他们将获得伟大而完全的胜利。"

由于中方表现出的强硬态度，美国在联合国大会上通过提案，宣布中国在朝鲜的军事行动为"侵略行动"，中美双方继续进入战争状态。

致命弱点

彭德怀对于朝鲜战争的独立思考为他引来了麻烦。拉佐瓦耶夫直接向斯大林报告，说彭德怀"右倾保守，按兵不动，不乘胜追击"。

斯大林是指挥过"二战"的国家元首，并不是一个没有见识的人。他认为彭德怀能够指挥劣势装备的志愿军打败美军，乃是"当代天才的军事家"，关于停止追击的意见也是对的，不存在什么右倾保守。

斯大林复电拉佐瓦耶夫，让他不要再胡乱发言，并且强调："彭德怀是久经考验的统帅，今后一切听彭的指挥。"

彭德怀停止追击，并一度主张接受美方的谈判建议，乃是深知中美双方在军事力量上的实际差距，以及志愿军在朝鲜战场上所必须面对的种种困难和挑战。

在志愿军入朝之初，由于美军自高自大、疏于防范以及不熟悉志愿军战术等原因，中方确实拥有优势，但事实上，这种优势到1951年便不复存在。这是因为志愿军向南方推进得越远，部队的补给便越困难，而"联合国军"方面却是越往南撤，越靠近他们自己的补给站和港口，同时也占据了更加有利的地形。

朝鲜战场的形势开始朝着对"联合国军"有利的方向发生转变，在这一过程中，李奇微起到了很大作用。

论资历，李奇微比沃克还要浅，更不用说麦克阿瑟这样的军界巨擘了。李奇微自述说，他最早认识麦克阿瑟时，还只是西点军校的一个年轻上尉，而麦克阿瑟却已经是西点军校的校长了。

然而李奇微以后在朝鲜战场上的种种表现，却足以说明这其实是一个深藏不露的高手，一个真正的狠角色。见引诱志愿军南进不成，自1月15日起，他即对志愿军实施了反攻。

彭德怀对敌军会发起反攻并不感到意外，他想不到的是，李奇微在这么短的时间内就能够把第八集团军恢复起来，并且这么快就发起反攻——1月8日中朝联军停止进攻，到"联合国军"发起反攻，其间仅仅相隔一周时间。

志愿军前沿部队随即组织小分队，以伏击、夜袭和麻雀战等战法来对敌军的进攻进行牵制。经过接触，发现"联合国军"只投入了一个加强团的兵力，彭德怀遂让大部队继续休整，他自己也把主要精力放在了准备对方的春季攻势上。

李奇微发动的进攻实际上属于试探性质，也就是在大规模交战之前，通过小部队来测试对手的虚实。在此期间，他还亲自乘飞机对志愿军的阵地进行了空中侦察。

一番试探和侦察下来，在志愿军为什么没有乘胜南追这一点上，李奇微找到了答案。他的结论是，由于运输线延长，志愿军已不能有效地进行作战，特别是东线的第九兵团，自第二次战役后就再没能够向前推进，很明显是第一线的兵力损耗太大，又未能及时得到补充之故。

脆弱的后勤保障确实是志愿军的致命弱点。在李奇微眼中，中国士兵尽管普遍英勇顽强，但他们没有飞机，没有重炮，没有稳定和可靠的粮弹补给，每名士兵随身携带的干粮，都只能吃五到七天，这是连续作战的大忌。

李奇微马上决定趁志愿军疲劳和补充困难之际，重夺汉城，并将中朝联军压回"三八线"以北地区。1月25日，他集中五个军共二十三万兵力，向中朝联军两百公里的防御正面发起了全线进攻。

当天，彭德怀正在君子里主持中朝两军高干会议。他曾估计到，随着形势的发展，志愿军会被迫提前到2月份与敌军打一场大仗，现在大仗说来就来，完全出乎他的意料。

此时已决定入朝的第十九兵团还没有到达，正在咸兴休整的第九兵团仍无法立即投入作战，能在前线作战的部队，仅有刚刚参加过三次战役的志愿军六个军和朝鲜的三个军。以前是武器装备敌优我劣，现在不光是武器装备，连兵员数量都失去了优势。彭德怀认为在这种情况下要想阻止敌军的进攻很困难，他致电毛泽东，请示可否放弃汉城，北撤十五至三十公里。

这一请求立即遭到了毛泽东的否决。毛泽东同时要求发起第四次战役，他认为，不管志愿军有多么困难，"歼灭几部美军及四五个南朝鲜师的力量还是有的"。

彭德怀于是电令各军停止休整，准备再战，正在召开的高干会议也临时改为第四次战役的动员会。志愿军原计划休整两至三个月，实际上才休整了不到二十天。

在这次"联合国军"组织的大规模进攻中，李奇微吸取了沃克的教训，不再一味把战斗力薄弱的南朝鲜军推到前面。在其作为进攻重点的西线，他都是让美军先进攻，然后把南朝鲜军带起来，所以在西线这一边，"联合国军"的进展较快。相比之下，东线以南朝鲜军为主，进展就要慢一些。

按照敌军的部署特点，彭德怀制定的策略是"西顶东放"，即西线取守势，尽可能先顶住敌军的进攻，同时集中主力部队到东线，在有计划地将敌人放进来后实施运动歼敌，进而从翼侧威胁敌军西线集团，迫使其停止进攻或退回原阵地。

东线反击能否收到预期的效果，对此彭德怀是非常担心的。1月31日，他在给毛泽东的电报中明确指出:"第三次战役即带若干勉强性,此次战役则带有更大的勉强性,如主力出击受阻,朝鲜战局有暂时转入被动的可能。"

为了协调前方各军的行动,彭德怀派韩先楚在西线汉江、汉城方向组织一个指挥所,称为韩指;邓华到东线组织一个指挥所,称为邓指。他本人也继续靠前指挥,志司被前移至金化。金化以北的大山里到处都是浓密的树林,志司选在一条山沟里,开会则到附近的金矿洞里去开。

如彭德怀所料,第四次战役果然打得异常激烈艰苦。在李奇微的指挥下,"联合国军"改变了过去主要沿公路进攻的办法,也开始与志愿军争夺山头,控制制高点。2月7日,中朝联军在汉江南岸的两道防御阵地均被突破,而汉江又开始解冻,为避免背水作战,联军除留下三十八军和五十军在汉江南岸继续阻击外,其余全部撤往北岸。

8日,美军第一军开始向汉江逼近,并于两天后重新占领了仁川港。

最艰苦战斗

改变西线危急局势的希望之一,就是在东线实施反击,而从东线的战场态势来看,砥平里及横城之敌已处于突出部,具备了从侧面进行反击的条件。此时,志愿军主力向东线集结的情况也已被敌人发觉,彭德怀和邓华通过电报商量后,决定立即在东线发起反击。

问题是以志愿军现有兵力,无法同时攻歼两处之敌。砥平里和横城,究竟先打哪一处,需要做出决断。

砥平里驻扎的是美法军,且已构筑工事。先打的话,固然可以对敌军西线集团起到震撼作用,但美法军战斗力较强,如果志愿军不能在一两个昼夜内解决战斗,周围敌军会陆续来援,歼灭战就会变成消耗战,对志愿军来说是极为不利的。

横城则不同,横城以北敌军虽多,但多系南朝鲜军,战斗力弱,又处于运动之中，有利于迅速围歼。

彭德怀拍板先打横城。2 月 11 日晚，志愿军邓华集团和朝军金雄集团共七个军，对横城附近之敌发起战役反击。经过一夜激战，位于横城西北的南朝鲜军第七师顷刻崩溃。南朝鲜军的崩溃，又使得横城的美二师一部侧翼暴露，从而连带受到损失，尤其是火炮的损失非常严重。

横城反击得手后，为进一步扩大战果，迫使李奇微在西线停止进攻，彭德怀又命令邓华向砥平里之敌发起攻击。

根据原先得到的情报，美法军只有四个营的兵力固守砥平里，邓华集团18000 多人将砥平里重重包围，当时认为攻下来是比较有把握的，但是 13 日上半夜却未能攻得进去。后来才知道砥平里有美军一个团和法军一个营，加上炮兵营、坦克中队等，计有 6000 余人。

14 日深夜，邓华再次指挥部队向砥平里发起大规模进攻。志愿军缺乏强大的炮兵群协同，只能单纯以野战方式向敌军据点式防御工事进攻，虽然付出了极大伤亡代价，但打到第二天白天仍无法结束战斗。

15 日下午，至太阳偏西的时候，战斗进入关键时刻，邓华准备投入预备队进行突击。然而由于负责打援的友军未能打退敌人，美军一个团的援兵涌入了砥平里，原先的志愿军攻击部队腹背受敌，陷入生还者记忆中"无比凄惨"的大混战之中。

砥平里附近有一座被两条铁路隧道穿过的山，所以西方也将砥平里战斗命名为双隧道之战。美军团长弗里曼上校称此战为"朝鲜战场上我所经历的最艰苦战斗"，当大混战爆发时，美军士兵全都投入了肉搏，连头上扎着红带子的法国士兵也端着刺刀加入了近战行列。

大批志愿军伤员从前线退下来，这些伤员告诉包扎所的医护人员："前面打乱套了。"见战况已极为被动，邓华被迫下令停止进攻。自 16 日开始，部队先后撤出战斗，并由进攻转入防御。

东线反击战虽然引起了李奇微的注意，但他并未如彭德怀所愿调整其西线部署，英美军主力继续步步紧逼。16日当天，三十八军和五十军相继撤往汉江北岸。

经过连续作战，志愿军不仅极为疲惫，而且出现了大量减员，其中三十八军和五十军在战役进行没多久就已经伤亡过半，其他各军也实力大减。准备补充的新兵和老兵都尚未到达，至于战略预备队，除第十九兵团已于15日入朝并正在向预定地区开进外，第三、第九兵团和其他部队都要到4月初才能到达"三八线"及其以北地区。

除此之外，后勤供应的状况也未见好转，真正能够送到前线的物资极少。战士缺衣少粮，很多人别说棉鞋，连胶鞋都没有，竟然只能赤着脚在冰天雪地中作战。这让彭德怀十分焦虑，他深感这些情况用电报方式未必说得清楚，因此在16日急电毛泽东，要求回京当面报告。

得到同意后，彭德怀让邓华速回志司主持工作，他则乘吉普车连夜向北疾驰。

2月21日，彭德怀在丹东乘坐专机飞往北京。当飞机降落在沈阳机场加油时，东北军区接待人员见他神情疲惫，便请他在机场休息室休息一会儿，但彭德怀既没有进休息室，也没有吃饭或喝水，而是一直站在飞机旁，直到飞机把油加完。

21日午后，飞机降落在北京西郊机场。彭德怀一下飞机即直奔中南海。不巧的是毛泽东不在中南海，而是住在西郊玉泉山静明园。于是彭德怀又立即折返西郊。

当时毛泽东正在睡午觉，秘书、警卫连忙拦住彭德怀，让他吃饭休息一下，等毛泽东睡醒后再进去。彭德怀哪里肯等，他大叫一声："我有急事要向毛主席汇报！"然后不顾警卫的阻拦，便推门而进，掀开被窝，把毛泽东给叫醒了。

毛泽东一边起床穿衣，一边颇有些无奈地说："只有你老彭才会在人家睡觉的时候进来提意见。"

在汇报过程中，彭德怀竹筒倒豆子一般地列举了朝鲜战争与国内解放战争的诸多不同之处。

"以战养战"是中共部队在解放战争中能够取胜的一个法宝，不管打多么惨烈的仗，只要打胜了，过后就可以通过俘虏兵来解决兵员损失，从而保证战斗力不被削弱。可是这在朝鲜是无法做到的——俘虏是很多，可是你总不能让老美们当"解放战士"吧？自然志愿军也不可以动员当地的朝鲜青年参军。

后勤较为充裕是解放战争的另一个重要特点。许多重大战役能够打赢，都离不开老根据地的支援，所以陈毅在淮海战役结束后才会大发感慨，说："淮海战役的胜利，是人民群众用小车推出来的。"志愿军在朝鲜则得不到这一有利条件，而且越往南去越困难，尤其是到"三八线"以南至"三七线"一段原南朝鲜占领地区，基本上就筹不到什么粮食，那里也被称为三百里无粮区。由于后勤不济，志愿军的战斗力变得越来越弱，已无法坚持长期作战。

从急于发动第四次战役来看，毛泽东实际上也有不小的速胜想法。听过彭德怀的汇报后，他沉思一会儿后给出了一个明确的指示，即"能速胜则速胜，不能速胜则缓胜，不要急于求成"，从而在用兵上给了彭德怀更大的自由度。

不死打，不死拼

除了当面向毛泽东汇报外，彭德怀回京的另一个目的是要设法解决志愿军所面临的困难。2月24日，他在中南海与苏联代表商谈，希望苏联能够出动两个空军师驻于鸭绿江北侧，以掩护"三八线"以北的交通线。不料这一请求却遭到了苏方的拒绝，彭德怀为此感到十分失望。

第二天，根据毛泽东的指示，中央军委召开扩大会议，主要讨论如何保证志愿军物资供应的问题。会上有些人强调国内机构刚刚建立，许多环节落实起来有困难。彭德怀本来因苏联不肯派飞机已经窝了一肚子火，这时再也按捺不住了。只见他猛地站起来，把桌子一拍，说："这也困难，那也困难，就是你们爱国，难道志愿军不爱国？你们去前线看看，战士们吃的什么、穿的什么！伤亡那么多人，他们为谁牺牲？"

彭德怀认为国内支援朝鲜前线很不得力，从而造成了志愿军大量不必要的伤亡。由于他发了脾气，会议气氛骤然紧张起来。虽然主持会议的周恩来竭力维持，但大家最终仍不欢而散。

会后，彭德怀又和周恩来一起，两次到玉泉山找毛主席商讨，直到 3 月 1 日，因前线战事紧张，他才又匆忙离京。

当天，毛泽东亲自致电斯大林，要求苏联尽快派空军掩护志愿军的后方运输线。几天后，斯大林在复电中不仅同意派遣两个歼击机师入朝作战，而且答应调五个高射炮师到朝鲜保护机场。另外，他还同意中国增订 6000 辆汽车。

周恩来也通过连续主持召开中央军委会议，在加强志愿军一线兵力以及后方供应上拿出了一系列措施。自此，凡国内部队都必须轮番到朝鲜作战，以替换第一线部队进行休整。同时调用国内各种资源支援前线，由几个大城市为志愿军制作炒面和罐头食品。

彭德怀在京期间，前线形势更为严峻。2 月 21 日，李奇微发起"屠夫行动"，"联合国军"在东线夺取了横城等地区。至 3 月 6 日，东西线被基本拉平，西线部队也已完成了渡江准备。

仅隔一天，李奇微便又发起"撕裂者行动"，其西线部队于当晚分两路强渡汉江。在"联合国军"的强大火力攻击下，志愿军伤亡很大，已力不能支。

3 月 9 日晨，彭德怀回到志司，还没有来得及脱大衣吃早饭，就听到了这一报告。由于在京时已得到毛泽东原则上的同意，他立即决定全军后撤，以缩短供应线，等待后续部队。

中朝联军被迫撤出了汉城。这一撤退，在朝方和中国国内都引起了一些波动。彭德怀自己也坐卧不宁，他有时发牢骚说："我们要是有足够的飞机大炮，有可靠的物资供应，能把汉城丢掉吗？可现在我们没有这样的装备呀，我早就估计到汉城是保不住的。"

"联合国军"重占汉城后，采取了所谓的磁性战术逐步向北推进，即用机械化小部队紧贴中朝联军，形势有利时就利用火力优势发起进攻，抢占要点，形势一旦不利，便迅速收缩。

根据敌军在进攻上的这一特点，彭德怀下令实施机动防御。所谓机动，就是不死打，不死拼，允许各部队梯次撤退，边阻边退。彭德怀说，退是要退的，但不能退得太远，只能退到"三八线"上，否则的话，一是不利于后面几个兵团向朝鲜开进，二是影响士气，三是政治上不利，可能又会引起朝鲜等方面的不满。

第三点最重要，却也是最让彭德怀感到苦恼的地方，因为这让他习惯的运动战战术受到了很大限制，起码他已不能再像解放战争时期那样，用大踏步后退的办法来求得以退为进了。

由于有"三八线"这条政治线的约束，彭德怀还给各军做了规定，明确要退的话，一天只能退多少。当然最好是敌军不进，则志愿军也不退，而万一要是敌军退了，志愿军还可以再进一点。

鉴于兵力和火力都不足，彭德怀要求各部队在兵力配备上必须"前轻后重"，不能在一个阵地上放很多部队，从而导致过大伤亡。与兵力配备的"前轻后重"相反，火力组织则是"前重后轻"，以便尽可能加强前沿火力。

部队撤退时，志愿军还尽可能在敌军前进道路的两侧山上预留小分队，用以对敌人进行夜袭，有时还有意制造反攻的假象。这些都是为了迟滞对方的进攻，为后续兵团的到达争取时间。

早在"二战"前，美国及其盟国在战略上坚持的便是"先欧后亚"政策，欧洲才是美国的利益核心。基于这一考量，美国根本不可能在亚洲陷入一场持久战，消耗掉它原应部署在欧洲的军事力量。现在眼看"联合国军"又重新占据了主动，杜鲁门总统便倾向于见好就收，通过谈判结束朝鲜战争，但麦克阿瑟却逆势而动，坚持要以武力建立"统一的朝鲜"，甚至还主张派空军轰炸中国沿海城市和内陆工业基地。

内部这么胡言乱语一下也就罢了，糟糕的是，麦克阿瑟还发表了一份与美国政府意见完全相左的公开声明。这让杜鲁门非常生气，终于下决心罢免麦克阿瑟，其职务由李奇微完全接替。

得知麦克阿瑟被撤职的消息，彭德怀说："麦克阿瑟年已 70 岁高龄，吃了败仗就发疯，早该回家养老了，看来杜鲁门要比他明智些。"

不能再退了

彭德怀是职业军人，他衡量对手的标准非常简单实在，就是看对方挥起的棍棒是否真能砸到自己身上。抗战时期，彭德怀对冈村尚能在私下里夸上两句，是因为他吃过冈村的亏，知道这老鬼子肚子里确实有点货。麦克阿瑟尽管牛气冲天，全身都披着名牌标签，可是前面交手两三个回合，他不但没能打倒老彭，反而还被结结实实揍了两棍。以此之故，彭德怀很有些瞧他不起。

李奇微就不一样了，在彭德怀眼里，这位美军少壮派比"老朽"的麦克阿瑟要高明得多，也务实得多，是个不能不认真对付的厉害对手。

发现志愿军正在大后方集结兵力，为了不给志愿军以喘息调整的机会，李奇微又紧接着发起"狂暴行动"。在"狂暴行动"的推进过程中，志愿军前线部队基本上是你进一点，我退一点，这使得"联合国军""打了不少意料之外的胜仗"。李奇微回顾那一段经历时，甚至说："胜仗如此之多，以至于我不得不对消除部队中的自满情绪引起重视。"

一些美军指挥官不仅开始自满，而且认为"联合国军"在朝鲜战场上彻底的胜利已经为期不远。李奇微则认为事情远没有表面看起来这么乐观，他反复告诫部下：联合国军迄今尚未遇到过的、最艰苦的战斗，以及最严重的关头还在后面。

中方确实一直在准备大规模反击。毛泽东一再指示应在后续兵团入朝后实施战役反击，目标仍是向汉江以南推进，而至 3 月中下旬，第十九兵团和第三兵团都先后开进朝鲜，向预定作战地区集结。

按照毛泽东的指示，彭德怀考虑发起第五次战役。一天下午，他把邓华、洪学智、解方、杜平（时任志司政治部主任）等人召集到一起开会。会议一开始他就说："今天讨论第五次战役怎么个打法，你们发表意见吧。"

洪学智的想法是第五次战役不能打得太早，最好退到铁原、金化地区再打。铁原、金化、平康被称为"铁三角"，是志愿军重兵集结的地带，如果把敌军放进"铁三角"，便于拦腰截击，从而达到成建制消灭敌人的目的。

洪学智刚说完，彭德怀马上说："不能再退了！"他接下来讲了很多，中心一点就是不同意把敌军放进"铁三角"，而主张应在金化、铁原以南打。

彭德怀讲完了，邓华表示洪学智说得有道理。邓华同时认为，第十九兵团、第三兵团入朝不久，第九兵团在结束休整后也才刚刚往前开进，几个后续兵团对朝鲜的地形都不熟悉，行动也仓促。要是能够把敌军放进"铁三角"打，他们可以多一点准备和熟悉地形的时间。

解方和杜平在发言中也都同意放进来打的意见。彭德怀见众人都不赞同他的想法，有些不高兴地问道："这个仗你们到底想不想打了？"

解方见此情景，便说："我又想了想，觉得彭总的意见是有道理的，考虑得比较周到。"

邓华和洪学智仍然没有放弃自己的立场，他们对彭德怀说："老总，打还是要打的，我们是做你的参谋，参谋的责任是提意见。老总是战场统帅，采纳不采纳由老总定。老总定了的，我们坚决执行。"

彭德怀不再说什么，随后他便自己起草电报去了，而他起草的电报还是依照自己所讲的那套打法。

到了吃中午饭的时间，邓华吃完饭就走了，只剩下洪学智陪着彭德怀吃饭。趁这个机会，洪学智对彭德怀说："老总啊，当参谋的有三次建议权，我在会上已经向你提了两次。现在他们都走了，我再向你提最后一次。"接着，他将自己的想法又详详细细地讲了一遍。

彭德怀听了以后沉思良久，叹了口气说："你的意见也有道理，我就是考虑朝鲜战场狭窄，把敌人坦克放进来不好办哪。"

洪学智说，把敌人坦克放进来固然不好办，可是志愿军打出去更不好办，因为志愿军靠两条腿跑路，肯定跑不过敌人的汽车，而且打远了供应线也接济不上。

彭德怀听到这里便不作声了，洪学智也不便再接着说下去。

其实彭德怀希望打出去有多方面的考虑。其中最关键的一条，他并没有当着洪学智等人的面讲，那就是对"仁川登陆"再次重演的担心。

此前，彭德怀接到了一份极为重要的情报：李奇微对东线进行视察，美国海军加强了对元山等东部港口的炮击、封锁和侦察。这一迹象表明，美军似乎在加紧做好登陆准备，而登陆地点可能就在东线。

志愿军开入朝鲜的部队，无论是前线部队还是后续兵团，都是按照正面发动进攻进行部署的。一旦美军从东线侧后登陆，配备在正面的几十万大军要想立即掉头都很困难。

彭德怀就是希望抢在敌军登陆之前发动大规模进攻，继而消除被对方侧后登陆的危险，这与李奇微为了阻止志愿军的集结而发起"狂暴行动"，其出发点实有一致之处。

美国飞机都是吃老米的

4月6日，彭德怀在金化上甘岭召开会议，对第五次战役进行具体部署。会议在一座金矿洞内举行，由十几个炮弹箱垒成的会议桌被摆在了矿洞中央，出席这次会议的除了先期入朝的九个军外，还增加了新入朝的第三兵团、第十九兵团领导人。

会议开始时，彭德怀环视了一下两旁熟悉和不熟悉的面孔，然后笑着说："其实我们志愿军也可以称得上是'联合国军'了……有来自东北地区的，有来自华北地区的，有来自华东、华南、西南、西北地区的。我们一个兵团驻的地区，比'联合国军'当中的一个国家还要大呢。"

与邓华、洪学智等幕僚人员表现出的谨慎小心不同，各个兵团尤其是刚刚进入战场的第三兵团、第十九兵团的司令员，都想在未来的战役中大显一番身手，因此在会上表现得情绪激昂。

当彭德怀问他们："20号左右（发起战役）行不行？部队集结、赶到攻击出发点和冲击位置能否来得及？"几个司令员都异口同声地表示，没有问题，保证到时候可以开始。

吸取前几次战役的经验教训，彭德怀特别注重了此次战役的后勤保障，他要求自战役发起时，各参战部队自带五天干粮，另由各分部再组织五天干粮，随部队跟进。他最后强调，要是战役进行期间，部队吃不上饭，再好的作战计划也完了，"如果这次打胜了，全体指战员的功劳算一半，后勤算一半"。

会议举行当天，敌军距离上甘岭已只有几十公里，从会议现场可以清楚地听到南面交战前沿传来的隆隆炮声。

会议一开完，志司即移往上甘岭西北百余公里的空寺洞。空寺洞是一个很隐蔽的山庄，山上山下也有很多金矿洞，但是与先前的君子里、金化不同，这里的矿洞经常滴水，很潮湿。另外，洞里也比较黑，白天还得点蜡烛，彭德怀不愿意住洞里，正好山下村子里有几间房子，还没被敌机轰炸过，于是他就带着机关人员住了进去，他本人住一间房子，邓华、洪学智等人住另外一间房子。

4月10日晨，天刚蒙蒙亮，太阳还没升起来。洪学智突然听到了一声清脆的防空哨枪响，紧接着便传来了嗡嗡嗡的飞机轰鸣声，他意识到这是敌机突袭，于是立即一个鲤鱼打挺从床上跳起来。解方、杜平也闻声爬了起来，只有邓华和衣而睡，仍旧呼呼地打着呼噜。

洪学智朝他大吼一声："飞机来了，朝这边来了！"邓华还是没醒，洪学智急了，上去一下子把邓华的行军床掀了个个儿。

邓华惊醒过来，明白是怎么回事后，同众人一道急急忙忙地跑出了屋子。

他们刚刚跑进小屋侧面的一条小山沟，敌机就用机关炮对村庄进行了猛烈射击。邓华的行军床被打了个大洞。邓华伸着舌头对洪学智说："老哥，今天不是你，我大概早已上西天了。"

大家都非常担心彭德怀的安全。幸好彭德怀的秘书杨凤安比较机警，在敌机开始扫射前，就抢进屋中，和警卫员一起将彭德怀架进了矿洞。

彭德怀的行军床被打穿了四个洞，屋内的电话机也被打得粉碎。彭德怀眯着眼睛骂道："美国飞机都是吃老米的，你早打三秒钟，我就可以到马克思那里去报到了。"

即便遭遇过大榆洞被袭的惨剧，彭德怀先前的防空意识也一直不是很强。很大程度上，这与他在解放战争时期的经验有关，国民党的空军不过是个不中用的摆设，与之相比，美国空军却绝不能小看，他们的飞机不仅来得快，而且打得准，别说白天，就算志愿军在晚上点着很小的亮光，只要被飞行员看到，依旧可以从很远的地方准确命中。以洪学智亲眼所见，就有两名参谋人员被敌机用这种方式打死。

自此以后，彭德怀也比较注意防空了。

拴绳子

就在第五次战役即将启动时，第六十军忽然给志司发来电报，说有的部队没有粮食吃，还有的部队已经拿大衣和老百姓换粮食吃了，希望赶快补给。

彭德怀看了电报之后很是生气，他问负责后勤的洪学智："你这个洪学智，怎么搞的？部队马上要出发作战了，这仗还打不打？你误了我的军机呀！"

洪学智马上说："彭总，他们的电报不准确。粮食都送到了，最少可以保证五天，多的可以保证一个礼拜。"

接着他又把哪天哪天给六十军发了多少辆车、多少粮食，以及发到了什么地方，都跟彭德怀进行了详细说明。

彭德怀听完之后，仍然将信将疑地看着洪学智。洪学智只好说："老总，你不相信可以派人去调查嘛。如果真的有问题，我负责任。"

彭德怀说："当然要派人调查了。"

洪学智随即派参谋到六十军调查。彭德怀生怕洪学智派去的参谋做假汇报，在洪学智不知情的情况下，他又把秘书杨凤安也派去六十军。

第二天，杨凤安从六十军给彭德怀发来电报，说明这其实是一场误会：六十军的粮食早已送到，他们也不缺粮食，所谓有的部队拿大衣换粮食，换的不是粮食，而是当地的酸菜和鸡，当然是违反了部队纪律。

彭德怀看到电报后很高兴。隔天吃早饭时，他特意找到洪学智，并拉着洪学智的手笑着说："你看看，前天错怪了你，对不起呀！"

这时桌子上正好放着一个梨，彭德怀拿起来递给洪学智："赐你一个梨！吃梨，吃梨，给你赔个梨（礼）！"

彭德怀对部下发火的情况很常见，但如果他知道自己错了，也一定会在第一时间向对方道歉。他给自己打圆场的方式也很特别，比如跟洪学智在一起，就是下棋。

在志司，有三个人的棋力都在彭德怀之上，一个是洪学智，一个是时任志司办公室主任的成普，毛岸英生前也经常能下赢彭德怀。

若正常发挥，彭德怀下不过这三个人，但他有一手绝招，就是"拴绳子"，也就是悔棋——碰上对方要吃他手下的重要棋子，他就抓住这个子儿不放，说是要重新考虑。

每次下棋前，洪学智都要开玩笑似的和他约法三章："老总，下棋可以，不准拴绳子。"彭德怀总是说："你这个人哪，什么拴绳子不拴绳子的，我哪回拴过绳子了？不拴！"下的时候照"拴"不误。

遇到这种情况，洪学智一般都不制止，只是打个哈哈："哎呀，老总又悔棋啦。"成普连说都不好意思说，最多朝彭德怀白上一眼。唯有毛岸英年轻，有些不让步，有一次竟然说出："老总，您怎么又悔棋啊！"

洪学智、成普在这件事上都不太较真儿。他们不仅对彭德怀"拴绳子"睁一只眼闭一只眼，有时还故意"放水"，让彭德怀赢上几盘。

在君子里过春节时，洪学智曾和彭德怀连下三盘。第一盘，洪学智可以赢的，但让了一盘，彭德怀不知道，还很得意。第二盘，洪学智赢了。到第三盘，彭德怀有点发急，说这是最后决战。洪学智想了想，就又让他赢了。彭德怀像个老小孩一样，高兴得不得了："啊，今天过年了，我赢了，你不行啊！"

彭德怀在君子里部署了第三次战役，那场战役尽管困难重重，但是仍取得了胜利。洪学智希望君子里的好运能被带到空寺洞，这一天他与彭德怀下了两盘，结果是一比一，平局。如果还是下三盘，估计彭总的"战果"又是二比一——到"最后决战"，洪学智是一定会"放水"的。

假使洪学智迷信一点，这似乎不是一个好兆头，而两人之所以下成平局，也是因为战前工作紧张，只能到此作罢。在这一点上，它仿佛又暗合了事后有人关于"战役打得太急"的批评。

4月19日，美军第二十四师、第二十五师进至铁原附近，这两个师在敌军整个战线上形成了突出态势，有利于志愿军实施围歼。晚上，彭德怀正式确定了第五次战役的发起时间。

这时志愿军在朝鲜已集结了十四个军，除去在后方休整的第三十八军、第四十二军和第四十七军，在一线担任正面作战的部队共有十一个军，另外还有三个炮兵师和一个高炮师。当天，各突击兵团奉命进入了进攻出发地。

李奇微的最初目标是将战线推进至"三九线"（北纬 39 度地区），从而在朝鲜半岛蜂腰部建立新防线。李奇微认为，这条横贯朝鲜半岛的狭窄地带只有一百七十公里，进可攻，退可守，而且又是朝鲜半岛的腹地，占领之后"联合国军"无论在军事还是政治上都将处于有利地位。

不过当先头部队推进至铁原附近时，李奇微已经发现志愿军的后续部队开了上来，为谨慎起见，他下令除西线部队继续向"铁三角"进攻外，其他方向的部队均转入防御。

4月22日，下午5点，中朝联军各突击兵团向敌军发起全线反击，总的进攻兵力达到了三十万人。这也是整个朝鲜战争中，中朝联军所发动的规模最大的一次进攻。

一礼拜攻势

彭德怀有个习惯，在战役发起前，他就会让秘书不断地在地图上插小红旗，这样他就可以清楚地了解到，哪个部队突破了，是什么时候突破的，以及各部队行进到了什么位置。

当天晚上，三个兵团都突破了敌军的防线，但有的部队入朝时间不长，缺乏和美军作战的经验，穿插迂回的动作也较为缓慢，无法按计划到达预定位置，这样一来，战役便由预想的包围歼灭变成了正面平推。

4月24日，西线志愿军已全部抵达或超过"三八线"，然而歼敌并不多，"联合国军"主力在被迫撤退后，得以进入二线阵地继续抵抗。

李奇微已经完全掌握了志愿军作战的特点和规律。他知道志愿军战士必须自带粮食，而且粮食最多也只能维持一周，他将之称为"一礼拜攻势"，而且他还清楚志愿军在大白天无法实施兵团作战，只有夜间才能进行迂回穿插包围。

根据志愿军这些暂时难以克服的弱点和缺陷，李奇微实施了节节抗击、逐步撤退的战术。志愿军白天不能放开手脚进攻，"联合国军"的主力部队就在每天下午先撤退，仅留少数摩托化部队与志愿军保持接触，当志愿军利用黄昏发动攻击，这些掩护部队便迅速撤退二十公里至三十公里布防。这些都保证了"联合国军"不会被志愿军分割包围，其损失也可以降到最低。

志愿军在晚上步行追击，到拂晓时，又正好暴露在"联合国军"飞机大炮的控制之下，它可以利用炮火和空中火力大量杀伤志愿军，并使志愿军难以活动。

4月28日，"联合国军"主力撤至汉城以南及北汉江、昭阳江以南。新任第八集团军司令范佛里特将美军骑一师调到汉城，组织了密集火力网。彭德怀明白在汉城以北歼敌的时机已失，遂令西线主力停止进攻。

不过这只是第五次战役第一阶段的结束。在这一阶段中，中朝联军西线右翼集团向南推进了五十多公里，直抵"三八线"以南的汉城地区，整个战线由此形成了由西北逐渐向东北延伸的一条斜线。正是这条斜线，令防守东线的三个南朝鲜师的侧翼暴露出来。

在李奇微的指挥下，南朝鲜军后期的战斗力已有所提升，但相比美军仍要弱得多。彭德怀随机应变，决定立即向东转移兵力。

如果说没有听取邓华、洪学智等人的意见，过早发动第五次战役，是彭德怀在军事指挥上所犯的一个错误的话，他的及时改变战役决心，则说明了军事主官的另一个价值所在——在形势变化的情况下，可以超越原定的作战计划，做出更有利于己方的决策。

为迷惑与钳制西线美军，4月28日，他急电西线右翼集团，或在汉江北岸作渡江佯动，或南渡昭阳江，以掩护主力部队向东线出击。

5月9日，趁敌军尚未明确判明志愿军动向，经过十天整补的第三、第九兵团挥师东向，于15日相继进入东线。第二天傍晚，他们即协同朝军的三个军团，对南朝鲜军两个师实施了钳击合围。

在东线围歼战打响后，彭德怀昼夜坚守在志司作战室，以接收来自前线的战报，同时亲自起草电报指挥各军作战。

这次各兵团不仅都到达了进攻冲击位置，而且突破口的选择、炮火的组织都做得很好。激战至 19 日，南朝鲜军被包围的部队遭到重创，重装备也被全部缴获。不过南朝鲜军也是越打越精，他们事先就做了撤退准备，当中朝联军进攻时，坐上汽车就跑，而且跑得很快。也因为这个原因，中朝联军没有能够像以往那样整建制地消灭南朝鲜军任何一个师。

16 日夜，中朝联军西线部队以一部兵力在汉城方向和汉江下游实施佯动，形成迂回汉城和渡江南进的姿态。这也是彭德怀预先部署的一着妙棋，而且使得李奇微和范佛里特双双受了蒙蔽。

当朝军派出一部分兵力在汉城以西渡江时，李奇微曾误认为这是"中国人对汉城最危险的一次突击"，还有人连声惊呼："汉城正面临着第二次危机。"

直至 20 日，范佛里特才发觉志愿军已经东移，遂急调美军主力东援。美军都是摩托化部队，机动速度非常快，又不用顾忌白天黑夜，西线至东线一百五十公里的距离，他们不到一天就能到达。

战役缺口很快便被堵塞，加上志愿军粮食已经耗尽，接近了"一礼拜攻势"的极限，彭德怀不得不结束第二阶段作战，命令部队向北撤退。

出问题了

5 月 29 日，晚上 7 点，倾盆大雨铺天盖地而来，天空中电闪雷鸣，连人的耳朵都被震得嗡嗡作响。洪学智在志愿军后勤司令部（志后）里接到了彭德怀的电话，彭德怀的声音显得既沉重又沙哑："你是洪副司令吗？"

洪学智立即回答："是我，彭总，有什么事吗？"

彭德怀说："当然有事情，你立即回来，有重要事情。"

新成立的志后位于楠亭里，与空寺洞相隔五十多公里，洪学智也是昨天晚上冒着大雨刚刚到达。他不明白怎么才来一天，又要回去，于是就问道："昨天晚上刚来的，才住了一个晚上就让回去，有什么重要事情？"

彭德怀不耐烦地说："你别问了，让你回来，你就回来，马上回来！"说完他就撂了电话。

当天邓华因面部创伤已回沈阳治疗，韩先楚被派回国内要兵去了，其他高级幕僚也都不在志司。洪学智预料彭德怀一定是遇上了什么非常棘手或紧急的事，身边缺少助手商量，于是二话没说就驱车前往空寺洞。

到达空寺洞时，已是半夜2点多，洪学智疾步走进彭德怀所住的矿洞，看到里面点着洋蜡，彭德怀穿着一条短裤，打着赤膊，满头大汗，正在焦急地来回踱步。看样子，一夜都未睡觉。

听到动静，彭德怀停下脚步，抬起熬得发红的眼睛望着洪学智："噢，你回来了？"

他一边说一边递给洪学智一份电报："你看看，从来没有过的事情都出现了。"

洪学智忙问："怎么了？"

彭德怀说："六十军出问题了。那个一八○师同军部、三兵团和志司都失去了联络，电台怎么也联络不上！"

六十军是在组织撤退的过程中出现的问题。与前面四次战役不同，由于李奇微已摸清楚志愿军行动缓慢、补给困难的弱点，所以当志愿军主力尚未撤退时，"联合国军"就开始了大规模、有计划的猛烈反击。

在战法上，李奇微亦有改变，他一面用主力从正面猛推，一面用摩托化步兵、炮兵、坦克兵组成"特遣队"，沿着公路向志愿军纵深猛插。这在客观上给志愿军撤退带来了极大困难，东线部队因为往南插得较深较远，撤退就更加不易。

过去志司都是直接指挥到军，让他们一个梯次一个梯次地撤退。到第五次战役，志愿军总兵力已接近百万，比刚出国时增加了三倍还多，这样在指挥体系上就多出了兵团一级。撤退时，志司只下达了总的命令，具体撤退过程和路线都由各兵团自己组织。

三兵团出自解放战争时期的二野，兵团司令是陈赓，不过第五次战役时他正在国内治疗腿伤，并未能实际到任。兵团副司令王近山以代司令的身份负责指挥，他让一八〇师为六十军做掩护，并下达了命令：就地停止，掩护伤员转移。

当时各兵团内部部队编制太多，互相交叉，指挥起来很不得力，都是抓住哪个部队就让它堵在那里。在三兵团，一八〇师本是较弱的一个师，建军史不长，1947年才由山西的几支地方部队升级组建而成。此外，王近山下达的命令也非常含糊，对究竟怎么掩护，掩护到什么时候，什么程度再继续撤，统统都没讲。

一八〇师接到军部发来的电报时，刚好撤到北汉江以南，于是就停了下来。实际上随着夏季到来，北汉江水正在上涨，涉渡只会变得越来越困难，他们本应该撤到北汉江以北再停的，之后在渡江时，该师被江水卷走的就达六百多人。

一八〇师与上级失去联络，已经是过了北汉江以后的事了。彭德怀为此急得连连叹气："现在再让哪个军去接应呢？有的军离它不远，可是电台忽然又不通，接它也没法子接了。"

洪学智看了看志司收到的电报，有三兵团发来的，也有六十军发来的，都说同一八〇师联络不上，而且无处寻找。洪学智顿时也着急起来，说："敌人正在跟踪追击，这样联络不上，不会出什么问题吧？"

彭德怀不是没有想到这一层，他咬了咬牙："还得想办法继续联系，整整一个师，不能就这样白白丢了。"

在洪学智到来之前，彭德怀已经紧急起草了一份电报，决定派一八一师、四十五师南返为一八〇师解围，"如再迟延不决，必致严重损失"。

停了一会儿，彭德怀又指着地图对洪学智说："你看，敌人已经分几路向北进攻，金化、铁原这边也来了不少。"

洪学智一看，敌军距离空寺洞已仅有六七十公里，而且前面也没有志愿军。如果敌军一个劲地追上来，志司这个位置就危险了，彭德怀本身也很危险，但是彭德怀对此却似乎并不是特别在意。

洪学智惊叫道："不行，得赶快调部队过来，不然，空寺洞司令部就危险啦！"

一八〇师没打好

彭德怀不是不知道志司正陷入险境之中，但他说："各个部队正在一边阻击敌人，一边后撤，任务都很重，伤亡都很大，调哪个部队呀？不好调哇！不好办哪！"

洪学智说："那也得调，赶紧想办法。"他一边说一边看地图，最后目光停留在了一个小红圈上。小红圈所在地域为阳德，在空寺洞后面一百多公里，四十二军正在那里休整。

洪学智向彭德怀建议："不要让四十二军休整了，让他们来这儿吧！守住铁原通往空寺洞的这个山口，以保证总部安全。"

彭德怀沉思片刻，说："算了吧，他们也是刚刚到阳德，不要让他们再上来了。"

洪学智不由分说："刚到也不行，刚到也得来。这事你别管了，我通知他们，让他们全军来，连夜来。"

彭德怀见状便说："来也可以，但不用全军，来一个师就可以。"

洪学智觉得一个师太少，坚持来两个师。彭德怀想了一会儿，终于答应下来："也好，那就这样吧。"

四十二军很快就赶到铁原，并堵住了缺口。第二天，敌军也到了，不过一看有大部队守着，也就没有再继续进攻。

几乎在同一时间，一八一师、四十五师南返救援一八〇师的行动宣告失败。这时一八〇师虽然遭到隔断，但其实并没有被敌军发现，而且他们隐蔽的地区离志愿军实际控制区已经很近，仅仅隔了一条公路，完全可以自行在晚上撤回来。只是师长郑其贵过于紧张，他看到白天公路上轰隆隆地开过去很多美军坦克，就误以为部队被包围了。

由于害怕被敌军测出自己的位置，郑其贵下令砸了电台，烧了密码，结果却是导致军、兵团和志司都跟他们联系不上。

以后郑其贵又命令干部扔下战士分散突围。在所有干部中，政治部主任吴成德是表现较好的一个，为了不丢下四百多名伤员，他耽误了时间，没有能够随师部一道冲出去。也因此，吴成德命运凄惨，在山上打了十四个月的游击后，他不幸被俘，成为志愿军被俘人员中职务最高的军官。

之前一八〇师已撤出了一部分非战斗人员和后勤人员，加上突围出来的师长郑其贵等人，共有四千余人回归，损失高达七千多人，其中除战死、饿死、吃野草中毒死亡外，计有三千多人被俘，是志愿军入朝以来损失最为严重的一次。

6月中旬，彭德怀在空寺洞召集了一次有各军军长、政委参加的会议。志司事先用粗木在树林里搭了一座很宽很长的掩蔽棚，棚顶盖上土，搭上树枝，从空中看不见，可以防止敌机进行扫射。

开会前，见三兵团司令部来开会的是政治部主任刘有光，彭德怀便问道："近山同志怎么没来？"

刘有光答道："他……一八〇师没打好，他没敢来见你……"

彭德怀嘴里咕哝了一声，说："开会是研究经验教训，一八〇师受损失，我也有责任嘛。我们主要不是追查责任，最主要的是找一找教训，让我们更聪明些。"

听了彭德怀的话，众人心里稍微轻松了一些，但大部分人特别是三兵团的人仍然很紧张，因为彭德怀对部下的严厉以及他那特有的火暴脾气早就声名在外，有了一八〇师这件事，谁也不敢奢望自己能侥幸过关。

果然，当彭德怀在会上总结第五次战役的经验教训，讲到一八〇师的情况时，他突然一声咆哮："韦杰，你站起来！"

当着众多军长、政委的面，六十军军长韦杰低着头站了起来。

"韦杰，你们那个一八〇师是可以突围的嘛，你们为什么说他们被包围了？他们并没有被包围，敌人只是从他们后面过去了。晚上还是我们的天下嘛！后面没有敌人，中间也没有敌人，晚上完全可以过去嘛，为什么要说被包围了？哪有这样把电台砸掉，把密码烧掉的？"

板子该打到谁身上

彭德怀说的也的确是事实。撤退时被敌军隔断，且处境比一八〇师更加危险的志愿军远不止一个。比如第十二军的第九十一团，这个团比一八〇师插得还要深还要远，后又被敌人包围，与大部队脱离了一百多公里，但他们还是很有秩序、完整地撤了回来。又如六十军的一八一师，也曾面临与一八〇师相同的处境，但师长王诚汉指挥大胆灵活，亲自用电台部署各团进行撤退，从而得以化被动为主动，把全师都带了出来。

彭德怀继续吼道："那个一八〇师的师长叫什么？回来没有？"

韦杰低声回答："他叫郑其贵，副师长段龙章、参谋长王振邦也都回来了。"

彭德怀闻言大怒："他还有脸回来？这样的人，该当军法从事！听说三军团和你们六十军还给他发了表彰电，表彰他什么？表彰他全军覆灭吗？"

一八〇师师直甚至几个团部都能够突围出来，不管怎么说，对三兵团至六十军的领导都是一个安慰，所以最初从王近山、刘有光到韦杰，都十分高兴，并在第一时间给一八〇师发去了慰问电，不过那并不是什么"表彰电"。

韦杰大概觉得有申辩一下的必要，他缓缓地抬起头："我认为，把板子都打到一八〇师身上是不公正的……"

彭德怀顿时脸色铁青，他咆哮如雷："那板子该打到谁身上？你这个军长是怎么当的？命令你撤退时，你们就是照转电报，为什么不根据具体情况安排好？"

彭德怀的阵阵吼声震得松林似乎都在微微摇动，全场静得甚至连松针落地的声音都听得见，军长们一个个都在把脑袋往下缩。韦杰知道现在他的任何辩解都无济于事，索性也低着头闷声不响了。

可是彭德怀在火头上的时候偏偏还不喜欢别人一声不吭，见韦杰不答话，他更加冒火，发作得也更加厉害："像你这样的指挥员就该杀头！我枪毙……"

见会场气氛如此紧张，邓华有些着急了，他怕韦杰受不了，赶紧低声和洪学智商量，问："怎么办？"

洪学智也不敢上前解劝，两人只好找陈赓打圆场。这时陈赓已乘车入朝，并被任命为志司第二副司令员，他反应比较快，未假思索，即站起来说："老总，该吃饭了，肚子都咕咕叫了……"

彭德怀冷冷地看了陈赓一眼，看了看表，停了好一会儿才说："好，吃饭。"

说完之后他却依旧站在原地不动。与会者没一个敢先走，还是陈赓笑眯眯地拉着彭德怀："吃饭去，吃饭去。"

看到彭德怀终于被陈赓拉走了，众将这才走向食堂。

彭德怀虽然在会上大发雷霆，但他最后并没有真的枪毙任何一个人，也没有明确对郑其贵等人进行处分，此后更是主动承担了领导责任。在不同场合，他多次进行过检讨，承认自己对三兵团等第二番入朝的部队不熟悉，在组织撤退时，也未认真防备敌军实施追击和截击，属于严重疏忽。

对第五次战役发动过早、准备不足等问题，彭德怀同样做了自我反省，用毛泽东的话总结就是："打得急了一些，打得远了一些，打得大了一些。"后来回国介绍抗美援朝的经验，讲到第五次战役最后吃了亏的情况，当着台下许多人的面，彭德怀丝毫未回避自己的失误："关于第五次战役的打法，邓华、洪学智曾向我提过意见，我没有采纳。现在看来，他们的意见是正确的。"

志司召开会议时，"联合国军"已被阻于"三八线"附近的铁原、金化一线，整个战线逐渐趋于稳定，但邓华、洪学智仍认为空寺洞不再适宜作为志司驻地。原因是离敌人太近，而且四面环山，只有前面一个口子可以进出，万一敌军从这个口子攻进来，并堵住口子，志司连转移都很困难。

邓、洪多次建议彭德怀后移，可彭德怀喜欢靠前指挥，一开始怎么都不同意。洪学智便劝他说："靠敌人这么近，万一出问题怎么办？而且就是在前面，你也不能直接到前沿去看哪！不也是靠电报、电话吗？"

彭德怀觉得他说得有道理，这才勉强同意把志司由空寺洞移往桧仓。

桧仓指挥位置适中，而且当地离平壤近，与朝鲜方面联系比较方便，并且从这时候起，整个朝鲜战争的格局已由战略反攻转至战略防御，战线虽然不时有所推移，但基本都没有离开过"三八线"附近，于是志司以后也就长时间固定在了桧仓。

谈归谈，打归打

1951 年 6 月，正值朝鲜战争开始一周年，战争势态显示交战双方都无法再取得任何大规模的胜利。本来美国的战略重点在欧洲，可是它在朝鲜动员了全部陆军的三分之一、空军的五分之一、海军的二分之一，在朝兵力由志愿军入朝时的四十二万猛增至六十九万。对华盛顿而言，这已经造成了战略上的轻重倒置和主次倒置。即便如此，仍感兵力不足，要再往朝鲜增兵，又十分困难。

第五次战役结束后的第三天，美国陆军副参谋长魏德迈在美国参议院作证时说："朝鲜战争是个无底洞，看不到'联合国军'有胜利的希望。"

6 月 30 日，李奇微奉美国政府之命发表声明，表示愿意同中方举行停战谈判。

第五次战役结束后，中美在朝的军事力量相对均衡，中朝联军也无法从军事上迅速解决朝鲜问题。在此情况下，毛泽东改变态度，同意在政治上采取和谈方针。7 月 1 日，彭德怀和金日成联名复电李奇微："同意举行停战谈判。"

在谈判地点上，李奇微提出在元山港的一艘丹麦伤兵船上进行谈判。中方认为来往不方便，没有同意，并转而建议在开城谈判。开城在中朝联队占领区内，与美军占领区仅相隔十四公里，李奇微便答应了。

谈判启动时，中朝联军和"联合国军"的军事控制线大体都在"三八线"上，但并不完全对应。具体来说，在东海岸，"联合国军"攻过"三八线"，占领了一块山区。在西海岸，中朝联军又占领了"三八线"以南的一块平原，其中就包括开城。

谈判过程中，中方代表提出应以"三八线"划界，即将东海岸的山区和西海岸的平原互相交换。可是美方代表又不干。

中方反复权衡，东线山区都是光秃秃的大山，比较贫瘠，西线平原则比较富饶，离汉城也近，军事上并无不利，既然美方不愿意换也就算了。

在拒绝中方地区交换的方案后，美方以他们拥有"海空军优势"为由，要求在陆上取得"补偿"，即将军事分界线划在志愿军阵地以北的开城、伊川、通川一线。

如此划线，意味着朝鲜需自动放弃 1.2 万平方公里的土地，中方代表自然不能同意。用美国人的话来说，双方谈判代表至此只好"无休止地进行着单调乏味的谈判"。

谈归谈，打归打，彭德怀说得好，"打的坚决打，谈的耐心谈"。在此期间，他曾酝酿要发动第六次战役，干脆打到"三八线"位置，这样谈也更好谈。战役预备命令都已经下达了，但后来考虑敌军阵地"深沟高垒，固守以待"，实施这样具有强大纵深设防的阵地攻坚战，在我军建军史上从来没有过，成败并无一定把握。另外，如果发动大规模攻势，还有导致谈判完全破裂，使得以和谈方式结束战争告吹的可能。

这样，第六次战役的计划方案就没有执行，而代之以毛泽东所提出的"持久作战，积极防御"战略。

美方则希望继续用军事优势来获得谈判桌上的筹码，李奇微认为："用我们'联合国军'的威力，可以打到谈判代表所要求的分界线位置。"

从 7 月下旬起，朝鲜北部爆发四十年未遇的洪灾，许多公路桥梁被洪水冲毁，李奇微便趁机集中美、南朝鲜军三个师，在东线发动了"夏季攻势"，试图夺取东线由朝军防守的突出部阵地。

朝军在这次防御战中表现得非常顽强。"联合国军"仅突入两公里到八公里，占领了 179 平方公里的土地，但损失却十分惨重，仅在"血岭"和"伤心岭"，美军就伤亡了 6400 余人。美国参联会主席布莱德雷评价说："这次的攻势是没选好时机、没选好地点、没选好敌人的败仗。"

打了败仗后，李奇微又改变攻击重点，调集英美军主力发动了"逐段进攻、逐步推进"的"秋季攻势"。"秋季攻势"起初只限于西线，后来才扩展到东线，但集中攻击的都是志愿军防御阵地。

零敲牛皮糖

"秋季攻势"之前，加上第三番入朝部队，志愿军已增加至十八个军。为了照顾海防和志愿军的实际供应能力，它们被分成几批轮番作战，其中九个军在一线正面作战，七个军被分置于东西海岸和山区，休整训练兼防止敌军登陆，剩下的两个军在东北作为战略预备队。一二线部队每隔两三个月轮换一次，伤亡过大、短期难以恢复的部队则视情况调回国内，由新部队接替。

一线的九个军也不是都一次性投入作战，每次作战一般只使用三到四个军，其他军整补待命，但有机会就打。

在"秋季攻势"中，彭德怀同时投入了四个军。战斗最激烈时，西线部队平均每天消耗迫击炮弹四个基数，山野炮弹两个基数，东线部队每天消耗弹药 126 吨，这些都基本得到了后勤保障。李奇微慨叹："中国炮兵的活动大大增加，这也迫使我们的全部地面作战行动放慢了速度。"

经过"秋季攻势"，"联合国军"在东西线占领了 467 平方公里的土地，比"夏季攻势"稍多一些，但伤亡惨重，而且并未能够如李奇微、范佛里特所期望的那样攻入"铁三角"。美国国内尤其国会对此表示强烈不满，认为李奇微发动的夏秋两次攻势对总的态势并无明显改善，根本不值得付出如此大的伤亡代价。迫于压力，美方只得重返谈判桌。

前面几次谈判都是在志愿军所控制的开城进行。为了防止被误伤，美方的谈判代表在他们乘坐的吉普车上都悬挂着一面大白旗。后来美联社的一个记者写了篇东西，说堂堂的美国代表，代表"联合国军"总司令去谈判，车上却挂着白旗，太不光彩了，这简直是投降嘛。李奇微这才搞清楚，原来按照中国的习惯，打白旗就是投降。他气得不得了，认为是吃了中国人的暗亏，便说开城没有中立氛围，要换个距离美军占领区更近，且不用打白旗的地方谈。

彭德怀听到后说："只要美国方面老实一点，给它留个面子，换个地方，我看可以吧，但此事要上报两党中央决定。"

经过双方协商，谈判地点最终改到了双方军事接触线上的板门店村。10月25日，中美在板门店恢复谈判。美方放弃了12000平方公里土地的索求，但又提出要将开城划入美军占领区，谈判因此重又陷入僵局。

谈判过程中，令美方谈判代表感到惊异的是，前来板门店的志愿军战士都已穿上了崭新的棉军装。这时甚至"联合国军"都尚未换上新冬装，美方谈判代表叹为奇迹，他们说："没想到轰炸得这么厉害，你们还能穿上棉衣，比我们还早。"

后勤是志愿军能够应付"秋季攻势"的一个重要保障。在此之前，志愿军确实曾经陷入极端困难的境地，尤其是在8月份，朝鲜北部的道路、桥梁全部被洪水冲毁，粮食大部分运不到前线。彭德怀给洪学智打电话说："洪学智，我告诉你，东线二十兵团要断粮了。再困难，你也要保证东线部队有五天的粮食。"

军不可一日无粮。当时这种情况作为最高机密不得外泄，只有志司的几个高层领导才知道。在此后的一个月里，洪学智每天都要分两次向彭德怀进行报告，包括后方起运了多少粮食，运到没有，运到前线部队有多少。

一个月后，洪水退了，加上又向朝鲜暂时筹借了一部分粮食，这才得以度过危机。到了秋季，志愿军的后勤供应状况得到极大改善，以秋冬装为例，抢运到前线的棉军装不但速度快，而且损失只占全部冬装的 0.52%，到 9 月底，志愿军就已全部穿上了棉衣。

对板门店谈判再次陷入僵局，彭德怀早有心理准备："打打谈谈，是敌人惯用的手法，我彭德怀跟反动派斗了几十年，这一手是懂得的。"在后勤得以加强的前提下，为显示中在谈判桌下的力量，他决定发起反击战。

自第五次战役结束后，针对以往作战口子往往开得过大的弊病，彭德怀提出了轮番歼敌，积小胜为大胜的新打法，即每次战役只要求平均一个军消灭美军一个营，或南朝鲜军一个团。毛泽东对此表示赞同，称之为"零敲牛皮糖"。

反击战采用的就是"零敲牛皮糖"。彭德怀抽调五个军各一部，先后对美军营以下兵力防守的二十六个目标实施反击。与以往相比，此次反击作战的后勤供应比较充分。六十四军的马良山之战是反击作战中规模较大的一次，战前志司就为六十四军补足了十个基数以上的弹药和至少二十天的粮食，战斗过程中，军后勤又开设了前进兵站和伤员收容站。

指挥反击战期间，彭德怀不是开会就是看地图。饭盒递到他手上，他胡乱扒上两口后又丢下来，重新跑到地图前去看去想。在那些天，他的眼睛熬红了，嗓子也变得嘶哑，不时还骂骂咧咧："妈的，大便不出来，光流血！"

警卫参谋看到大便的地方有一大摊血，便知道彭德怀痔疮犯了，赶紧去找医生。医生要进行全面诊治，彭德怀说："现在哪有时间，吃点泻药吧。"

经过与敌军反复争夺，最终志愿军巩固地占领了敌方九个阵地。彭德怀看到战报后很是高兴，他挥着双臂大声叫道："好！好！"

10 月 29 日，志愿军入朝作战一周年，洪学智赴桧仓参加志愿军党委会议。他看到彭德怀发言时胸前佩戴着一枚闪闪发亮的硕大勋章，十分引人注目。

会议进入讨论环节时，洪学智正好就坐在彭德怀旁边。他仔细地盯着彭德怀的勋章看了又看，赞叹道："好漂亮的勋章啊！"

彭德怀解释了一下勋章的来由。那是朝鲜最高级的一级国旗勋章，为感谢志愿军把"联合国军"赶至"三八线"，并迫使美方和谈，四天前朝鲜政府特地将它授予了彭德怀，"我彭德怀是作为志愿军代表去接受的"。

说到这儿，彭德怀看了看洪学智，又看了看在座的党委委员，然后意味深长地说：如果真要论功行赏的话，该得勋章的，也有你洪麻子。

洪麻子即洪学智，兼任志后司令员，是为志愿军搞后勤的。彭德怀说："如果没有他们昼夜想办法支援志愿军的粮弹物资，志愿军是打不了胜仗的！"

地下长城

朝鲜战场上的敌我阵地非常容易区分。那些寸草不生，弹坑累累，呈一片黄褐色，像被烈火焚烧过的，通常就是志愿军阵地。"联合国军"阵地遭炮火轰击少，一眼望去，几乎全都草深树茂，郁郁葱葱。

倚仗装备优势和强大炮火，英美军不断对志愿军阵地进行猛烈轰炸。志愿军的前沿阵地被翻起一米多厚的浮土，以至于从地上随便抓起一把，都很难分清里面是土石多还是铁屑多。

显然，在这种情况下，靠一般野战工事已经很难进行防御。志愿军自发地在山上挖了一些"猫耳洞"，后来他们又把这些"猫耳洞"挖深，并且每两个洞连在一起，形成了一个马蹄"U"形小坑道。

1951年初夏，彭德怀在一个部队的报告中看到了这一经验介绍。他如获至宝，立即给予了很高评价，10月又发出指示，要求在全军推广。

早期的"猫耳洞"既浅又矮还短。因为基本都是在石层上面的风化土层中挖掘的，所以"浅"，积土只有三到五米厚，难以承受大口径重炮和炸弹的轰击。"矮"是指大多数地方都伸不起腰来，只能爬行。至于"短"，则是说"猫耳洞"

长度有限，又大多互不连通，进去的人稍多就显得拥挤不堪，并且许多坑道口还是天窗井口式的，进口很不方便。

按照志司的指示，部队在小坑道的基础上，进行了向下扩挖和支撑加固，天窗井口式的出口也被改成平行洞口。从那时起，敌军在上面放炮，志愿军在下面放炮（指炸洞），整个防御区域内，从地上到地下，日日夜夜滚动着隆隆的爆炸声。

最初各军都是自设小铁匠炉，用搜集的各种废弹、弹片和废铁来制造施工工具和器材。比如第十二军就建了四十多个铁匠炉。随着坑道工程的规模不断扩大，这种办法已不能完全满足施工需要，于是志愿军工兵指挥所便在沈阳成立了器材处，统一负责工程作业器材的采购、加工和调拨。

1952 年 2 月，志愿军大规模构筑坑道工事的情况终于被对手发觉。李奇微如此记述这一事件："敌人正以东方人特有的顽强精神，奋力加固他们在山上的工事。"

李奇微知道有的坑道长达一千米，让他感到有些不可思议的是，它们竟然全都是靠人力来完成的。

志愿军的坑道工事都能够从山的反斜面通到正斜面。在遇到空袭和炮击时，部队会及时撤离正斜面阵地，躲到火力难以打击的反斜面坑道内。等炮火向纵深延伸，"联合国军"步兵接近时，他们再冲出来予以杀伤。

"联合国军"开始有计划地用榴弹炮对坑道进行直瞄射击。通常情况下，志愿军都会对正斜面的出口进行精心巧妙的伪装，不仔细观察发现不了，但一旦被敌人发现，也很容易遭到破坏。除了敌人的炮击外，还有一些坑道由于地质选择不当、土质松软等原因，也会造成坍塌。

针对这一情况，彭德怀要求坑道必须做到七防，即防空、防炮、防毒、防雨、防潮、防火和防寒。他说，要像抗战时期八路军打地道战那样，确保地下不但能藏人，还有水喝、有饭吃，既能生存，又能战斗。1952 年 4 月下旬，志司召开军参谋长会议，又具体规定了坑道工事的规格标准。此后凡被认为合格的坑道工事，顶部积土一般都要达到 30 米以上，宽 1.2 米，高 1.7 米，至少拥有两个以上的出口。

至 8 月底，在横贯朝鲜半岛两百五十公里的战线上，志愿军形成了一个以坑道为骨干，纵深达二十到三十公里的阵地防御体系，堪称地下长城。

"地下长城"不仅能防炮防炸弹，还能有效地提高进攻中的突然性，志愿军的防御战术也因此发生显著变化，战斗中变得越来越主动。在志司发起冷枪冷炮狙击活动后，各部队在每一个阵地上都组织了特等射手和神枪手，依托阵地对敌军暴露目标进行狙击。

以前"联合国军"是不怎么需要挖工事的，一般情况下靠坦克挡着就足以应付，如今也不得不挖工事了。因为当志愿军的特等射手靠近时，他们只要一露头就会被撂倒在阵地上，已经被打怕了。

按照志司方面的统计，5 月到 8 月，仅狙击活动，就杀伤敌军 13000 人，志愿军自身的损失则大大减少，比运动战时期的每月平均数减少了三分之一。

"地下长城"也包括地下后勤仓库。毛泽东在政协的一次会议上高兴地说："吃的问题，也就是保证给养的问题，很久不能解决。当时不晓得挖洞子，把粮食放在洞子里，现在晓得了。每个师都有三个月粮食，都有仓库……"

狠狠的一巴掌

彭德怀的身体一直都很好，在朝鲜这样劳累，除了指挥反击战期间犯过痔疮，一直也没有生过其他什么病。不过他毕竟也是五十多岁的人了，战事一紧张，就容易失眠，晚上得服安眠药才能睡好。以后慢慢便形成习惯，每晚都要吃两片或三片安眠药。

过了不久，彭德怀的头上长了个包，医生检查了一下，怀疑是癌，便建议立即回国割除。彭德怀说："我才不去。你们医生乱弹琴，没有病也要查出三分病来。我自己还不知道自己，这点小毛病死不了。"

当时作为志司第一副司令的邓华已经病倒，被送到沈阳治疗去了。于是毛泽东决定由陈赓主持志司工作，换彭德怀回京治疗。

彭德怀仍然一再推托，陈赓便拿着中央的电报给他看，笑着说："是中央催你马上回国治病，我看你还敢违抗中央的命令吗？"

4月7日，彭德怀经平壤回国，以"农业大学王校长"的化名秘密住进北京医院治疗。

彭德怀这次回国，虽然说是治病，实际上中央还有另外一个考虑，即如果条件许可，就让他留在国内主持军委日常工作。

5月5日，彭德怀康复出院。这时朝鲜战场已相对稳定，彭德怀便留在了北京，但仍担任志愿军司令员和政委，与此同时，陈赓被调回国创办哈尔滨军事工程学院，由邓华出任志愿军代司令员。

8月31日，彭德怀陪同周恩来应邀秘密访苏。在此期间，就朝鲜战场和停战谈判的情况，彭德怀在克里姆林宫与斯大林进行了两次会谈。第二次会谈结束后，斯大林在他的别墅里举行宴会，设宴招待彭德怀一行。

其间斯大林依次向众人祝酒，当走到彭德怀面前时，他举了一个大酒杯，并要彭德怀也给自己斟满一大杯白酒。担任翻译的师哲因彭德怀有胃病，不能多喝酒，就劝彭德怀不要勉强。一旁的周恩来知道彭德怀酒量不错，则立即示意师哲不要干涉。

彭德怀站起身，与斯大林碰了一下杯，然后将白酒一饮而尽。此举让斯大林很是满意。

朝鲜战争之前，斯大林曾在宴会上再三向林彪祝酒。当时林彪手里拿的只是一杯红宝石葡萄酒，但不知道是酒量不好还是出于身体等其他原因，林彪一直不肯喝。斯大林开玩笑地对他说："酒里没有毒药，稍饮一口无妨。"他依然故我，连做个饮酒姿势也不肯。

斯大林当时不太高兴，最后说了一句："不知这位将军如何在前线指挥作战。"

显然，斯大林并不喜欢林彪那种内敛性格，反而彭德怀的豪爽大气更对他的胃口。他本身对彭德怀在朝鲜战争中所表现出的军事才华也是非常欣赏的，在另一个场合，曾称赞彭德怀是一位有素养、有经验、老练的军事家。

　　欢宴结束后，斯大林特意让师哲把彭德怀叫到身边，两人在大厅里边走边谈，有说有笑。

　　9月16日，彭德怀回到北京。10月份，为了谋求在和谈中的有利地位，新上任的"联合国军"司令克拉克在金化上甘岭发起"摊牌作战"行动，志愿军打响了著名的上甘岭战役。

　　上甘岭战役既是一场大规模的阵地防御战，也是一场名副其实的"打钢铁""打后勤"的战役，弹药消耗极大。战斗紧张时，一个团作战，需要两个团负责运输作战物资。经过持续四十三个昼夜的激战，志愿军最后守住了防御阵地。"摊牌作战"之后，"联合国军"再没有向志愿军发起过什么像样的攻势。

　　1953年6月中旬，中朝美的谈判代表在停战的各项问题上都已达成协议，可是南朝鲜总统李承晚却又在最后关头成了绊脚石。这老家伙还在做着统一朝鲜的梦，他对于美国急切希望停战表示强烈不满，威胁要从"联合国军"手中收回南朝鲜军的指挥权，然后独自向北进攻。

　　6月19日，彭德怀由北京启程赴平壤，准备参加停战签字。见签字仪式因李承晚的阻挠可能再次搁浅，他十分生气，对随行的几个人说："我们决不退让半步，敌人要流氓，我们就给他的油脸上来一巴掌，狠狠的一巴掌，叫他老实点！"

　　在与金日成商谈后，彭德怀给毛泽东发出电报，建议推迟停战协定签字时间，以便"再给李军（即南朝鲜军）以沉重打击，再消灭李军15000人"。毛泽东当即复电表示同意，认为"再歼灭伪军万余人极为必要"。

　　接到毛泽东的复电后，彭德怀立即赶往志司驻地。路上他一句话也没说，只是一个劲地催促司机："快，快……"

　　到桧仓时，各兵团和一些军的司令员都已在等候。在彭德怀的亲自主持下，志司确定在金城以南向南朝鲜军发动大规模反击，因为该方向南朝鲜军的防御阵地不仅较为突出，而且其防御情况也已被志愿军查明。

应当永远怀念他们

7月13日晚，浓云低垂，天色昏黑。志愿军集中1000多门苏制喀秋莎火箭炮，以排山倒海之势，铺天盖地般地向南朝鲜军阵地展开猛轰。南朝鲜军被打得晕头转向，志愿军的六个军趁势迅速向南进击。

金城战役由邓华具体指挥。彭德怀把自己摆在"二线"位置，着重掌握战役打到什么程度。为了不打扰邓华的指挥，他特地没有去作战室，但处于这样一个关键时刻，其心绪也是注定难以平静的。

彭德怀走出所居住的石窟，独自在坑道外踱步。一小时后，前线传来报告："全线突破。"接着各个作战集团向纵深发展的消息也接踵而来。他这才露出笑容，重新走进石窟。

在金城战役中，志愿军攻击了39个目标，收复土地178平方公里，金城以南的战线由此被拉直。这场战役彻底打破了李承晚自欺欺人式的夸夸其谈，证明没有美军的支持，南朝鲜军根本就不是志愿军的对手。

金城战役结束后，美国告诉李承晚，如果他一意孤行，继续破坏和平解决方案，"联合国军将不予支持"。在现实面前，李承晚不得不做出让步，同意不再阻挠停战协议。

消息传来，彭德怀破例观看了来前线慰问演出的京剧表演，还亲自点了一出喜剧。观看时，他更和众人一起鼓掌欢笑。自入朝作战以来，人们还是第一次见到他如此轻松愉快。

7月27日，中朝美的谈判首席代表在板门店签署了停战协定。随后，彭德怀、金日成、克拉克又分别在停战协定上签了字。

朝鲜、南朝鲜元首对此的反应各不相同。李承晚发表声明："我反对签订停战协定。"金日成则很诚恳地对志司指挥人员说："感谢志愿军，胜利实在来之不易呀，多亏了志愿军的帮助。"

直接指挥过这场战争的最高指挥官也同样表现出了颇为复杂的心情。克拉克在回忆中说："在美国历史上，我是第一个在没有取得胜利的停战协定上签字的陆军司令官。我感到一种失望的痛苦，我想，我的前两位，麦克阿瑟和李奇微将军，也一定具有同感。"

协议生效的当天，即7月28日下午，彭德怀驱车来到最前沿阵地，由四十六军军长肖全夫陪同，对阵地进行了视察。那里，刚刚激战过的土地还在发烫，泥土石头都烧成了黑颜色，树木仅剩一个炭桩，山坡上连一棵草都见不到。

当走到一座山头的反斜面时，彭德怀发现了一处通往前沿的坑道。坑道口不到一人高，必须弯下腰才能不碰到头。他低着头准备钻进去，肖全夫急忙劝阻："里边尽是泥泞，什么也看不见。"

彭德怀没有说话，仍然径直往前走。进去不到五米，眼前已是一片黑暗，到处都散发着一股潮湿的气味。这就是昨天还有志愿军所驻守的"地下长城"。

大约摸索了十分钟，前面一个更低矮的出口处射进一缕光线。彭德怀钻出坑道，站在正斜面的战壕里，向驻于对面山头的敌军阵地眺望。

在志愿军的阵地一方，残酷的战争只是刚刚停止，高地上仍然在不断地往后方抬运担架。躺在抬架上的并不是伤员，而是因天气炎热已经腐败的志愿军战士的遗体。彭德怀不时拦住抬架，翻开覆盖着的白布察看。随行一名医生见状，赶紧从保健箱里取出一个口罩递给彭德怀。彭德怀没有伸手去接，他大声对医生吼道："你这是什么感情？"

此时这位泰山崩于前而面不改色的大将军已是满眼含泪："只差那么十几个小时，这些年轻的战士就没能看到最后的胜利，我们活着的人应当永远怀念他们！"

他回头嘱咐随行干部："一定要掩埋好，写上每个人的名字，通知他们的家属。"

在一个集中堆放志愿军遗体的山头上，一些人正在清查、登记烈士的名字，彭德怀上前问道："都能记下来吗？"

有人回答："很困难。"

彭德怀说："不要怕麻烦，必要时把他们所在连队的同志找来，要想方设法把他们的名字都记下来！"

然后，他来到准备掩埋烈士遗体的地方，脱下自己的军帽，默默地肃立了很久很久……

参考文献

［1］彭德怀．彭德怀自传［M］．北京：解放军文艺出版社，2007．

［2］《彭德怀传》编写组．彭德怀传［M］．北京：当代中国出版社，2006．

［3］彭德怀传记编写组．彭德怀军事文选［M］．北京：中央文献出版社，1988．

［4］王焰．彭德怀年谱［M］．北京：人民出版社，1998．

［5］张国焘．我的回忆［M］．北京：东方出版社，1980．

［6］彭德怀，黄克诚，王首道，等．湖南文史资料第31辑：平江起义前的彭德怀［G］．政协湖南省文史委．长沙：湖南人民出版社，1988．

［7］滕代远，等．红旗飘飘：第19集［G］．北京：中国青年出版社，1980．

［8］李聚奎，张平凯，张国华，等．星火燎原：井冈山斗争专辑［G］．北京：解放军出版社，1986．

［9］门吉寿，等．红旗飘飘：第32集［G］．北京：中国青年出版社，1993．

［10］彭绍辉．彭绍辉日记［M］．北京：解放军出版社，1988．

［11］方知今．远逝的硝烟：原国民党高级将领方靖亲历纪实［M］．北京：华文出版社，2006．

［12］蔡廷锴．蔡廷锴自传［M］．哈尔滨：黑龙江人民出版社，1982．

［13］黄克诚．黄克诚自述［M］．北京：人民出版社，2004．

［14］李志强，等．红旗飘飘：第21集［G］．北京：中国青年出版社，1981．

［15］奥托·布劳恩．中国纪事：1932—1939［M］．北京：现代史料编刊社，

1980.

[16] 颜甫，等．红旗飘飘：第 10 集［G］．北京：中国青年出版社，1959.

[17] 王平．王平回忆录［M］．北京：解放军出版社，1992.

[18] 晏道刚，魏鉴贤，李觉，等．文史资料选辑：第六十二辑［G］．全国政协文史委．北京：中华书局，1979.

[19] 邱荣辉，等．星火燎原：纪念红军长征胜利五十周年专辑［G］．北京：解放军出版社，1986.

[20] 李意根．长征后期红三军团改编风波［J］．共产党员，000（012）：P.46.

[21] 马汉文，王克林，杜银杰．红旗漫卷：红军西征研究［M］．银川：宁夏人民出版社，2005.

[22] 王辅．日军侵华战争［M］．沈阳：辽宁人民出版社，1990.

[23] 陈锡联．陈锡联回忆录［M］．北京：解放军出版社，2004.

[24] 刘晓山，等．星火燎原未刊稿：第七集［G］．北京：解放军出版社，2007.

[25] 肖锋，周希汉，等．星火燎原：第四集［G］．北京：解放军出版社，1987.

[26] 日本防卫厅战史室．日本军国主义侵华史料：华北治安战（上下）［M］．天津：天津人民出版社，1982.

[27] 何理，王瑞清，刘威．中国现代革命史资料丛刊：百团大战史料［G］．北京：人民出版社，1984.

[28] 稻叶正夫．冈村宁次回忆录［M］．北京：中华书局，1981.

[29] 萧战国，张帆，等．红旗飘飘：第 28 集［G］．北京：中国青年出版社，1985.

[30] 杨尚昆．杨尚昆回忆录［M］．北京：中央文献出版社，2001.

[31] 师哲，宁干，等．红旗飘飘：第 17 集［G］．北京：中国青年出版社，

1979.

［32］师哲，李海文．在历史巨人身边：师哲回忆录［M］．北京：中央文献出版社，1991.

［33］陈海涵，等．星火燎原未刊稿：第九集［G］．北京：解放军出版社，2007.

［34］程悦长，姚鹤亭，等．红旗飘飘：第24集［G］．北京：中国青年出版社，1981.

［35］刘发秀，等．星火燎原未刊稿：第十集［G］．北京：解放军出版社，2007.

［36］裴昌会，刘子奇，王应遵，等．文史资料选辑：第三十六辑［G］．全国政协文史委．北京：文史资料出版社，1963.

［37］罗历戎，等．文史资料选辑：第二十辑［G］．全国政协文史委．北京：中华书局，1981.

［38］熊向晖．我的情报与外交生涯［M］．北京：中共党史出版社，2006.

［39］余秋里．余秋里回忆录［M］．北京：解放军出版社，1996.

［40］杨凤安．北纬三十八度线：彭德怀与朝鲜战争［M］．北京：解放军出版社，1999.

［41］张平凯．彭德怀率师援朝［M］．沈阳：辽宁人民出版社，1990.

［42］景希珍，丁隆炎．警卫参谋的回忆录：在彭总身边（1950—1966）［M］．成都：四川人民出版社，1978.

［43］华山．朝鲜战场日记［M］．北京：新华出版社，1986.

［44］罗印文．邓华将军传［M］．北京：中共中央党校出版社，1998.

［45］洪学智．抗美援朝战争回忆［M］．北京：解放军文艺出版社，1991.

［46］吴信泉，王照运．朝鲜战争1000天：三十九军在朝鲜［M］．沈阳：辽宁人民出版社，1996.

［47］李英，王树和，陈彻，李维塞．揭开战争序幕的先锋：四十军在朝鲜［M］．沈阳：辽宁人民出版社，1996.

［48］郭宝恒．驰骋汉江南北：四十二军在朝鲜［M］．沈阳：辽宁人民出版社，1996.

［49］叶青松．藏九地，动九天：中国人民解放军第六十军征战纪实［M］．北京：解放军文艺出版社，2006.

［50］任红举．血谷：一个志愿军文艺兵的自述［M］．南京：江苏人民出版社，1999.

［51］康海．忆抗美援朝战争中的两个战例［J］．军事历史，2000（06）：61-63.

［52］李英．忆抗美援朝战争中的汽车兵［J］．军事历史，2003（06）：59-64.

［53］汪韶彬，徐厚魁，等．抗美援朝战争回忆录［G］．铁岭：政协铁岭县文史委，1994.

［54］罗素·斯伯尔．韩战内幕：彭德怀和他的志愿军［M］．罗圣，译．北京：中国广播电视出版社，1990.

［55］莫里斯·艾泽曼．美国人眼中的朝鲜战争［M］．陈昱澍，译．北京：当代中国出版社，2006.

［56］道格拉斯·麦克阿瑟．麦克阿瑟回忆录［M］．上海师范学院历史系翻译组，译．上海：上海译文出版社，1983.

［57］艾奇逊．艾奇逊回忆录［M］．王宇欣，译．上海：上海译文出版社，1978.

［58］马修·邦克·李奇微．李奇微回忆录［M］．王宇欣，译．北京：新华出版社，2013.